比较政治与全球治理 VOL.1

全球治理转型与新兴国家

COMPARATIVE POLITICS AND GLOBAL GOVERNANCE

高奇琦 主编

上海人民出版社

目录

【中国参与全球治理转型】

【会议综述】

【简讯】

《比较政治与全球治理》第一辑序言

高奇琦

如果说以往的国家可以通过闭关锁国而“独善其身”，那么在今天随着各类国际公共问题甚至是公共领域的形成，不论哪个国家都很难不与全球治理过程发生联系。然而，全球治理中的合作并非理所当然，它仰赖于国家间的“求同存异”，而“求同存异”的前提就是理解各个国家之间的异同。从这个意义上来说，比较政治的研究可以为全球治理的推进提供知识基础。

这就是这本集刊得名的简要原因，比较政治与全球治理是华东政法大学政治学研究院近年来所确定的主要研究方向。我们希望通过将两者的研究结合，为知识界和实务界提供有益的观点与成果，作出自己微薄的贡献。

本辑《比较政治与全球治理》的主题是“全球治理转型与新兴国家”，主要关注的是两方面内容：一是全球治理机制所遭遇的现实挑战以及可能的变革；二是探讨新兴国家的崛起对于全球治理的诸种意义。

全球公共治理如今遇到了一定的瓶颈，因此对于治理方式甚至是治理机制变革的呼声一直不绝于耳。庞中英等人的文章探讨了中国的国际政治经济学(IPE)对于国际制度与全球治理的可能贡献，他指出这种贡献可以分为两个层面：一是运用中国的实证经验来改进西方的理论；二是发展以中国为基础的概念和理论来解释中国和其他地方正在发生的事情。刘锦前的文章关注了中国在全球治理朝着更加公正、合理方向发展的过程中的角色。他从“命运共同体”的视角出发，探讨了“共情”(即充分理解对方)环境构建的可能性与方法，而这对于中国目前正在主推的“一带一路”战略亦具有重要的实践意义。王明国的文章分析了联合国目前在有效性方面所存在的困境。他认为，联合国治理机制面临的挑战可以表现为治理主体间的挑战、治理理念的挑战以及治理客体的挑战三个方面；与此同时，作为因应的方法，他指出联合国不仅应进行原有制度模式的改革，还应建设应对新挑战的制度。王铁军的文章则意在探究全球社会治理体制变迁动力的问题，他认为体制变迁的动力来自施动者，但是从本质上来说施动者又并非铁板一块,它可以分为首动者与从动者,而这两类施动者之间的斗争与妥协决定了全球社会治理体制的变迁与稳定。然而,从另一个方面来说,施动者的策略并不能百分百地实现,它需要受到场域及其动态复杂性以及策略本身局限性的制约。

新兴国家的崛起是全球治理领域近年来一个值得关注的焦点。根据华东政法大学政治学研究院近两年发布的全球治理指数的得分与排名,以金砖国家为代表的新兴国家在全球治理参与方面的比重已经不可同日而语。而新兴国家的这种崛起必定会推动全球治理的新变革。本辑就这个议题选取了几篇文献,其中包括了西方学人发表的一些颇具代表性的论文。比如肖逸夫及其合作者就以东亚国家为例,讨论了新兴国家融入二十国集团对后者的影响。与之相似,斯里尼瓦萨·马度尔的文章也讨论了亚洲在全球经济治理中日益增长的能力以及优势;而安·弗洛里妮则讨论了中印两个亚洲大国的国际关系理论研究者是如何总结和展望两国在全球治理中的角色的。当然,新兴国家不仅仅存在于亚洲,还有拉美和非洲。祝鸣的文章便对南非在2015年后发展议程中的作用进行了详尽的分析;而阿姆里塔·纳利卡和马修·D.斯蒂芬的文章都以金砖五国为研究对象。前者探讨了金砖五国的发展对全球贸易治理改革和发展的意义,后者则梳理了以金砖国家为代表的新兴国家对原有基于资本主义的自由全球治理格局的挑战。安娜·弗拉·巴罗斯-普兰提的文章以巴西为例,展示了新兴国家在某些全球治理机制中所扮演角色的局限性。除此之外,本辑还专门选取了四篇有关中国的专论,集中讨论了中国在参与全球治理的过程中所应扮演的角色和应担负的责任。

对于中国来说,全球治理的研究方兴未艾。它不仅具有理论意义,而且在中国不断崛起的当下,其所具有的实践意义亦自不待言。我们希望《比较政治与全球治理》在将来能够成为中文学界讨论相关问题的一块园地,我们也愿意为这块园地付出自己的努力。

全球公共治理的困境与转型

国际制度与全球治理

——论缺失的中国国际政治经济学的贡献*

庞中英　王红缨**

【内容提要】 国际政治经济学研究的基本问题之一是在国际政治和经济(IPE)中创建秩序、稳定以及正义,对于国际制度和全球治理的研究便是这一重大问题中的一部分。可以预见的是,随着中国在全球经济体系中的重要性日渐增强,中国的国际政治经济学研究将促使这一领域产生独特的"中国"研究方法,这种方法能够反映中国在国际上的地位以及中国丰富的文化和思想传统。但是通过考察中国的学术研究,我们发现,直到目前为止中国在这一领域中未生产出新的知识,更未提出新的理论。为何出现这样的情况?在我们看来,主要有以下两个原因:第一,作为一个新的研究领域,国际政治经济学——包括国际秩序和全球治理,在中国仍然处于西方学术社会化的深刻影响之下;第二,中国的制度环境限制了那种能够提出新的见解以及创新观点的学术研究。我们还探讨了中国的学术研究如何促进国际政治经济学在未来全球范围内的积极演进和发展,以及可能阻止这种发展的障碍。

【关键词】 国际政治经济学　国际制度　全球治理　中国学派　知识生产

---

* 原文载于:"Debating International Institutions and Global Governance: The Missing Chinese IPE Contribution," *Review of International Political Economy*, volume 20, issue 6 (December 2013)。本文由中国人民大学国际关系学院博士生李静翻译。

** 庞中英,浙江师范大学外国语学院全球治理研究中心特聘教授。王红缨,加拿大滑铁卢大学政治学系副教授。

国际政治经济学(IPE)研究的基本问题之一是在国际政治和经济中创建秩序、稳定以及正义，对于国际制度和全球治理的研究便是这一重大问题中的一部分。在中国，国际制度和全球治理的研究仍是一个全新的领域。但可以预见的是，随着中国在全球经济体系中的重要性日渐增强，中国的国际政治经济学研究将促使这一领域产生独特的“中国”研究方法，这种方法能够反映中国在国际上的地位以及中国丰富的文化和思想传统。事实上，许多中国学者已经在广泛地呼吁创立国际政治经济学的中国研究方法，他们认为这是非常重要的，因为中国已经是一个大国，中国不仅要生产物质资料，更要生产观念和知识。一些学者甚至认为这是势在必行的，并提倡减少对西方知识的复制，增加本国的知识生产(Zou 2003; Tang 2010)。正如复旦大学一名国际政治经济学学者所强调的那样，由于中国正从世界经济体系的边缘走向中心，中国已经逐渐减少对核心国家的依赖，这也包括克服在知识生产上的依赖性(Song 2011)。

然而，事实却与这些期望大相径庭，这一点会在我们的文章中得到证明。通过考察关于国际秩序和全球治理的中国国际政治经济学文献，包括中国主要的学术期刊《世界经济与政治》中的文章、数本核心著作以及一些支流学说，我们发现中国学者并未发展出新的知识，更未提出有突破性的理论观点。

尽管中国拥有与众不同的文化和思想传统，并且已经在世界上取得了飞速的发展，但为何依旧出现这种情况？这是贯穿本文的一个重要问题，同时也是一个智力难题。我们认为产生上述情况的原因有两个：第一，作为一个新的研究领域，国际政治经济学——包括国际秩序和全球治理，在中国仍然处于西方学术社会化的深刻影响之下；第二，中国的制度环境限制了那种能够提出新的见解以及创新观点的学术研究。

本文的第一部分在对国际制度和全球治理的研究中勾勒出中国国际政治经济学的发展轮廓。第二部分简要地把中国学术界的研究和其他国际政治经济学流派加以比较，从而确定中国国际政治经济学研究的主要内容。第三部分探究为何中国的学术研究未能对国际制度和全球治理作出重大贡献。第四部分讨论中国的学术研究如何促进国际政治经济学在未来全球范围内的演进和发展，以及可能阻止这种发展的障碍。

一、 国际制度和全球治理——演进中的中国国际政治经济学

从传统上看，国际政治经济学学者并不重视国际制度的研究，而是把这个

课题留给了国际法研究。但是,这一点却随着第二次世界大战后美国霸权的相对衰落而得到改变。在经历了 20 世纪 70 年代的汇率危机和石油危机之后,决策者以及学者均意识到全球问题需要政策协调,而政策协调需要制度。在 20 世纪 80 年代,国际制度的研究开始兴起。国际政治经济学学者从制度经济学中得到了启发,重点研究国际制度在减轻交易费用和促进处于自助体系中的国家间合作中的作用。在这一时期产生的最有影响力的书籍包括斯蒂芬·克拉斯纳的《国际机制》(1983 年)和罗伯特·基欧汉的《霸权之后》(1984 年)。自此以后,对国际制度的研究取得了迅速发展,并且变得更加复杂。

全球治理指的是一系列制度与管理世界上的事务如何发生的进程的综合体,它是一个比国际制度更加宽泛的全新概念,重点突出世界上诸多紧迫问题的全球维度,这些问题包括经济相互依存、移民、金融危机、毒品走私、环境恶化以及各种流行疾病等。尽管各类政府和政府间组织继续履行重要的职责,全球治理却强调诸如多国公司、跨国行为体网络和社会运动等非国家实体,并认为这些非国家实体已经成为提出要求、制定目标、发布指令和执行政策的重要行为体,借此方式世界便可得到管理。全球治理领域中开拓性的著作有詹姆斯·罗西瑙和切皮尔(E.O.Czempiel)所著的《没有统治的治理》(1992 年)以及戴维·赫尔德等人所著的《全球转变》(1999 年)等书。尽管世界政府这一概念已经失去了吸引力,但是全球治理却在近些年中流行起来。

在中国,国际制度研究和全球治理研究密切相连,但却不尽相同,二者都不仅仅属于国际政治经济学的研究范畴。国际制度的研究者不仅包括国际政治经济学学者,而且包括国际安全和一般国际关系理论(IR)的研究者。全球治理主要是由国际政治经济学学者进行研究,但是它更多地吸引了来自经济学家以及全球化和比较政治体系的学者的注意力。

复旦大学的苏长和教授在回顾了中国国际关系理论的制度性视角后指出,对于一般性制度的研究在 20 世纪 80 年代末 90 年代初便开始流行起来,这在很大程度上是受到西方经济学理论影响的结果(Su 2006)。中国经济学家翻译了诸如罗纳德·科斯、道格拉斯·诺思、奥利弗·威廉姆森等著名制度经济学家的作品,并运用他们的理论来解释中国的经济改革。从 20 世纪 90 年代初开始,中国学者把制度理论引入了国际关系领域。根据苏长和的观点,复旦大学的倪世雄教授在 1992 年所著的一本关于战争和道德的书中首次将"国际机制"这一概念引入中国(Ni 1992)。在此之后,时任职于中国社会科学院的王逸舟在 2005 年出版的一本书中进一步解释了国际机制在当代国际关系中的角色和作用(Wang 1995a)。

我们所看到的中国学者关于“全球治理”的最早讨论出现在王逸舟于1995年在澳大利亚墨尔本召开的一次会议上的一篇报告(Wang 1995b)。在全球治理这一概念上,中国的话语大量地借鉴了西方的学术著作和重要的国际组织的报道和宣言中的内容,这些国际组织包括世界银行、经济合作与发展组织(OECD)、联合国开发计划署(UNDP)、联合国教科文组织(UNESCO)等。中共中央编译局一直积极地翻译和编辑来自法国、德国和俄罗斯的关于全球化及其问题的著作,局长俞可平主编了一本名为《全球化:全球治理》的重要著作,该书收录了国外学者关于全球治理的众多文章(Yu 2003)。在过去的两年中,中国学者开始对加拿大学术界所讨论的关于全球化与自治(例如 Pauly and Coleman 2008)以及全球经济中的新兴大国等问题充满兴趣(例如 Cooper and Antiewicz 2008)。

在国际制度和全球治理的研究中有三个问题极大地吸引了西方国际政治经济学学者的注意力。第一个问题是国际制度(或国际机制)是否重要。该问题的争论双方,一方是新制度主义者,他们对此持肯定态度;而另一方是现实主义者和马克思主义者(包括新马克思主义者),他们认为国际制度只是国家间实力分配以及不同社会经济阶层的反映。第二个问题是制度安排将会增强还是减弱国际制度和其他全球治理机制的作用,这主要是自由主义范式内关于制度设计的争论。第三个问题与国际制度以及其他全球治理机制的合法性相关。现实主义者主要关注它们对国家主权的潜在威胁。批评理论家,包括那些从马克思主义以及新马克思主义观点出发的人,对此持批判态度,因为它们未能解决不平等和剥削。那么,中国学者是怎样看待这些问题的呢?

首先,国际制度是否重要?在上面提到的文献综述中,苏长和教授注意到,对国际制度做了长期研究的中国学者承认国际制度具有独立性,国际制度与国家实力以及国际制度对国家行为的影响是分开的(Su, 2006)。联合国(UN)是国际制度和全球治理研究文献中的一个主要题材。总的来说,中国学者积极肯定联合国在维持和平、促进发展以及为发展中国家提供一个解决其需求的平台中所发挥的作用(例如 Zhang 1995; Fang 1995; Han 1995)。除了联合国之外,中国国际政治经济学学者还重点关注地区性国际制度,尤其是亚太地区制度。他们普遍赞同地区化是全球政治经济中的一个重要趋势,并认为地区化能够维护国际和平,加快经济合作,促进经济繁荣,推动多极化世界的形成(例如 Huang 1992; Gao and Lu 1994; Liu 2004)。这一类型的学者通常大量地借鉴了美国学者关于国际制度的观点。

但是上述自由主义观点并没有垄断中国学术界对于国际制度的看法。对此持不同意见的一派来自中国国际关系研究中具有现实主义倾向的国际政治经济学学者，他们拒绝承认国际制度改变了权力政治的本质这一假设（例如Nie 1989）。甚至在那些普遍认为国际制度是重要的行为体的学者中，一些人强调国际制度最终是被最强大的国家所控制，并服务于其谋求自身国家利益这一目的（Jian and Ding 2002）。他们认为在第二次世界大战后，美国一直是一个霸权国家，它只采纳并遵守那些能够服务于其国家利益的国际制度，而对那些违背其国家利益的国际制度，美国便会弃之不用（Men 2001）。一些"全球公共物品"实际上是美国独家占有的（Fan 2008，2010；Guo 2010）。

另一派对于新自由制度主义的批评来自批判理论。到目前为止，只有少数中国学者系统地采纳了批判理论中关于国际制度的观点，其中的一些人具有新马克思主义的背景，例如，南京大学的李斌撰写了大量基于新葛兰西主义视角的国际政治经济学著作，尤其是关于罗伯特·考克斯的学术著作（Li 2000，2003，2005b，2007）。通过分析构成新自由主义世界秩序基础的权力结构，李斌认为诸如三边委员会、经济发展与合作组织、国际货币基金组织（IMF）以及世界银行等国际组织是超级结构的一部分，是以全球经济结构为基础的上层建筑。它们使用了诸如"相互依存"、"全球化"、"竞争"和"现代化"等概念来表现它们的意识形态，并以牺牲边缘国家的利益为代价服务于全球经济中的核心国家。中国融入这样一个经济体系后，在深化改革的进程中，政府应该更加注重社会公平，谋求独立发展（Li 2010）。

第二，何种制度安排会增强抑或减弱国际制度和其他全球治理机制的作用？一些中国学者从一般理论的角度阐述了这个问题，但是他们的著作几乎全部借鉴了西方的概念、理论和方法，尤其是与理性选择理论相关的方法（例如Tian 2002a，2002b；Qu 2010）。

更多的中国学者集中关注何种制度安排会增强抑或减弱亚太地区制度的作用，在部分程度上这是由对全球制度的普遍不满而引起的。举例来说，在亚洲金融危机之后，许多中国学者以及其他亚洲学者抱怨全球金融制度在处理不稳定的全球化经济上并未产生任何效果。他们认为在缺乏有效的全球金融管理机制的条件下，中国和它的亚洲邻居需要携手处理全球问题（Pang 2001；Su，H. 2006）。

中国学者经常把亚太地区同欧洲进行比较。他们认为亚太地区有着独特的、与欧洲大相径庭的经济、战略和文化环境，这一地区在经济上呈现多样性。亚太地区的两个主要大国——中国和日本——之间的关系也因为历史的敌意和现行的竞争而充满变数。包括中国在内的许多亚太地区国家与美国的关系比它们彼此之间的关系要更加牢固。此外，该地区在文化上偏爱非正式的网络框架而不是正式的组织。因而，与欧洲的制度形成鲜明对比的是，亚太地区的制度缺乏基于政府间合作的核心框架，这些制度可以分为几个交叉重叠但却并非高度制度化的组群，即正式的制度与非正式的制度，基于政府间协定的制度与基于经济上互补而形成的制度（例如 Pang 2002；Chen and Chen 2006；Pan 2006）。

撰写这个主题的大多数作者都具有以政策为导向的倾向，他们有时会引用西方关于地区主义的学术著作，但是很快又会转向描述在亚太地区发生的事情，以及中国如何在地区制度中寻求自身的定位。有一小部分中国学者以理论为导向，他们意识到欧洲范式在有关地区制度的文献中占据主导地位，并通过引入亚洲经验来丰富对地区制度的研究。北京大学的王正毅教授指出，东南亚国家联盟（ASEAN）在地区制度的发展中起了领导作用——也就是所谓的“东盟道路”，这表明存在着超越基于欧洲模式和理论的地区化的可能性（Wang 2003）。外交学院的秦亚青教授和魏玲教授指出，东亚的地区合作偏离了现存的地区化理论：它是一个进程，但却没有蓝图来引领最终的发展结果，该地区的主要大国在参与由小国发起的各个进程中熟悉了地区制度。这种以进程为导向的模式定会丰富地区主义的理论（Qin and Wei 2007）。

第三，国际制度合法吗？在这一点上，中国国际政治经济学界对国际制度的批判不绝于耳。一些批评基于对国家主权和自治的关注。例如，他们批评联合国日渐增多的干涉行动，其中包括维和行动，因为他们认为这一趋势违背了《联合国宪章》，并且可能被强势国家（尤其是美国）用来谋取本国的私利（Zhou 1994；Gu 1994；Yin 1995；Li，D. 2000，2004；Tang 2001；Zhang 2001）。

另一类批评突出了许多国际制度不民主的本质。中国学者积极响应西方对国际货币基金组织、世界银行和世界贸易组织（WTO）的批评，认为这些组织无法代表世界上小国和弱国的利益以及偏好。在他们看来，这种“民主赤字”削弱了国际机制的合法性（Men 2002；Jian and Ding 2002）。有趣的是，在这种背景下，中国在联合国以及其他国际机构中为发展中国家发出了响亮的声音，这让中国学者感到十分自豪（Sun 1992；Zhao 1995）。

中国学者还质疑“善治”的合法性，许多人采取了愤世嫉俗的观点，认为全球治理及其变体，如民主治理和有效治理，不过是装扮为理想主义的新自由主义罢了。它们受到国际组织、西方政府以及非政府组织(NGOs)的支持,意在维持西方的霸权(Peng and Liu 2003)。这一命题隐含的意义是西方会为世界其他地区带来良好的治理,但这需要以后者放弃国家主权作为交换条件。他们拒绝嵌入式的西方中心主义和欧洲优越论,坚持认为南方的发展必须来自每个国家自身,而不是依靠外部力量的干涉(Tang 1999, 2000; Tang and Zhao 2004)。

综上所述,中国学者已经积极地参与到关于国际制度和全球治理的争论中。如同他们的西方同行,中国学者内部时常争论不已。在国际制度的作用、国际制度的设计,以及国际制度与全球治理的合法性等问题上,中国学者已经提出了许多不同的视角。总的来说,中国关于这些问题的讨论与西方国际政治经济学并非相去甚远。中国学者要么引用西方的概念和理论,要么把自己限制在非理论的政策讨论上,我们并未发现任何新的知识或者理论视角从这个学术群体中脱颖而出。即便在中国学术界极为关注的地区制度和地区治理领域,中国学者也乐意承认他们未能突破欧洲和北美的研究范式(Wang Z., 2003)。

二、 独特的中国方法?

截至目前,中国学术界并未在国际制度和全球治理的研究中生产新知识或者提出新理论,这也不足为怪,毕竟国际政治经济学在中国仍是一个新的研究领域,这一点将会在后文中详细阐述。一个更加重要而又合适的问题是中国学术界是否形成了独特的中国国际政治经济学研究方法。如果中国学者运用独特的方法来研究国际政治经济学,那么他们的研究迟早会结出硕果,进而丰富全球的国际政治经济学研究。为了精确测定中国国际政治经济学研究方法的独特性,我们简要地回顾了比较国际政治经济学研究的文献资料。

几年前,随着区分国际政治经济学的美国学派和英国学派的一篇文章和后续专著的出现,本杰明·杰里·科恩开启了一系列跨大西洋的对话(Cohen 2007, 2008),大洋两岸的国际政治经济学学者迅速加入了这场争论之中(例如 *Review of International Political Economy*, 2009; *New Political Economy* 2009; Blyth 2009),而远在世界另一端的中国学者也注意到了这场争论(Zhong and Yang 2010; Bai 2010; Wang 2010)。在关于英国学派和美国学派的争论中,中国学者或隐含或明确地提倡发展一个中国式的——倘若不是一个学派的话——国际政治经济学。一些学者甚至认为中国国际政治经济学的出现近在咫尺(Zheng 2008)。事实果真如此吗?

按照科恩的看法，五个问题决定了不同的国际政治经济学研究方法（Cohen forthcoming）。第一个问题是本体论。分析的基本单位是什么——国家、企业、社会群体、阶级或者其他实体？美国学派倾向于国家中心主义，主要将国家作为国际政治经济学的主要行为体，而英国学派则坚持多元中心主义，将其他行为主体也作为基本的分析单位。第二个问题是研究议程。要研究的最突出的问题是什么——权力分配、冲突与合作、发展、福利或其他问题？美国学派研究的主要问题是全球权力结构、国际合作以及美国对外经济政策，而英国学派包含了诸如南北合作与发展等更广泛的研究议题。第三个问题是目的。研究的主要目的是什么——取得对世界的“客观”理解，用一些规范性标准来评价世界所处的状态，为政策制定者提出实际建议抑或其他？美国学派主要侧重于实证主义研究，寻求理解世界是如何运行的，而英国学派则更加具有批判性，提出了关于现状的规范性问题。第四个问题是开放性。国际政治经济学研究对于政治学和经济学之外的其他学科的观点和方法保持多大程度的开放性？在美国学派中，国际政治经济学基本上是一门建立在国际关系学和经济学的理论与概念基础上的学科，而在英国学派中，国际政治经济学对于诸如地理、历史、心理学和哲学等学科保持更大的开放性。第五个问题是认识论。运用何种方法来探究国际政治经济学中的问题？国际政治经济学的美国学派倾向于采取实证主义的研究方法，而英国学派却更倾向于采取历史的和解释的方法。

从这些方面来看，中国国际政治经济学研究体现出其自身的特点了吗？为了系统地回答这个问题，我们调查了《世界经济与政治》，这是由中国社会科学院世界经济与政治研究所出版的一本在中国国际政治经济学学界得到广泛认可的旗舰期刊。我们找到并回顾了自 20 世纪 80 年代末该刊创办以来的 182 篇关于国际制度和全球治理的文章。

我们的研究表明，中国的研究是以国家为中心的。绝大部分文章研究政府间组织和国家对外政策，只有很小的一部分（182 篇中的 9 篇，约 5%）集中研究诸如非政府组织和多国公司等非国家行为体。在这一点上，中国国际政治经济学研究与美国学派十分相似。

中国的研究议程与美国学派和英国学派均有重叠之处，但同时又有其自身的特点。如同美国学派，中国的研究议程表现出对大国关系的极大兴趣；如同英国学派的研究议程，中国也涉及发展问题和南北关系问题。中国的研究与美国学派和英国学派相背离的地方在于其对地区问题的深切关注，很大一部分文章涉及地区层面的制度和治理问题（182 篇中的 54 篇，约 30%）。

就目的而言，中国学者热衷于将他们的学术研究成果应用于政策分析，这就意味着支持现行政策，或者论证现行政策的合理性，抑或提出替代性的政策选择。我们调查的大多数文章(182 篇中的 72 篇，约 40%)提到了中国对外政策面临的问题，并以为中国如何应对国际制度和全球治理中的机遇和挑战提供建议而结尾。例如，当中国政府寻求加入世界贸易组织时，中国学者撰写了大量关于世界贸易组织的文章和书籍；当中国领导人考虑与八国集团和二十国集团合作时，对于这些组织的研究便得到很大发展。这就是朱天飚和玛格丽特·皮尔森(Margaret Pearson)在他们的文章中指出的关于这个问题的"挑战与回应"模型。学术著作与政策明显而直接的关联性是中国国际政治经济学与西方国际政治经济学的一个主要区别，我们将会在后文中论述这一点。

中国国际政治经济学研究的开放性似乎介于美国学派和英国学派之间。对于国际制度的研究主要基于国际关系理论和经济学。中国在国际金融领域内的作用的文献大多出自经济学家。对于全球治理的研究不仅包括国际关系学和经济学，还包括比较政治学、伦理学以及哲学。正如在本文的前半部分提到的那样，包括中共中央编译局在内的中国意识形态领域的研究者在全球治理理论的形成过程中发挥了重要的作用，很明显，这不仅仅是国际关系学者和经济学家的专属领地。

最后，中国国际政治经济学的认识论一直在演进发展着。在早期阶段，中国国际政治经济学研究缺乏任何形式的方法论，所著的文章和书籍也是基于印象和随意的断言，而不是深入的研究。近些年来，中国学者已经越来越多地意识到了方法论问题，历史和文化的研究方法非常盛行，学者们通常会通过历史和文化分析考察世界现状。例如，他们追溯诸如民族国家、主权、均势、自由贸易、人权以及民主和平等概念的历史和文化背景，以此来解释它们如何被不同的政治力量当作意识形态工具，从而将自身意志强加于整个世界。他们认为西方的历史和观念在塑造当代国际制度中起了支配性的作用，并指出今日的非西方国家在应对这些制度时所面临的文化上的障碍(例如 Ding 2000；Pan and Zhang 2000；Pan and Yu 2001)。但是，正在取得发展势头的是理性选择方法而不是历史研究方法。越来越多的文献使用了交易成本分析和博弈论来解释国际制度和全球治理机制的设计(例如 Su 2000；Pan and Luo 2000；Tian 2004；Mo 2006；Li，B. 2009；Zhang 2009)。理性选择范式很可能会在不久的将来成为颇具影响力的认识论。

我们对中国国际制度和全球治理的考察表明，中国国际政治经济学研究中的独特性非常有限，这主要体现在研究议程和研究目的上。尽管与美国学派和英国学派的研究议程有重叠，但中国研究议程的重点在于亚太地区问题，这一点是与众不同的。同时，就研究目的来说，中国国际政治经济学研究者比他们的西方同行更热衷于将专业知识服务于国家政策需求。除此之外，中国学术界与西方学术界存在众多相同之处，在本体论和认识论上尤其与美国学派相似。

三、中国未能在全球治理研究中作出重大贡献的原因分析

中国拥有丰富的文化和思想传统，并在全球经济中飞速崛起，中国学者也已经明确表示出发展独特的中国学派的决心，但是通过研究我们发现中国在国际制度和全球治理的研究中并没有生产出新的知识，更未提出新的理论，研究方法也鲜有与众不同的中国特色。为什么会出现这样的情况？在本节中，我们重点分析两个原因：社会化和国内制度。

首先，国际政治经济学是一个全新的研究领域。在中国，政治经济学曾是以政治意识形态为导向的马克思主义研究的一部分，并全部受到马克思主义理论的指导。国际政治经济学作为一门独立于马克思主义的学科产生于20世纪90年代中期，那时教育部批准设立国际政治经济学，并将其作为国际政治和外交学研究中的一个主要学科。从2001年起，复旦大学、北京大学、中国人民大学和对外经济贸易大学相继设立了国际政治经济学系，中国学者出版了六本关于国际政治经济学的教科书（Song and Chen 1999；Fan 2001；Peng 2001；Wang and Zhang 2003；Zhu 2004；Li 2005a；Zhang and Li 2008；Kuang 2008）。国际政治经济学中的国际制度和全球治理研究是一个非常年轻的领域，正因为如此，它目前仍处于被西方的概念、理论和方法社会化的过程中。

鉴于中国在国际制度研究上对美国国际政治经济学抱有极大的兴趣，美国在这一问题上对中国学术界的影响尤其明显，这丝毫不足为奇。同时，其他西方学者更多地影响着中国的全球治理研究。总的来说，国外学术研究对中国国际政治经济学的影响是十分显著的。

通过调查，我们可以清楚地看到这一学习过程。根据关注重点，我们把从《世界经济与政治》中所搜集到的182篇文章分为四类。其中的一部分是把西方国际政治经济学研究成果介绍给中国读者，这主要表现在以下这些方面：回顾学术著作，介绍西方作者的作品，评述西方国际政治经济学中的思想流派，抑或介绍西方学术界近期的研究趋势（简称“介绍”）。一些文章运用西方的理论对各种经

验现象进行分析(简称"运用")。还有一些文章认为与中国相关的研究能够丰富一般理论,并就此提出许多建议(简称"中国")。最后一类文章提供不涉及任何理论的纯粹政策分析(简称"政策")。图 1 体现了以上四个类别的分布情况:介绍西方理论以及运用西方理论分析各种问题的文章占据了发表在《世界经济与政治》上的文章总数的 80%多,这表明中国对于外来的观点存在严重而又惊人的依赖性。只有 2%的文章试图把与中国相关的研究作为概念和理论创新的潜在来源。

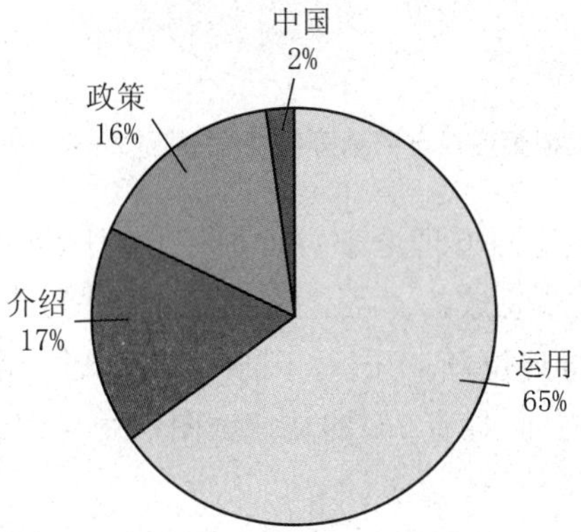

图 1　根据关注重点而划分的文章分配(1988—2010 年)

有趣的是,随着时间的流逝发生了一些变化。图 2 和图 3 比较了《世界经济与政治》中前十来年与后十年中的文章分配,二者都表明:对国际制度和全球治理进行非理论性的政策分析的文章的数量已经大幅度地减少(从文章总数的

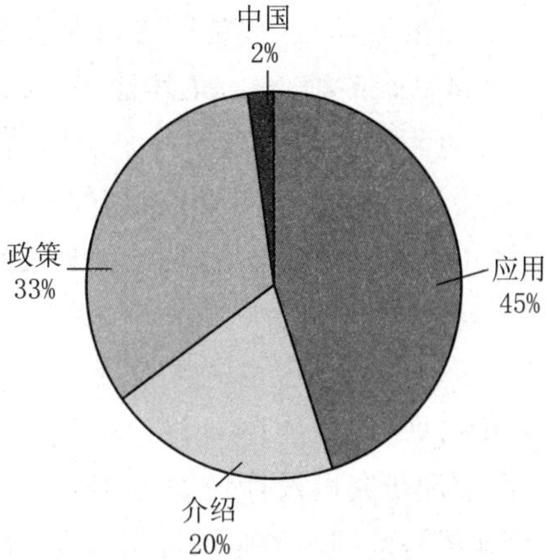

图 2　根据关注重点而划分的文章分配(1988—1999 年)

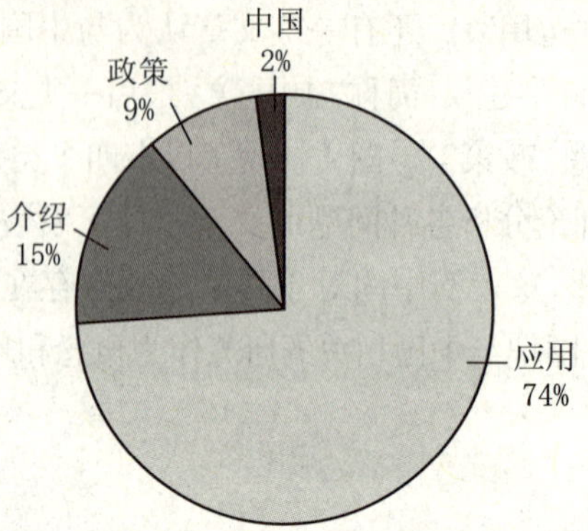

图 3　根据关注重点而划分的文章分配(2000—2010 年)

33%下降到 9%),而运用西方理论来对各种经验问题进行研究的文章的数量已经显著地增加(从文章总数的 45%上升到 74%)。这表明,西方理论依旧在中国的研究中占据主导地位,但中国对于国际制度和全球治理的研究越来越趋向于以理论为基础。然而,只有 2%的文章试图运用与中国有关的研究来修正和丰富国际政治经济学理论。

除了西方理论社会化的深刻影响之外,中国对国际制度和全球治理的研究还深深地打上了中国的国内制度的烙印。中国的大学和研究机构通常附属于中国政府,大量的顶尖大学由教育部主管,而众多研究机构则附属于中央各部委或者省政府。因此,在这两类机构中工作的学者是国家机关工作人员,他们的作用是为公众以及政策制定者提供有用的知识。

国际关系学和经济学在部分程度上均与国际政治经济学的研究相关,近些年来,这两个领域出现了大量的智库,这些智库在政府决策中的作用已经明显增强(Shambaugh 2002; Naughton 2002)。尤其是在全球治理这一问题上,中国人民大学、北京大学和复旦大学各自创建了一个全球治理研究中心,这些中心所关注的主要问题之一便是传统的全球国际机构的改革,包括联合国以及国际金融机构。另一个关注点是为开展全球治理以及地区治理而形成的新的国际组织,例如:二十国集团,金砖五国(巴西、俄罗斯、印度、中国、南非)以及那些寻求亚太经济一体化的组织。中国政府也大量投资于新的官方智库中。举例来说,中国国际经济交流中心(CCIEE)创建于 2008 年全球金融危机之际,它被看作是一个促进全球经济治理研究以及探讨中国在全球经济治理中的作用的主要机构,它似乎提倡全球经济治理中的中国视角。在 2012 年 12 月中国国际经济交流中心与联合国开发计划署合作,共同举办了“全球治理高层政策论坛:

发展中国家的视角”。

上述机构的设立符合发展中国国际政治经济学这一目标。正如前文所谈论的那样,中国学术研究与政策问题紧密相关,我们可以从国际制度的研究中清楚地看到这一倾向。中国学者对于国际制度研究日渐浓厚的兴趣跟中国与各种国际组织和机制建立的越来越多的联系密不可分,学术界对国际制度研究所得出的结论通常反映了政府的政策。

在毛泽东时代,中国的对外关系开始集中在以苏联为首的社会主义阵营,后来是第三世界(中国也是第三世界的一个成员),政治上的疏离表明了中国与西方国家以及西方国家所控制的主流国际机构的关系(Zhang 1998)。自从 20 世纪 70 年代末期开始实行改革开放以后,中国逐渐加入(或者重返)这些国际机构(Economy and Oksenberg 1999)。中国放弃了激进的体系革命的道路,转而走上了寻求体系改革,进而维持体系的道路(Kim 1999)。自从 20 世纪 90 年代起,中国更加全面地拥护现存的国际秩序,甚至签订了《联合国人权公约》和关于气候变化的《京都议定书》,为加入世界贸易组织作出了昂贵的承诺,与八国集团合作,并加入了二十国集团。“与国际接轨”这一流行话语体现了中国政府为认同现存的国际体系所采取的重大举措(Wang 2007)。

中国对国际机构的研究日渐增多,同时也愈加频繁地参与到这些国际机构中,这两者的增长是齐头并进的。为了响应中国政府对大多数国际经济和金融机构的积极态度,中国学者强调这些机构在带动诸如中国等后来者的经济发展上所起的促进作用(例如 Guo 1999, Cao 2004)。在规范层面上,中国研究者大体上已经引进了西方对于 1945 年后国际经济秩序的主流描述和解读。大多数中国学者把诸如“霸权稳定”和“公共物品”等概念看作是理所当然的,不愿意讨论潜在的权力结构以及现存国际经济制度的不平等性。

同样地,中国的全球治理研究也积极响应了中国官方的态度。在 2008 年全球金融危机之前,全球治理并未在官方声明中占据重要位置。在危机之后,西方国家,尤其是美国,呼吁国际协调以应对危机。在这一背景下,中国首次在 2009 年意大利主办的“G8+5”峰会上接受了“全球经济治理”这一概念。之后,一些重要的官方文件均强调全球治理是中国对外政策中优先考虑的内容。在 2011 年公布的第十二个五年计划中,中国政府承诺“积极参与到全球经济治理和地区合作中”。自从 2011 年起,中国国务院总理在为全国人民代表大会所做的年度政府工作报告中均提到了“全球经济治理”这一术语。2012 年 11 月召开了中国共产党第十八次全国代表大会,这标志着中国的政治权力转移到以习近平为总书记的新一届领导集体中。在这次大会上，即将卸任的胡锦涛做了一场政治报告，其内容包括明确地倡导全球治理，尤其是全球经济治理。但是到目前为止，中国政府的文件中并没有明确给出全球治理的正式定义，这种含糊不清也许表明中国政府对于全球治理这一概念仍持矛盾的态度。

这种矛盾也表现在中国国际政治经济学研究上。中国学者很乐意承认当今世界所存在的诸如环境恶化、跨国犯罪以及金融危机等许多问题是全球性的，对不同社会政治制度和意识形态的国家都会产生影响。因此，全球层面上的治理是必须且不可避免的（Wang 1998；Cai 2000，2005；Wang 2002；Cui and Yu 2010；Su 2011）。但在另一方面，中国学者又小心翼翼地指出在全球治理和国家主权之间存在一个平衡，并敦促政府在寻求这二者之间的平衡时要保持警惕（Li，D. 2000；Meng 2001）。

学术研究和政府政策联系紧密，这是生产新知识、提出新理论的过程中所面对的主要障碍。由于中国的研究者主要关注短期内国家和政府所面临的具体的政策挑战，他们很少能够探索或者解释国际政治经济学更为广阔和长远的发展趋势。罗伯特·考克斯对“问题解决”理论和批判理论作了区分，前者寻求理解世界的本来面目，并试图在现存的范围内解决问题，而后者则研究体系的起源，探讨体系变革的力量（Cox 1986）。与英国学派相比，美国国际政治经济学更加倾向于问题解决理论，其研究议程通常受到美国所面临的问题的制约，著名的国际政治经济学学者通常是美国政府的政策咨询师，甚至还是政策制定者。但是，西方的问题解决理论和批判理论都与当下的政策问题保持一定的距离，以此来寻求更多可概括的理论研究视角。对比而言，许多中国学者似乎更加关注政府当前所面临的政策问题。

虽然中国对国际制度和全球治理的研究与官方政策相似，但这并不意味着学者仅仅证实政府的立场，认识到这一点是非常重要的。实际上，中国研究者试图用他们的研究成果来为决策提供信息，甚至改善政府的决策。例如：中国学者试着向政府提出改变对待非政府组织的态度的建议。正如中国以外的研究者所争论的那样，到目前为止中国在全球治理中呈现低调姿态的一个主要原因是中国非政府组织的软弱（例如 Wang and French 2013）。西方工业化国家以及诸如印度、巴西等一些较大的新兴国家在国际论坛中既有政府代表团又有非政府代表团参加，以此来表达他们的诉求，推动他们的议程。相比之下，中国在非政府舞台上出席人数甚少。中国国内的一些学者也得出了这个结论，并且呼吁加强中国的非政府组织，以此来增强中国在世界舞台上的交往能力（Jin 2001；Li，Q. 2009）。

中国的制度结构带来的另一个结果是中国学者在开展实证研究时面临重重困难。中国的制度环境从两个方面导致了这一问题的产生:第一,中国的决策程序缺乏透明度。尽管中国学者处于半官方的地位,但是他们获取数据的途径却非常有限。外国学者可以依靠从中国以外的地方获取信息来弥补这一缺陷(例如,通过国际组织或者与中国有贸易和投资联系的国家来获取信息),但是对中国学者来说这样做却很难。此外,按照中国目前发表学术刊物的标准,即使中国学者通过采访官员而获得数据,他们也不能够发表基于这些数据而得出的分析结果。第二,中国与国际制度和全球治理互动中的许多实证问题依旧具有政治敏感性。像其他的社会科学学者那样,中国国际政治经济学学者不愿涉及这些问题,这是可以理解的。

从理论上看,在进行有关中国自身经验的国际政治经济学研究时,中国学者本应该具有优势。例如,在中国的汇率机制、外援项目、对外投资战略和在国际制度中的行为等政治问题上,中国学者本能够开展全面深入的研究。但是,实际上,中国学者对这些问题研究甚少,大多数最前沿的研究是由中国之外的学者所开展的。同时,中国学者的研究文献通常为中国应该如何表现提出解决办法。通过对《世界经济与政治》这本期刊的调查,我们发现在 42 篇以中国为关注重点的文章中,只有 15 篇对中国与国际机构的关系进行了实证研究。在别的地方,人们可以找到中国与诸如联合国、八国集团以及亚太经合组织等具体的国际机构的关系的实证研究(例如 Wang 2003)。但是,总的来说,关于中国的实证研究仍然十分缺乏。中国学者承认,有时外国学者在对中国与国际机构的关系的研究上做得更胜一筹(Xu and Cai 2007)。由于缺乏全面深入的实证研究,很难想象中国学者能够生产新知识,提出新理论。

总的来说,在本节中我们强调了目前中国未能对国际政治经济学研究作出独特贡献的两个原因。一个是西方国际政治经济学理论社会化的巨大影响,考虑到中国国际政治经济学历史短暂,这是很自然的。另一个是中国学者开展研究时所面对的制度环境。尤其需要指出的是,大多数研究者与中国政府的关系使得他们不惜以牺牲理论发展为代价,而寻求以政策为导向的研究议程。中国在对自身经验进行实证研究上存在困难,这便阻碍了新的知识和理论视角的产生。

四、 对中国未来贡献的展望

截至目前,我们已经考察了当今中国国际政治经济学的一部分内容——国际制度和全球治理研究,继而指出中国在这一领域内的贡献甚少,并尝试着解释这种情况的成因。在本节中,我们简要地评估中国学者为国际政治经济学事业带来新知识和新视角的可能性,并确定他们在尝试这样做时面临的主要约束条件。

随着国际政治经济学在中国变得愈加成熟,中国学者有可能在全球对话中作出更加重要的贡献。正如一些中国学者所预见的那样,发展中国自己的国际政治经济学的方法之一是运用中国的实证经验来改进西方的理论。如果以中国为基础的经验研究推导出与西方理论预测相异的结论,那么这就将构成理论上的突破。但是,他们认为这仅仅是在现有的国际政治经济学框架内的创新。一个更具雄心壮志的方法是提出基于中国的概念和理论,并以此来解释中国和其他地方正在发生的事情。不同于美国国际政治经济学中诸如偏好、利益和同盟等概念,中国国际政治经济学应当发展一组基于中国经验的新概念,这将会构成新的国际政治经济学理论的核心。尽管第二种创新需要众多中国国际政治经济学学者花费数年时间来完成(Song 2011; Wang 2010),但中国学者已经表达了挑战困难的强烈愿望。

关于第一种形式的贡献——即运用中国的实证经验来改进西方的理论,尽管我们已经在上文中论证了中国的制度环境不利于开展全面深入的实证研究,但这是可以改变的。中国学者和政策制定者都认识到:中国在世界上的新地位需要与之相适应的新的行动理论。由于中国已成为全球治理中一个主要的参与者,它既需要超越过去和现在世界的领导者(如英国和美国)的治理经验,又需要提出自己的国际政治经济学来指导自身行动(Zhang 2011),这些新的行动理论只能产生于中国国内形势和对外关系的现实中。例如,如果中国研究者想为中国参与国际机构和全球治理提出现实而又合适的政策选择,他们必须深刻理解中国的经验——中国在哪些地方取得了成功,又在哪些地方失败了,造成这些结果的原因是什么。这就意味着进行实证研究的紧迫性可能会增强,空间可能会扩大。

目前已经有一些鼓舞人心的迹象表明中国进行实证研究的条件可能会改善。在逐渐走向更大透明度的过程中,中国政府开始公布更多的与政策相关的数据。例如,商务部出版了中国加入世界贸易组织的文件,还在其网站上公布了越来越多的中国发展援助的数据。同时,国务院前总理朱镕基关于政策的大量正直言论已经公开,这为研究中国从 20 世纪 90 年代末到 21 世纪初对内和对外经济政策的制定提供了新的而又有趣的信息,因为那时朱镕基是主要的政策制定者(Zhu 2011)。我们认为随着进行实证研究的条件日渐改善,中国国际政治经济学学者将能够提出与中国相关的新知识。反过来,这将会丰富甚至更正国际制度和全球治理的一般理论。

至于第二种类型的贡献——发展以中国为基础的概念和理论来解释中国和其他地方正在发生的事情——我们可以看到一些试图从中国传统文化中汲取灵感的初步尝试。一些学者批判全球治理的现状,认为中国传统哲学能够提供一条有用的替代路径。哲学家赵汀阳的著作《天下体系》便是这一类型中最具雄心壮志的尝试。他认为世界的问题根植于威斯特伐利亚体系,因为这一体系鼓励自私和暴力。为了解决这些问题,必须用天下体系代替威斯特伐利亚体系。基于对中国传统的治国方略的理想描述,天下是一个超越民族国家,包容差异,并用道义劝说来实行统治的良性等级体系。他认为,这一中国的概念能首先在概念上其次在制度上带来一个更加优越和宽宏大量的世界秩序(Zhao 2005, 2006)。其他中国学者温和地要求运用诸如"包容"、"理解"、"和谐"等中国的传统思想和概念来改革全球治理(Sheng 1995; Yu and Chen 2005)。

对于中国传统观点的讨论并不是毫无意义的哲学思考,它应当被看成是对中国在世界上的位置以及它的崛起会如何影响世界秩序的普遍反思的一部分(Callahan 2008)。从 20 世纪 80 年代起,中国采取了邓小平提出的"韬光养晦"的学说。从 20 世纪 90 年代后期起,中国的地位及其在全球治理中的责任已经成为中国学者热烈讨论的问题。中国人民大学的庞中英教授是第一批提出超越"韬光养晦"这一方法的实用性的学者之一(Pang 1999),自此以后更多的人与他持有相同的看法。他们认为由于中国在联合国、国际货币基金组织、世界银行以及二十国集团中的作用,中国已经是全球集体领导中的一部分,中国能够而且也应该在改革现存的全球治理框架中发挥领导作用(Pang 2010; Su 2011)。

2010 年,复旦大学的国际关系与公共事务学院与中国政治学会举办了一场名为"制度供给与大国崛起:中国的任务"的会议。在此次会议上,一些中国国际政治经济学学者讨论了中国成为国际制度的供给者的可能性。其中的一些学者(包括庞中英)呼吁生产和"出口"土生土长的"中国制造"的知识,以此来应对全球性的挑战。庞中英教授认为中国已经引进了太多外国的方法来解决中国的问题,但却没能输出自己的方法来解决全球的问题。在这一点上,中国面临着应当被减少的赤字(Fudan University 2011)。

这些探讨能否促使中国在国际政治经济学研究上作出独特贡献,现在下结论还为时尚早，一些中国学者对此表示怀疑。例如，赵汀阳的著作在公众中颇受欢迎，但是却遭到其他中国学者的批判，因为书中对中国哲学和历史的解读并不准确，更为重要的是，天下体系无法运用到当今世界中（例如 Zhang 2006）。他们认为以中国为中心的体系这一观念即使是在远东地区也是无法想象的，因为这对美国来说是不可接受的，同时还会遭到越南和日本等邻国的激烈抵制。最重要的是，它违背了中国目前所奉行的关于平等和国家主权的原则（Li 1999）。

从天下体系到现在，世界已经经历了天翻地覆的变化，以中国为基础的概念和理论很可能来自更近的经验和实践，这也是目前中国国际政治经济学的薄弱环节。中国的制度框架需要改变，这样才可能发展新的知识，提出新的理论视角。倘若不能去除这些障碍，中国在全球知识结构中的位置仍会大大低于人们根据中国的经济实力而产生的预期。

参考文献

Bai，Y.(2010)，“Guoji zhengzhi jingji xue zhong de kua daxiyang fenqi(The Trans-Atlantic Divide in IPE)，” *Shijie jingji yu zhengzhi* (*World Economics and Politics*)(4)：139—154，160.

Blyth，M.(2009)，*Routledge Handbook of International Political Economy*：*IPE as a Global Conversation*，London：Routledge.

Cai，T.(2000)，“Quanqiu wenti yu anquan guan de biange(Global Problems and the Reform of the Security Concept)，” *Shijie jingji yu zhengzhi*(*World Economics and Politics*)(9)：30—35.

Cai，T.(2005)，“Quanqiu zhili de yaoyi jiqi yanjiu(The Meaning of Global Governance-and Its Research)，” *Shijie jingji yu zhengzhi*(*World Economics and Politics*)(4)：29—35.

Callahan，W.(2008)，“Chinese Visions of World Order：Post-hegemonic or a New Hegemony?” *International Studies Review*(10)：749—761.

Cao，Y.(2004)，“Guoji zhengzhi zhixu yu shijie baquan(International Political Orderand World Hegemony)，” *Shijie jingji yu zhengzhi* (*World Economics and Politics*)(6)：26—31.

Chen，Y.，and X.Chen(2006)，“Ouzhou de jingyan yu dongya de hezuo(Europe's Experience and Cooperation in East Asia)，” *Shijie jingji yu zhengzhi*(*World Economics and Politics*)(5)：21—25.

Cohen，B.J.(2007)，“The Transatlantic Divide：Why are American and British IPE So Different?” *Review of International Political Economy*，14(2)：197—219.

Cohen，B.J.(2008)，*International Political Economy*：*An Intellectual History*，Princeton，NJ：Princeton University Press.

Cohen, B.J.(forthcoming)*Advanced Introduction to International Political Economy*, Cheltenham, UK: Edward Elgar.

Cooper, A., and A.Antkiewicz(2008), *Emerging Powers in Global Governance*, Waterloo, Canada: Wilfred Laurier University Press.

Cox, R.(1986), "Social Forces, States and World Orders," in Robert Keohane(ed.) *Neorealism and Its Critics*, New York: Columbia University Press.

Cui, S., and X.Yu(2010), "Anquan zhili: fei chuantong anquan nengli jianshe de xinfanshi(Security Governance: New Paradigms for Establishing Non-traditional Security Capacities)," *Shijie jingji yu zhengzhi*(*World Economics and Politics*)(1):84—96.

Ding, D.(2000), "Baquan yu guoji guanxi linian(Hegemony and International Relations Theory)," *Shijie jingji yu zhengzhi*(*World Economics and Politics*)(6):48—51.

Economy, E., and M.Oksenberg(eds.)(1999), *China Joins the World*, New York: Council on Foreign Relations.

Fan, Y.(2001), *Xifang guoji zhengzhi jingji xue*(*International Political Economy in the West*), Shanghai: Shanghai People's Publishing House.

Fan, Y.(2008), "Quyu xing guoji gonggong chanpin(Regional International Public-Goods)," *Shijie jingji yu zhengzhi*(*World Economics and Politics*)(1):7—13.

Fan, Y.(2010), "Cong guoji gonggong chanpin dao quyuxing gonggong chanpin(From International Public Goods to Regional Public Goods)," *Shijie jingji yu zhengzhi*(*World Economics and Politics*)(1):143—152.

Fang, G.(1995), "Lianheguo yu shijie renquan huodong(The UN and the World Human Rights Movement)," *Shijie jingji yu zhengzhi*(*World Economics and Politics*)(10):46—49.

Fudan University(2011), "Zhongguo de guojia jianshe yu guoji zeren(China's State-building and International Responsibility)," *Dongtai yu zhengce pinglun*(*Review of Dynamics and Policies*), Fudan University(14):1—10.

Gao, Z., and J.Lu(1994), "Dongbeiya quyu hezuo xianzhuang yu zhanwang(The Current State and Prospect of Northeast Asia Regional Economic Cooperation)," in *Shijie jingji yu zhengzhi*(*World Economics and Politics*)(6):11—16.

Gu, D.(1994), "Lianheguo ganyu xingdong yu xianzhang de chongtu(The Conflict between UN Intervention and Its Charter)," *Shijie jingji yu zhengzhi*(*World Economics and Politics*)(1):37—41.

Guo, S.(1999), "Guoji zhidu de rongru yu guojia liyi(Assimilation into the International Institutions and National Interest)," *Shijie jingji yu zhengzhi*(*World Economics and Politics*)(4):60—65.

Guo, Y.(2010), "Meiguo yu dongya anquan de quyu zhili(The US and the Regional Governance of East Asian Security)," *Shijie jingji yu zhengzhi*(*World Economics and Politics*)(7):36—50.

Han, Z.(1995), "Lianheguo yu zhanhou shijie heping(The UN and Postwar World Peace)," *Shijie jingji yu zhengzhi*(*World Economics and Politics*)(10):39—41, 59.

Held, D., McGrew, A., Goldblatt, D., and Perraton, J.(1999), *Global Transformations: Politics, Economics and Culture*, Cambridge: Polity Press.

Huang, S.(1992), "Quyu jingji jituan shi yige dongtai guocheng(Regional Economic-Groups are a Dynamic Process)," *Shijie jingji yu zhengzhi* (*World Economics and Politics*)(9):13—7, 31.

Jian, J., and D.Ding(2002), "Guoji jizhi de gongneng yu daoyi(The Functions and Ethics of International Institutions)," *Shijie jingji yu zhengzhi* (*World Economics and Politics*)(3):15—20.

Jin, X.(2001), "Guanyu kaikuo xin shiji woguo duobian waijiao gongzuo de jidiansikao (A Few Thoughts on the Expansion of Our Country's Multilateral Diplomatic Work)," *Shijie jingji yu zhengzhi*(*World Economics and Politics*)(10):36—41.

Keohane, R.(1984), *After Hegemony*, Princeton, NJ: Princeton University Press.

Keohane, R.(1998), "International Institutions: Can Interdependence Work?" *Foreign Policy*(110)(Special Edition: *Frontiers of Knowledge*)(Spring):82—96, 194.

Kim, S.(1999), "China and the United Nations," in Elizabeth Economy and Michel Oksenberg(eds.), *China Joins the World*, New York: Council on Foreign Relations.

Krasner, S.(1983), *International Regimes*, Ithaca, NY: Cornell University Press.

Kuang, M.(2008), *Guoji zhengzhi jingji xue* (*International Political Economy*), Beijing: Zhongguo Shehui Kexue Chubanshe.

Li, B.(2000), "Guoji zhengzhi jingji xue zhong de gelanxi xuepai(The Gramscian School in IPE)," *Ouzhou*(*Europe*)(1):20—30.

Li, B.(2003), "Kaokesi de guoji zhengzhi jingji xue lilun(Cox's IPE Theory)," *Shijie jingji yu zhengzhi*(*World Economics and Politics*)(5):38—39.

Li, B.(2005a), *Guoji zhengzhi jingji xue* (*International Political Economy*), Nanjing: Nanjing University Press.

Li, B.(2005b), "Kaokesi de pipan lilun(The Critical Theory of Cox)," *Shijie jingji yu zhengzhi*(*World Economics and Politics*)(7):15—20.

Li, B.(2007), "Pipanzhe de yitong: kaokesi yu hou xiandai zhuyi(The Similarities and Differences between Critics: Cox and Post-modernism)," *Shijie jingji yu zhengzhi*(*World Economics and Politics*)(1):23—29.

Li, B.(2009), "Chaohe wenti yu chaoxian bandao jianli anquan guizhi de qianjing(The North Korean Nuclear Issue and the Prospect for the Establishment of a Security Regime)," *Shijie jingji yu zhengzhi*(*World Economics and Politics*)(7):6—15.

Li, B.(2010), "Shehui liliang, shijie zhixu he zhongguo de fazhan(Social Forces, World Order, and China's Development)," Paper presented at the 1st IPE Forum, Beijing.

Li, D.(2000), "Dui qihou bianhua wenti de ruogan zhengzhi fenxi(Political Analysis of Climate Change Issues)," *Shijie jingji yu zhengzhi*(*World Economics and Politics*)(8):66—71.

Li, D.(2004), "Lianheguo de anquan guan yu fei chuantong anquan(The UN's Security Outlook and Non-traditional Security)," *Shijie jingji yu zhengzhi*(*World Economics and*

Politics)(8):49—54.

Li, Q.(2009), "Shehui zuzhi de waijiao gongneng: jiyu zhongxi hudong de kaocha(The Diplomatic Functions of Social Organizations: Observations Based on Sino-Foreign Interactions)," *Shijie jingji yu zhengzhi*(*World Economics and Politics*)(6):66—73.

Li, S.(1999), "Lun Zhongguo Wenmingde Heping Neihan: Cong Chuantong DaoXianshi: Dui 'Zhongguo Weixie' Lun de Huida(The Peaceful Orientation of Chinese Civilization: From Tradition to Reality: A Response to 'China Threat' Theory)," *Guoji Jingji Pinglun*(*International Economic Review*)Z1:30—33.

Liu, X. (2004), "Fei chuantong anquan yu anquan gongtongti de goujian (Unconventional Security and the Construction of Security Community)," *Shijie jingjiyu zhengzhi*(*World Economics and Politics*)(6):37—42.

Men, H.(2001), "Guoji jizhi yumeiguo baquan(International Regime and US Hegemony)," *Meiguo yanjiu*(*American Studies*)(1):74—88.

Men, H.(2002), "Lun guoji jizhi de hefa xing(On the Legitimacy of International Institutions)," in *Guoji Zhengzhi Yanjiu*(*Studies of International Politics*)(1):131—138.

Meng, X.(2001), "Canyu duobian anquan hezuo: jishi tiaozhan, yeshi jiyu(Participatein Multilateral Security Cooperation: Both a Challenge and an Opportunity)," *Shijie jingji yu zhengzhi*(*World Economics and Politics*)(10):25—29.

Mo, S.(2006), "Maoyi yu huanjing wenti de duobian ji quyu xietiao(Multilateral and Regional Coordination over Trade and the Environment)," *Shijie jingji yuzhengzhi*(*World Economics and Politics*)(1):75—80.

Naughton, B.(2002), "China's Economic Think Tanks: Their Changing Role in the 1990s," *The China Quarterly*(171):625—635.

New Political Economy(2009)14(3): Special Issue: The "British School" of International Political Economy.

Ni, S.(1992), *Zhanzheng yu daoyi*(*War and Morality*), Changsha: Hunan Chubanshe.

Nie, H.(1989), "Quanli zhengzhi he xianghu yilai(Power Politics and Interdependence)," *Shijie jingji yu zhengzhi*(*World Economics and Politics*)(4):63—68.

Pan, D., and F.Luo(2000), "Wenti yu duice: guoji huanjing zhili de zhidu fenxi(Problems and Solutions: An Institutional Analysis of International Environmental Governance)," *Shijie jingji yu zhengzhi*(*World Economics and Politics*)(10):58—63.

Pan, Y., and X.Yu(2001), "Zuowei guoji zuzhi jianshe sixiang ziyuan de zhongguowenhua chuantong(Chinese Cultural Tradition as an Ideational Resourcefor Constructing International Organizations)," *Shijie jingji yu zhengzhi*(*World Economics and Politics*)(9):46—50.

Pan, Y., and L.Zhang(2000), "Renshi xianyou guoji zuzhi de xifang zhuzhiwenhua Beijing(Recognizing the Western Organizational Cultural Background of Existing International Organizations)," *Shijie jingji yu zhengzhi*(*World Economics and Politics*)(12):67—71.

Pan, Z.(2006), "Baquan ganshe, daguo duikang yu dongya diqu anquan de goujian

(Hegemonic Intervention, Great Power Confrontation and the Construction of Regional Security in East Asia)," *Shijie jingji yu zhengzhi* (*World Economics and Politics*) (6): 38—44.

Pang, Z.(1999), "Lengzhan de zhongjie yu zhongguo de huiying(The End of the Cold War and China's Response)," *Shijie jingji yu zhengzhi* (*World Economics and Politics*) (9):5—10.

Pang, Z.(2001), "Zhongguo de yazhou zhanlue: linghuo de duobian zhuyi(China's Asia Strategy: Flexible Multilateralism)," *Shijie jingji yu zhengzhi* (*World Economicsand Politics*)(10):30—35.

Pang, Z.(2002), "'Shijie daguo' yu 'zhengchang guojia'('World Power' and 'Normal State')," *Shijie jingji yu zhengzhi* (*World Economics and Politics*)(11):12—16.

Pang, Z.(2010), "After the G20 Toronto Summit: Canada, China and the Global Governance," Keynote speech at the China-Canada Workshop, Shanghai International Studies University, 14 November.

Pauly, L., and W.Coleman(2008), *Global Ordering*, Vancouver: UBC Press.

Peng, P.(2001), *Guoji zhengzhi jingji xue* (*International Political Economy*), Beijing: Social Science Academic Press.

Peng, Y., and W.Liu(2003), "Hezuo xing shijie zhixu: oumeng de quanqiu zhiligouxiang(Cooperative World Order: The Blueprint of the European Union on Global Governance)," *Shijie jingji yu zhengzhi* (*World Economics and Politics*)(11):74—79.

Qin, Y., and L. Wei(2007), "Jiegou, jincheng yu quanli de shehui hua(Structure, Process, and the Socialization of Power)," *Shijie jingji yu zhengzhi* (*World Economics and Politics*)(3):7—15.

Qu, B. (2010), "Hezuo wenti, quanli jiegou, zhili kunjing yu guoji zhidu (The Problem of Cooperation, the Structure of Power, the Dilemma of Governance and International Institutions)," *Shijie jingji yu zhengzhi* (*World Economics and Politics*) (10): 22—32.

Review of International Political Economy (2009)16(1): Special Issue: Not So Quiet on the Western Front: The American School of IPE.

Rosenau, J. N., and E. O. Czempiel(eds.)(1992), *Governance without Government*, Cambridge: Cambridge University Press.

Shambaugh, D.(2002), "China's International Relations Think Tanks: Evolving Structure and Process," *The China Quarterly*(171):575—596.

Sheng, H.(1995), "Shenme ShiWenming? (What is Civilization?)," *Zhanl üe yu Guanli* (*Strategy and Management*)(5):88—98.

Song G.(2011), "Jiyu zhongguo de guoji zhengzhi jingji xue yanjiu(China based IPE Studies)," *Shiji jingji yu zhengzhi* (*World Economics and Politics*)(1):59—76.

Song, X., and Y.Chen(1999), *Guoji zhengzhi jinji xue gailun* (*Introductionto International Political Economy*), Beijing: China Renmin University Press.

Su, C.(2000), *Quanqiu gonggong wenti yu guoji hezuo: yizhong zhidu de fenxi*

(*Global Public Issues and International Cooperation: An Institutional Analysis*), Shanghai: Shanghai People's Publishing House.

Su, C.(2006), "Zhongguo de guoji zhidu lilun yanjiu(Theoretical Research on International Institutions in China)," in Wang Yizhou(ed.), *Zhongguo Guoji Guanxi Yanjiu, 1995—2005(IR Studies in China, 1995—2005)*, Beijing: Peking University Press.

Su, C. (2011), "Zhonguo yu quanqiu zhili(China and Global Governance)," *Guoji Zhengzhi Yanjiu(Studies of International Politics)*(1):35—45.

Su, H. (2006), "Dongya kaifang diqu zhuyi de yanjin yu zhongguo de zuoyong(The Evolution of the Open Regionalism in East Asia and the Role of China)," *Shijie jingji yu zhengzhi(World Economics and Politics)*(9):43—51.

Sun, S. (1992), "Lun Lianheguo zai dangjin guoji guanxi zhong de zuoyong(On the Function of the UN in Contemporary International Relations)," *Shijie jingji yu zhengzhi (World Economics and Politics)*(7):62—67.

Tang, S.(2010), "Yu 'kouhao xing' wenzhang juelie(Break Away from 'Sloganeering' Articles)," *Zhongguo shehui kexuebao(Chinese Social Sciences Today)*(23 December).

Tang, X.(2000), "Quanqiu zhili yu disan shijie de biange(Global Governance and Reforms in the Third World)," *Ouzhou(Europe)*(3):4—11.

Tang, X., and X.Zhao(2004), "Quanqiu zhili yu guoji guanxi zhong deminzhu yu fazhi (Global Governance and Democracy and Rule of Lawin International Relations)," in Chen Yugang and Yuan Jianhua (eds.), *Chaoyueweisifaliya (Transcending Westphalia)*? Beijing: Current Affairs Press.

Tang, Y.(2001), "Lianheguo weihe jizhi de yanbian ji jueding qi weilai zoushide zhuyao yinsu(The Evolution of UN Peacekeeping and Major Factors Shaping its Future)," *Shijie jingji yu zhengzhi(World Economics and Politics)*(5):65—70.

Tian, Y. (2002a), "Jiaoyi feiyong: jiedu guojia jian guanxi de yige zhongyao weidu (Transaction Cost: An Important Perspective on Inter-state Relations)," *Shijie jingji yu zhengzhi(World Economics and Politics)*(1):22—27.

Tian, Y.(2002b), "Quanqiu zhili zhong de zhidu gongji(The Supply of Institutionsin Global Governance)," *Shijie jingji yu zhengzhi (World Economics and Politics)*(10): 17—22.

Tian, Y.(2004), "Guoji xieyi ziwo shishi de jili fenxi: yizhong jiaoyi chengben deshijiao (The Self-implementation of International Agreements: A Transaction Cost Perspective)," *Shijie jingji yu zhengzhi(World Economics and Politics)*(12):27—33.

Wang, H.(2007), "'Linking up with the International Track': What's in a Slogan?," *The China Quarterly*(189):1—23.

Wang, H., and E.French(2013), "China's Participation in Global Governance in Comparative Perspective," *Asian Policy*(15):89—114.

Wang, T.(2002), "Shehui kunjing yu guoji zhixu de jiangou(Social Dilemma and the-Construction of International Order)," *Shijie jingji yu zhengzhi (World Economics and Politics)*(10):11—16.

Wang, Y.(1995a), *Dangdai guoji zhengzhi xilun(An Analysis of Contemporary International Politics)*, Shanghai: Shanghai People's Publishing House.

Wang, Y.(1995b), "Lianheguo Yanjiu zhong de Ruogan Zhongdian he Dongxiang(Several Foci and Directions of UN Studies)," *Zhanlüe yu Guanli(Strategy and Management)* (6):54—59.

Wang, Y.(1998), "Lun zonghe anquan(On Comprehensive Security)," *Shijie jingji yu zhengzhi(World Economics and Politics)*(4):5—9, 14.

Wang, Y.(2003), *Mohe zhong de jiangou(Construction within Contradictions)*, Beijing: China Development Press.

Wang, Y. (2010), "IPE yingmei xuepai de lunzhan: xueshu fenye, guojia dewei yuzhongguo yiti(The IPE Debate between the British School and the American School: Academic Divide, National Status, and China Topics)," Paper presentedat the 1st IPE Forum, Beijing, 22 October.

Wang, Z.(2003), "Yazhou quiyu hua: cong lixing zhuyi zouxiang shehui jiangouzhuyi (Regionalization in Asia: From Rationalism to Social Constructivism)?" *Shijie jingji yu zhengzhi(World Economics and Politics)*(5):4—10.

Wang, Z., and Y.Zhang(2003), *Guoji Zhengzhi Jingji Xue(International Political Economy)*, Beijing: The Commercial Press.

Xu, J., and W. Cai (2007), "Guoji zhidu yu zhongguo de xuanze (International Institutions and China's Choices)," *Guoji Zhengzhi Yanjiu(Studies of International Politics)*(4):135—145.

Yin, F.(1995), "Lun lianheguo weichi heping xingdong(On UN Peacekeeping Actions)," *Shijie jingji yu zhengzhi(World Economics and Politics)*(10):42—45.

Yu, K.(2003), *Quanqiuhua: quanqiu zhili(Globalization: Global Governance)*, Beijing: Social Science Academic Press.

Yu, Z., and Y.Chen(2005), "Quanqiu gongzhi lilun chutan(Preliminary Exploration of Global Common Governance)," *Shijie jingji yu zhengzhi(World Economics and Politics)* (2):8—15.

Zhang, C.(2009), "Yanjin shi lixing sheji yu dongbeiya anquan jizhi de chuangshe(Evolutionary Rational Design and the Creation of the Northeast Asian Security Mechanisms)," *Shijie jingji yu zhengzhi(World Economics and Politics)*(7): 16—23.

Zhang, H.(1995), "Lianheguo zai shijie huanjing yu fazhan shiwu zhong de zuoyong (The UN's Function in World Environmental and Developmental Issues)," *Shijie jingji yu zhengzhi(World Economics and Politics)*(8):13—17.

Zhang, S.(2006), "Tianxia LilunHe Shijie Zhidu: Jiu 'Tianxia Tixi' Wenxue yu Zhao Tingyang Xiansheng (Tianxia Theory and World Order: Questions about Mr Zhao Tingyang's Tianxia System)," *Zhongguo Shuping(China Book Review)* 5(http://www.cssm.gov.cn/view.php?id=11361, accessed May 2013).

Zhang, Y.(2001), "Lun guoji jizhi de zhengyixing wenti(On the Justice of International Regime)," *Shijie jingji yu zhengzhi(World Economics and Politics)*(6):16—21.

Zhang, Y.(2011), "Quanqiu jingji weiji huhuan guoji zhengzhi jingji xue zai zhongguode xin fazhan(Global Economic Crisis Cries Out for New Development in IPE in China)," unpublished manuscript, School of Public Policy and Management, Tsinghua University, Beijing, 2011.

Zhang, Y.(1998), *China in International Society since* 1949: *Alienation and Beyond*, New York: St. Martin's Press.

Zhang, Y., and Z.Li(2008), *Guoji jingji zhengzhi xue*(*International Economic Politics*), Shanghai: Shanghai People's Publishing House.

Zhao, T.(2005), *Tianxia Tixi*: *Shijie Zhidu Zhexue Daolun*(*The Tianxia System*: *A Philosophy for the World Institution*), Nanjing: Jiangsu Jiaoyu Chubanshe.

Zhao, T.(2006), "Rethinking Empire from a Chinese Concept 'All-under-Heaven' (Tian-xia)," *Social Identities*, 12(1):29—41.

Zhao, X.(1995), "Zhongda de keti, shenru de yanjiu(Big Topic, Profound Research)," *Shijie jingji yu zhengzhi*(*World Economics and Politics*)(8):92—94.

Zheng, B.(2008), *Zhongguo zhengzhi jingji xue*(*Chinese IPE*), Beijing: Central Compilation & Translation Press.

Zhong, F., and Y. Yang(2010), "Yizhong guoji zhengzhi jingji xue the zhishi puxi(A Knowledge Genealogy of IPE)," *Meiguo Yanjiu*(*American Studies*)(2):135—146.

Zhou, Q.(1994), "Lianheguo yufang xing waijiao de tichu he wenti(The Origins and Problems of the UN's Preventive Diplomacy)," *Shijie jingji yu zhengzhi* (*World Economics and Politics*)(3):40—42, 69.

Zhu, R.(2011), *Zhu Rongji Jianghua Shilu*(*Records of Zhu Rongji's Remarks*), Beijing: People's Publishing House.

Zhu, W.(2004), *Guoji Zhengzhi Jingji Xue*(*International Political Economy*), Beijing: Peking University Press.

Zou, J.(2003), "Guoji jingji guanxi zhong de zhongguo linian(Chinese Ideas in International Economic Relations)," *Shijie Jingji yu zhengzhi*(*World Economics and Politics*)(7):4—10.

“命运共同体”理念下的“共情”环境构建析论*

刘锦前**

【内容提要】 中国是全球治理的倡导者、实践者和推动者。近年来，随着全球化背景下国家间交往的加速和中国国力的提升，中国坚持权利与义务相平衡，积极参与全球治理，无疑将推动全球治理朝着更加公正、合理的方向发展。本文从“命运共同体”视角来探索全球范围内的治理合作以及中国在这一进程中所扮演的角色，旨在寻求不同国家或组织间如何就思想认知形成突破，为促进治理深层次合作创造条件。笔者认为，以“命运共同体”理念为指导，进而通过“共情”环境构建来引导深化地区间治理合作，不仅有助于培育国家间感情，也有助于推进各类综合治理机制建设乃至最终实现地区整合发展。广大亚非发展中国家应该抓住全球经济转型的机遇，以中国推进“一带一路”为契机加快发展自身。文章的结论是，“命运共同体”理念下的“共情”环境构建将有助于促进国家间相互依存关系的发展，有助于实现中国“两个百年”的目标。

【关键词】 命运共同体　共情　全球治理　两个百年

在当前全球化加速发展的背景下，每个国家都肩负着民族振兴的历史重任，也都有一个致力于强国富民的伟大梦想。随着国家间各种利益的相互交织，不同国家彼此间比以往任何时候都更需要紧密携手合作，发挥国家间传统友好关系，特别是地缘毗邻优势，共享机遇、共迎挑战、相互合作以促进地区稳

* 本文为上海社会科学院“一带一路与地区合作机制创新”团队研究成果；国家社会科学基金重大项目“中国参与全球治理的三重体系构建研究”（项目批准号 12&ZD082）的阶段性成果；本研究同时也得到上海政法学院创新性学术团队支持计划资助。

** 刘锦前，上海社会科学院国际关系研究所助理研究员。

定和繁荣。而在这种时空条件下，一个国家能否作出适合于自身发展的正确战略决策往往就显得格外重要。根据博弈论和战略学等学理论断来看，不同国家团体、组织或机构的自身决策都或多或少将间接影响其他团体、组织或机构的决策选择。国家间战略制定与实施进程的这种交互性影响也使得我们不得不重视当下决策理念的关联逻辑。而再具体聚焦于当前的国际格局，虽然从传统权力结构角度讲，结构性权力既可以由国家行使，也可以由非国家权威行使；①但在当下社会性权力日渐发挥更大作用的现实状况下，我们也应注重考虑获取社会性权力资源所带来的政治收益。如果说目前我们中国提出建设丝绸之路经济带和21世纪海上丝绸之路的倡议，是在新形势下扩大全方位开放的重要举措，同时也是要致力于使更多国家共享发展机遇和成果；那么从深层次国家发展角度讲，这也是为均衡全球发展所需要的社会性空间资源而采取的必要步骤。显然，中国希望通过与“一带一路”沿线国家和相关国际组织加强合作，实现道路联通、贸易畅通和民心相通，共同打造开放合作平台，在实现中国“两个百年”梦想的同时，为全球可持续发展提供新动力。

一、 对重大国家战略的赋意逻辑及合理性解读

解读一个国家的国家战略，根据传统研究路径，我们不仅需要从其历史发展路径的轨迹进行深度思考，也需要结合其民族国家发展的现状及其背后的文化因素进行考量。此处，我们也不能回避国际关系理论新发展下带来的学理纷争而导致的见解分化。当代中国正经历着多重转型，国际体系也处于深刻转型阶段，中国与外部世界的关系也正在发生历史性改变。这种双重转型既增加了双方相互认知的困难，也反映出相互理解的重要性。②特别需要指出的是，目前围绕中国“命运共同体”理念的论述可用“铺天盖地”这个词来形容。众多学者从不同视角进行了剖析，而且交锋日渐犀利。坦言讲，在此背景下若要提出一套新的思考逻辑来另辟蹊径显得很难。鉴于以上情况，笔者尝试从行为心理学之“共情”视角来解析中国的这组战略行为，或许能得出一些有意

① [英]苏珊·斯特兰奇：《权力流散：世界经济中的国家与非国家权威》，肖宏宇、耿协峰译，北京：北京大学出版社2005年版，第45页。

② 卢静：《中国和平崛起的国际舆论环境分析》，载《国际问题研究》2015年第2期，第46页。

义的补充思考。

“内化力”强弱是衡量国家强大与否的一个重要参考系数

在全球化快速发展的新形势下，一个国家能否坚持自身发展道路并通过自我修复功能让本国实现持续进步显得极其重要。以中国为例，我们当前推出的“命运共同体”理念和“一带一路”战略不仅仅与中国自身的发展脉络息息关联，并且从历史上看，中国与世界其他文明之间的交往，丝绸之路作为一条异常重要的连接东西方商贸之路发挥了极为重要的作用。经由“丝绸之路”，东西方人员来往、物产交易，极大地丰富了沿线人民的生活。①历史发展到今天，在21世纪我们再次提出“一带一路”战略是历史的选择也是现实的选择。②我们追溯历史可以看到，第二次世界大战期间中国作为远东地区主要的反法西斯阵营中的一员，为战争胜利作出了重要贡献。而无论第二次世界大战期间还是战后，中国在国际舞台上的作用与影响力都日渐变得举足轻重，并且逐步形成了自己的国际秩序逻辑。简言之，每个国家对自身所处的国际地位中的身份都会随着时间与自身国力的发展有不同的认知。而一个国家的总体大战略的制定，不可能仅仅依赖于针对其他行为体在特定问题上的利益所进行的一次性短期分析。它也需要国家间开展长期的互动和联系。③而从国家战略制定的情感角度来看，情感不仅仅影响着互动中行为体的行为倾向，为身份转化提供行为动力，它还组织行为体的相关认知活动，影响行为体对互动进程的评估结果，从而影响行为体判断自身与互动他者的身份关系。④为构架起行为体情感与行为体行为逻辑之间的线性关系，笔者引入心理学术语“内化力”这个概念进行阐释。“内化力”指的是一个人如何将外在物质的和文化的东西内化为自身某种品质的能力。引申开来，笔者所界定的一个国家的“内化力”则是指国家能够在多大程度上将自身现有物质和文化的东西内化为国家发展模式的能力。一个国家“内化

① 岳蔚敏：《“丝绸之路”从历史中走来》，载《开封日报》，2014年7月10日。

② Yu Changsen and Jory Xiong, “The Dilemma of Interdependence: The Features and Trends of Sino-Australian Relations,” Second Dialogue Forum of the Sino-Australian Joint Research Program, Brisbane, July 21—23, 2010.

③ [美]鲁德拉·希尔、彼得·卡赞斯坦：《超越范式：世界政治研究中的分析折中主义》，秦亚青、季玲译，上海：上海人民出版社2013年版，第85页。

④ 季玲：《“东亚共同体”与东亚集体身份兴起的情感动力》，载《外交评论》2011年第4期，第75页。

力"的强弱体现在能否将当下体验(国际规范、规则等)内化到自有"经验组织原则"(发展模式)中的能力。如果该国家"内化力"很强,能够吸收世界各地的一切有利要素来促进自身发展,那么这个国家无疑是异常强大的,并且将在发展的道路上越来越自信。

一国对外战略能否获得最终成功取决于国际社会对其战略的赋意

从经验逻辑角度推论,一个国家的国际战略即使出发点是好的,并且各个要素都能发挥正面作用,其国家战略也未必能获得成功;但如果一个国家不能从长远大时空发展角度来谋划战略,其国家发展前景无疑将受到阻滞。清人陈澹然在其《寤言二迁都建藩议》中说:"不谋万世者,不足谋一时;不谋全局者,不足谋一域。"东方人这种谦和谋远的文化特质,深受世界各民族仰羡。[①]历史告诉我们:战略问题是一个国家发展的核心问题,缺乏战略谋划的国家,很难成为真正的强国。谋划战略,就要把握现实、选择未来。实践证明,在当代中国的发展进程中,改革开放是重大并获得世界认可的成功战略决策。面向未来,需要在坚持改革开放和符合世界潮流这个大背景下,探索和谋划大国发展的未来之路。在这个进程中,我们不能因为既有的利益或立场问题而刻意忧虑或怀疑。此外,国际关系学界情感研究的倡导者们也注意到情感对行为体认知进程的重要作用:我们要避免因为情感因素而使自身过于被动甚至引发国际社会对政治体制理解的情绪波动。如中国作为一个新兴发展中国家,虽然长期处在国际政治的关键决策圈之外,但中国发展道路的成功又恰恰说明了这种国际体制存在的价值。目前我们该深刻思考的是,借鉴与宣传中国成功经验的同时,并没必要强化那些用传统方式看待其国家利益的派别,因为加强了它们的地位会损害那些把合作看成为国家安全与繁荣基础的派别。[②]由此,我们不仅要对一些重大历史事件进行再一步的解析,尤为重要的是我们也要对该国民族的秉性特点和其自身行为方式进行进一步源头追溯,了解其思想认知和行为逻辑背后的经验组织方式和如何对其产生影响让其重构新的行为组织方式。比如,我们对日本对第二次世界大战自身认知的分析就不能脱离日本人性格中的"菊与刀"这

① Pal Nyiri, "The Yellow Man's Burden: Chinese Immigrants on a Civilizing Mission," *China Journal S6*, July 2006, p.106.

② 布鲁斯·琼斯、卡洛斯·帕斯奈尔、斯蒂芬·约翰·斯特德曼:《权力与责任》,秦亚青、朱立群、王燕、魏玲译,北京:世界知识出版社2009年版,第277页。

种民族性来理解。而对未来日本国家行为组织方式的重构则又必须考虑我们如何施加影响力以促其对自身行为历史进行内省式感悟。此处笔者强调的是，我们应更多从作为客观层面的第三方视角，尽量客观理解当事国对其所经历的重大事件的自我感受和赋意，这将比我们单从所谓人类正义与公平角度出发而可能得到的结论更客观。而从这个层面进而向国际社会解读今天我们中国的国际秩序观，或许也就能从一个更加宏大的空间角度来获得国际社会的认可。

"一带一路"蕴意深远

2013年秋，习近平主席先后提出构建"丝绸之路经济带"和21世纪"海上丝绸之路"（简称为"一带一路"）的战略构想。此战略构想一经提出即刻受到国际社会的高度重视，得到沿途各国的广泛支持。如在2014年6月举行的中阿合作论坛第六次部长级会议上，包括埃及在内的22个阿拉伯国家表示非常支持"一带一路"战略。[①]但另一方面，反对者和不明就里者也不在少数。如美国等西方国家甚至有不少学者将其评述为中国对抗美国"亚洲再平衡"战略的对策。他们认为中国提出陆海并进的"一带一路"战略，一方面在战略空间上可以实现向西拓展，另一方面也能满足中国快速增长的能源资源进口需求及急迫的海上通道安全需求。他们强调中国在双边关系、地区及全球事务上拉拢俄罗斯，意在振兴欧亚地缘板块，在政治、经济等诸多方面打造"去美国化"的地区及全球秩序。[②]而英法德等欧洲国家则对中国的这一战略更多地持开放态度。一方面，"一带一路"战略在欧洲显然还没有引起足够的共鸣，这在很大程度上是因为人们没听说过。除了媒体的部分报道，欧洲的学术界对"一带一路"还没有开始真正的讨论和研究。因此，在信息缺乏的情况下，欧洲公众对"一带一路"的认知是十分有限的。[③]不同国家针对中国的同一战略甚至有截然不同的看法，这不仅与当事国自身所处身份地位有关，也与我们在推进与宣传我们的"一带一路"战略时没有把对方的疑虑讲透有关。笔者在此处着重阐释中国"一带一路"的战略蕴意，以期能补充论述我们国家行为的合理性。非洲有句谚语，

① 姚玮洁：《"一带一路"的国际态度》，载《瞭望东方周刊》2014年第43期，第84页。

② 郗希迈：《美国如何看中国的"一带一路"战略》，载《全球局势战略纵横》2015年1月25日。http://www.360doc.com/content/15/0308/14/3051971_453539254.shtml.

③ 《欧洲为何对"一带一路"慢热?》，载《大公报》2015年4月1日。

“一根原木盖不起一幢房屋”。中国也有句古话，“孤举者难起，众行者易趋”。我们在稳步推进“一带一路”战略的同时也应加大相关“一带一路”理念的宣传，推动广大发展中国家以及南北国家之间的互利合作，进而产生“一加一大于二”的积极效应。笔者认为，我们的“一带一路”战略蕴意深远，该战略实施的背后更多是将中国人传统行为方式中的互利随缘、援助担责、兼和共荣、仁义礼信等理念传播出去，为全球层面的社会进步贡献力量。作为“命运共同体”理念的具体现实层面的实践路径，从世界政治角度讲，中国“一带一路”战略的推进并非是要世界各国复制中国模式（道路），而是在相互尊重彼此国家发展路径的基础上，中国如何提供公共品以促进地区国家更和谐发展的问题。而从现实行为意义来讲，“一带一路”不仅是实现中华民族伟大复兴之战略构想，更是沿途国家共同繁荣之有益机遇，是中国梦与世界梦的有机结合。

二、 中国崛起背景下的“命运共同体”理念与其价值

不论世人对当前快速发展的中国道路或模式认同有多大差异，人们还是认为在全球战略互信取得重大进展之前，中国参与其中的地区间合作不太可能取得大的进展。实际上，西方发达国家对以中国为代表的广大发展中国家之间关系的普遍印象基本还是停留在“历史”意向阶段。当前中国倡议的“亚投行”之所以引起世人如此关注也说明了西方发达国家对新形势下地区发展前景的立场认知存在不确定性。诚然如何判断国家行为见仁见智，但我们不能忽视国家的潜在行为影响力与实际影响力之间的明显区别。特别是关于不同国家在具体的利益需求、行为偏好方面有着很大的差异。此处，笔者要强调的不仅仅是国家行为逻辑以及“命运共同体”概念等术语。实际上，任何概念或思想在理性地推断考察中得出论证性的批评，有助于完成一套科学体系的逻辑自洽与统合，这样反过来更有助于构建现实层面的社会意义，也即当前情境下最合适的道德行为。显然，在这里论证就不再是简单的思想表达方式，而是批判式检验思想方式。目前来看，中国如何将其自身经济优势转化为其政治优势还存在不确定性，因为从其传统的韬光养晦到现在的有所为之间需要时间上的配合，也更需要具体政策方面的落实。问题的焦点也将从为什么以及多大程度上施加政治影响转变为对具体的路径究竟是什么的探讨。[①]围绕中国当前国际战略这

① Gerald S.Segal, “Does China Matter?” *Foreign Affairs* 78:5(1999), pp.24—36.

样一个现实课题进行论证，我们在此以“命运共同体”视角进行阐释，并在阐释论证过程中提供恰当的“理由”，旨在探究中国战略与可行路径之间的逻辑关系。对于在论证分析和评价中涉及的一些具体问题，例如，“命运共同体”的自然“起点”是什么，合适目的地又是什么，论证遵守怎么样的步骤程序，要经历哪些推论阶段，乃至最后论证的最终方向是否能够得到普遍理解，所有这些问题需要进一步探究。此处文章力图着眼于在严谨思维和情感之间实现某种平衡，对情境变量和情境恒量之间关联关系进行深度阐释与推演，以有助于大家对“命运共同体”相关理念的认识。

“命运共同体”理念缘起及其发展

正在跨入世界舞台中央的中国，经受着来自外部风险和矛盾的考验，也更深入地对世界的风云变幻进行着思考。“弱肉强食不是人类共存之道，穷兵黩武无法带来美好世界。”中国同样认识到，仅仅是资本的流动、物质的交易等国家利益观并不能够形成“命运共同体”这种归属感，因为文明的对话、心灵的交流是形成归属感不可或缺的重要组成部分。早在 2013 年 4 月，习近平主席在博鳌论坛年会上发表演讲时就提到了“命运共同体”；时隔两年，在以这一关键词为主题的 2015 年博鳌论坛年会上，习近平对“命运共同体”作出了更系统的阐述。[①]并且“命运共同体”理念也在中国共产党第十八次全国代表大会报告中得到了论述。[②]2014 年 5 月 21 日，习近平在亚洲相互协作和信任措施会议(Conference on Interaction and Confidence-Building Measures in Asia，CICA，简称亚信会议)第四次峰会的主旨讲话中强调亚洲国家要有“命运共同体”意识，并且着重提出基于亚洲多样性特点的现实，认为各国大小、贫富、强弱很不相同，历史文化传统和社会制度千差万别，安全利益和诉求也多种多样；大家共同生活在亚洲这个大家园里，利益交融、安危与共，日益成为一荣俱荣、一损俱损的命运共同体。他进而提出，“命运共同体”理念下的国家安全应该是普遍的、平等的和包容的。不能一个国家安全而其他国家不安全，一部分国家安全而另一部分国家不安全，更不能以牺牲别国安全来谋求自身所谓的“绝对安

① 《共谱构建“命运共同体”的时代华章——解读习近平主席博鳌亚洲论坛 2015 年年会开幕式主旨演讲》，新华网 2015 年 3 月 28 日，http://news.xinhuanet.com/2015-03/28/c_127632688.htm。

② 钱彤等:《中共首提“命运共同体”倡导和平发展共同发展》，人民网，2013 年 4 月 7 日，http://cpc.people.com.cn/18/n/2012/1111/c350825-19539441.html。

全",否则就会像哈萨克斯坦谚语说的那样,"吹灭别人的灯,会烧掉自己的胡子"。他提出各国都有平等参与地区安全事务的权利,也都有维护地区安全的责任。任何国家都不应该谋求垄断地区安全事务,侵害其他国家正当权益。他也强调应该把亚洲多样性和各国的差异性转化为促进地区安全合作的活力和动力,尊重各国自主选择的社会制度和发展道路,尊重并照顾各国合理的安全关切。

"命运共同体"理念对推进全球治理合作有重要指导意义

远亲不如近邻。无论从地理方位、自然环境还是相互关系看,中国发展对亚洲乃至世界的和平与稳定都具有极为重要的战略价值。近年来,广大发展中国家发展快速,广大亚非拉地区充满着生机活力,具有发展优势和潜力。但现实的叙利亚、乌克兰等国际危机和丛林环境带来的记忆仍然无法抹去人们内心深处的这份忧虑。生活中,当人们置身于存在着不可预期的利益(beneficial)和伤害(harmful)的情景之中时,内心的趋近—逃避(approach-avoidance)冲突就会诱发希望与恐惧。[①]作为一个大国,如何在全球治理中有所担当,为国际社会带来正能量,这不仅是当事大国所关心的问题,也是国际社会普遍在意的问题。习近平在中央外事工作会议上强调,我们要坚持正确的义利观,做到义利兼顾,要讲信义、重情义、扬正义、树道义。[②]而以"命运共同体"理念引领广大发展中国家与发达国家之间就相关议题进行治理合作,将有助于在全球主要行为体之间形成价值共生理念,促进全球治理深层次合作。

1."命运共同体"理念有助于就相关全球治理议题深度合作达成共识。深化包括发展中国家在内的互利合作,巩固地缘相近、人缘相亲的友好情谊,在各个国家之间推进睦邻友好,重视感情培养和常见面与多走动,国家之间诚意相待,将有助于友好关系的快速发展。我们可以通过一系列步骤稳步推进国家间修复坏情绪的信念能力的发展,[③]进而改善与提高国家之间的情感。而以"命运共同体"理念为引领,本着互惠互利的原则推动国家之间围绕跨境议题治

---

① U.Schimmack and S.Colcombe, "Mixed feelings: 'Toward a Theoryof Pleasure and Displeasure'," 1999, http://www.erin.utoronto.ca/~w3psyuli/ms/mixed feelings.

② 《习近平出席中央外事工作会议并发表重要讲话》,新华网,2014 年 11 月 29 日,http://news.xinhuanet.com/politics/2014-11/29/c_1113457723.htm。

③ S.H. Hemenover, "Individual Differences in Rate of Affect Change: Studies in Affective Chronometry," *Journal of Personality and Social Psychology*, 2003, 85(1), pp.121—131.

理升级合作，并以此为契机编织更加紧密的共同利益网络，把彼此间的利益融合提升到更高水平，最终将有助于地区层面的整合发展。“命运共同体”理念实际上是以更加开放的胸襟和更加积极的态度促进地区合作，着力维护和平稳定大局，其作用将逐渐显现。目前应找准深化广大发展中国家与发达国家之间相关治理议题合作的战略契合点，同时着力加强对不同国家不同民族地区的宣传工作，扩大人文交流，以巩固和扩大国家间关系长远发展的社会和民意基础。此外需要特别指出的是，在国际格局悄然发生转变的大背景下，中国主推的“命运共同体”理念势必会带来国际社会间的再次分化组合，国际格局也将向着更加有利于世界均衡的方向发展，而以美国为首的西方国家价值体系主导一切的时代将可能成为历史。①

2.“命运共同体”理念有助于消弭不同国家间的战略疑虑。时代在发展，国际法在演进，相应地，在当前经济全球化和国家间相互依赖程度加深的时代背景下，以“命运共同体”理念来促进跨境治理议题等领域的合作，其价值作用非常明显。目前国家主权的含义已经拓展，维护主权的绝对性已经发生了重大变化，各国家之间很大程度上已经成为全球发展进程中相互依赖的利益共同体。在传统的国际关系时代，如国家围绕跨境河流开发，只要其在本国境内段，一般认为属于主权范畴，任何一国具有独立制定开发方案的自主权利，而其他国必须对此尊重。但在目前，这种跨境河流单边开发的做法既不符合任何一个国家的长远利益，也不符合地区进一步整合发展的深层次需要。总体上看，“命运共同体”理念对当前国家主权让渡与规范作出了尝试性共识约定，为地区治理合作提出了可探讨的方向。简言之，消弭国家间战略疑虑的核心应在于破除其自身的焦虑感。②在心理学的研究历程中，把动机与情绪联系起来的看法虽早已存在，但区别它们的最一般的基础在于：情绪通常由外部刺激唤起，指向引发它的刺激；动机通常由内部刺激所唤起，并且“自然地”指向环境中的一定对象。然而有大量事实表明，这种区别并不严格。③显然，“命运共同体”理念重视

① Geoff Dyer, “White House No Longer Sees Anything Special in UK Relations,” *Financial Times*, May 1, 2015, http://www.ft.com/intl/cms/s/0/6f11da8c-ef8d-11e4-a6d2-00144feab7de.html#axzz3Z80Aj6t9.

② H.L.Bekker, F.Legare, D.Stacey et al., “Is Anxiety a Suitable Measure of Decision Aid Effectiveness: A Systematic Review?” *Patient Education and Counseling*, 2003, 50, pp.255—262.

③ 乔建中：《情绪与动机——情绪心理学家的动机理论》，载《南京师大学报（社会科学版）》1993年第3期，第51页。

焦虑情绪会对人类的决策行为及其结果产生的深刻影响,通过相互共命运的行为互动以降低行为对方的疑虑,避免因焦虑水平的提高而促使决策者倾向于回避风险而作出保守的选择。①

3."命运共同体"理念有助于推进各类治理综合机制建设。全球综合治理机制的复杂性,远远超出了成立几个委员会这种参与管控的传统行政运作机制,需要在充分调研的基础上稳步推进。以"命运共同体"理念为引领,推进综合治理机制建设,将生态安全与传统地区安全等统筹起来,将有助于地区国家之间消除生态环境安全担忧。②而从心理学角度讲,人类情绪的一个显著特点是对于同样的情绪刺激或挑战,不同个体在情绪反应的性质、强度、持续时间等方面是不同的。对此,有学者用情感风格来解释情绪反应性不同参数中广泛的个体差异,并将情感风格定义为情绪反应性与情感性应答的特定效价特征。③情感风格描述的是情绪反应以及情绪调节过程中个体表现出的一贯差异,既体现了个体情绪情感反应的特定效价特征的不同,又体现了个体稳定性心境、与情绪相关的认知加工和调节过程的不同。特别是在当前互联网快速发展以及网络空间出现"再主权化"和"再领土化"趋势,网络空间对于国家安全、经济发展和文化传播作用越来越突出的情况下,如何建立一种国家主导的互联网治理制度体系来避免因网民情绪波动而带来国家间情绪紧张就显得颇具紧迫性。④总体上看,"命运共同体"理念的宣传与推广对各类机制建设起着正面促进作用,也有助于地区整合发展再上新台阶,化解情感负面因素带来的不好影响。

三、"共情"环境构建探索

为进一步厘清"命运共同体"理念进而将其转化为有效行动,笔者借用"共

① 古若雷、罗跃嘉:《焦虑情绪对决策的影响》,载《心理科学进展》2008年第16卷第4期,第518页。

② Walter C.Ladwig III, "India and Military Power Projection: Will the Land of Gandhi Become a Conventional Great Power?" *Asian Survey*, Vol.50, No.6 (November/December 2010), pp.1162—1183.

③ R. J. Davidson, "Affective Neuroscience and Psychophysiology: Toward a Synthesis," *Psychophysiology*, 2003, 40, pp.655—665.

④ 王明国:《全球互联网治理的模式变迁、制度逻辑与重构路径》,载《世界经济与政治》2015年第3期,第69—71页。

情”的相关概念来阐释共命运合作的必要性与可行性，这样或许能得出较有说服力的结论。“共情”乃至“共情主义”本是心理学中主体间性理论的一个重要概念，指的是一种能深入他人主观世界、了解其感受的能力；或者说“共情”指能从对方角度为对方的行为寻找合理性，以最大限度地理解对方的能力。“共情”又分为广义的“共情”和“狭义”的共情，广义的“共情”是指所有人际场合中产生的设身处地为他人着想的能力。此处笔者以“为他着想”的核心观点来解析国际关系领域行为体之间运营情感作用的重要性。具体讲，我们的“共情”环境构建主要涉及三个层次：一是作为亚洲地区层面国家间互动乃至增进相互感情理解的一种路径；二是指通过营造国家间友好氛围来不断深化认知发展进程中的国家利益以及对历史记忆进行重新解读；三是国家之间通过“共情”行动以验证自身国际行为与治理逻辑的科学性，并实现自我内心满足。笔者认为，将“共情”行动看作“命运共同体”价值理念的一种实践形式，有着现实层面的社会意义考量因素。“亲望亲好、邻望邻好”，进而形成一种并存和谐的差序格局，或许更有助于世界的和平与繁荣。

有效聚拢不同国家民心、民意是“共情”能力建设的重心所在

大多数国际关系学者如汉斯·摩根索（Hans Morgenthau）、雷蒙·阿隆（Raymond Aron）、霍尔斯蒂（K. J. Holsti）、莱因霍尔德·尼布尔（Reinhold Niebuhr）等人，都认为权力是一种社会关系，它存在于主体间，具有主体间性。而建构主义学者如玛莎·芬尼莫尔（Martha Finnemore）等人，也直接将其定义为一种社会行为的标准，是一种社会现象。这说明，在权力和规范之间，确实存在着一个统一的观察和研究视角——社会学视角，或曰主体间视角。而且，这一视角也早已被分别发现和使用，只是没有人将它们结合到一起，用它对国际关系研究中的权力和规范进行统一分析而已。我们将这个视角拿来为本文的分析所用，或也能得到一些启发。从当前国际关系发展的现状来看，以美国为首的西方国家在全球权力结构分布中占据了先天性优势。值得注意的是，就当前权力格局来讲，早在6年前的演讲中奥巴马政府就高调宣布美国将重返亚太并且将与盟友开展更密切的合作。[①]而2015年美国《国家安全战略》报告在分

① Secretary of State Hillary Rodham Clinton, “Regional Architecture in Asia: Principles and Priorities,” East-WestCenter, Honolulu, January 12, 2010, http://state.gov/secretary/m/2010/01/135090.htm.

析变化了的国际安全环境后，虽然认为当前国际权力结构发生了重要变化，特别是国家间力量更加充满变数，并总结了美国在安全领域面临的主要挑战，但认为维护安全仍然是美国政府的首要责任。①基于学理研究的推断和现实国际层面的残酷性，我们认为当下的“共情”能力建设实际上更多的是从社会性人心层面获取一种支持的状态。

两个“百年”是我们当下“共情”行动的方向

十八大提出的“两个百年”（建国 100 年和建党 100 年）奋斗目标是：在中国共产党成立一百年时全面建成小康社会；在新中国成立一百年时建成富强民主文明和谐的社会主义现代化国家。这符合我们的现实利益，我们要发展，要建设美好的、和谐的小康社会，和平的外部环境是必不可少的。世界多数国家也需健康发展，人民的生活水平需要改善和提高，离开和平的外部和内部环境是无法达到目标的，因而这也符合世界广大国家与人民的期望。而从心理学理论层面讲，“共情环境”下任何一个具有“共情”的常人在看到别人受伤害时，会有心痛的感觉，这不仅会阻止他产生伤害别人的动机，而且会使人及时控制住自己，使事态不至于向更糟的方向发展。从这个角度看，“共情”是一个社会乃至地区能够和谐发展的重要条件之一。所以，营造“共情环境”与构建地区国家之间的“共情”能力，不仅有助于我们“两个百年”目标的实现，而且也有助于中国周边地区的持续和谐发展。此处尤为值得强调的是，如果陷入到“共情”的对立面，进行“冷情”处理，会造成行为体之间在互动中形成的一种非建设性的、否定性的关系。在这种关系中，行为体之间的相互影响，从总体上讲是消极的。这种情况被有些学者称为消极的相互依赖。而我们此处所提及的营造“共情”环境，也即构建这样一种情感关系，在这种关系中，每一方要达到的目标都有利于其他各方采取合作的行动。如果说“两个百年”目标是中国的梦，那么亚洲乃至世界其他国家也都有自己的梦，为各自梦想而结伴同行，圆他人之梦的同时实际也在圆自己的梦。

中国“共情”环境构建的社会意义

1.“共情”行动的“依存”预期。当前中国对外系列战略的现实情况是，大

① 陈积敏：《2015 年美国〈国家安全战略〉报告评析》，载《现代国际关系》2015 年第 3 期，第 32—33 页。

家都认识到合作的必要性,如果中国的倡议在进一步互动后得到有关各方的认可,那么就可能围绕中国外交形成新的采取集体行动的预期。这样的行动不同于托马斯·霍布斯(Thomas Hobbes)所讲的在“自然状态”下人与人之间的冲突关系,也不是类似集体行动所体现的是开启“机会之窗”的合作机制,[①]而是在“共情”行动下达成的一种友情合作式预期,也即构建一种以情感为纽带,类似亲情间状态的地区依存关系(“依存理论”是有关心理学概念“依存”的一种理论或一组理论。简言之,“依存”是寻求与某人的亲密、并当其在依存心理学场时感觉安全的心理倾向。笔者此处将人际间的这种依存关系沿用到国际场合,以探求与分析新形势下国家间不同身份互动中展现的一种情境状态)。在该关系的构建进程中,国家作为主要的行为参与方将担当主要的角色。实际上,学者们认为,在与欧洲文化的比较中,在亚洲的历史演变过程中形成的亚洲文化,至少在认知进程与智识传统两个层面上存在根本不同。理查德·尼斯比特(Richard Nisbett)在查阅了文化心理学的研究成果之后,分别制作了东方和西方的思想地图。尼斯比特意识到对这两种不同的认知风格进行概括提炼是有风险的,但他的实验证据表明,东方人与西方人不仅在回答中具有情态差异,而且这种差异大到足以进行细致研究的地步:“两者间在社会心理方面有着巨大的差异。东方人生活在一个相互依赖的世界里,个人是大集体的一部分;而在西方人生活的世界里,个人是单一的自由行动者——西方人喜欢简单,东方人假定复杂,这种取向不仅仅是他们的因果观,也指他们的偏好延伸到了一般性的社会组织方式。亚洲人持有的这种信仰,与亚洲人的思维方式有关,而这种思维方式则又是由他们所生活的社会的环境所决定的。”[②]因此,在亚洲的历史演变过程中形成的东方文化,为地区依存关系的构建、为围绕中国国际战略的合作共赢奠定了文化心理基础。

2.“共情”行动的进程节奏。“共情”行动过程中,国家间产生情感影响将是一个长期的过程。在国家长期互动的进程中,国家间将逐步形成依存关系,某种意义上讲,也即国家与国家之间超越利益之上的一种相互情感依赖,该关系类似朋友之间的友情关系或亲密关系。2014 年 4 月,美国总统奥巴马出访

---

① 李少军:《国际体系:理论诠释、经验事实与战略启示》,北京:中国社会科学出版社 2012 年版,第 98 页。

② [美]彼得·卡赞斯坦:《地区构成的世界:美国帝权中的亚洲和欧洲》,秦亚青、魏玲译,北京:北京大学出版社 2007 年版,第 99 页。

日本、韩国、马来西亚和菲律宾，一个重要的议题是关于东亚地区的领土分歧和安全议题。问题最后的争论聚焦于美国是否能联合其盟友制衡快速发展的中国。①由于在国际互动中国家永远无法洞晓他国的真实战略意图，也无法预测偶然事件，贸然参与合作不免会面临巨大的风险，因此理性的国家是不会在不能确定对方意图的情况下参与国际合作的。此外，尽管国家可能在合作中获得一定的收益，但如果其他国家尤其是现实或潜在对手获得的收益更多，那么该国同样会面临更大的风险。现实主义对国际合作的悲观态度基于权力政治的理念，针对这一源头，“共情”行动旨在强调一种建立在现实互动层面上的情感培育的理想状态。当然，万事欲速则不达，在培育地区层面国家间的情感这一现实问题上，任何操之过急的方式方法可能都会带来负面的影响。例如，再以跨境河流争端为例，由于涉及主权问题和敏感的安全关系，因此以合作的方式来解决就非常困难。这种情况下，应该更多的是先从感情认知与酝酿行动理念层面进行铺设，相互理解对方，进而找到化解问题的方法。

3. “共情”实践的社会意义。要想在跨国地区治理的进程中达成妥协与收益认可，就不能只从经济理性出发。坦诚讲，“共情”实践的社会意义重在埋下培育国家间感情的“种子”。诚然，现代社会意义上的族群纽带从经济理性角度讲不再如传统社会那样重要，但国家间包括各民族间如果不重视这种关系存在的价值意义，那么认知的偏差将可能致使社会凝聚力丧失，乃至导致共同体身份意识所赋予的权威旁落。很容易理解中国为什么将美国持续在亚太地区互动以制衡中国的举动视作一种具有遏制意图的不友好行为。从美方讲是为了实现亚太地区的某种均势以确保其盟友利益，但从另一方中国来看则恰恰是美国的这种行为助长了不稳定情绪，成为引发动荡的源头性因子。②从另一个层面讲，共情行动更多地体现出一种情感修复功能。而该功能更多呈现的是一种国家效用。借由这个效用，国家间关系的正向发展由此展开。值得强调的是，“共情”行动带动的情感发展也是当前国际关系领域国家间关系的重要组成部分，也可被称为国家间友情发展的“种子”。而国家间未来深层次互动就是由这些“种子”萌发的维系自身经验原则的互动模式。实际上，国家间的感情为国

① Demetri Sevastopulo, “South China Sea, Troubled Waters,” *Financial Times*, June 20, 2014.

② Ralf Emmers, “The U.S. Rebalancing Strategy: Impacton the South China Sea,” http://nsc.anu.edu.au/documents/occasional-5-brief-8.pdf.

家间朋友身份的塑造提供了可能，这也是国家间依存关系形成的基础。

4. 形成成熟的“共情”实践模式。从地区发展参与互动的行为体规模来讲，国关学界传统三大范式理论就行为体互动进行了深度争论，认为通常成员越多，找到共同点就越困难。这里有两个原因：一是成员越多，各方利益的不同点就越多，想法越多，寻找共同点就越难；二是成员越多，讨价还价的过程就越复杂。这方面的困难从世界各国都参与的联合国气候变化大会的谈判中可以看得很清楚。尽管各方有一个共同目标，即减少温室气体排放，但如何减排，各方具体应承担什么样的责任，与会各方却有各种不同的利益要求，从而构成了非常复杂的博弈。如有学者认为，中国作为亚洲地区最大的贸易伙伴和最主要的投资国，无疑会认为自己是亚洲地区最主要的安全公共品提供者。①由于任何个体在互动中都不可能实现一厢情愿的利益，每一方的需求都需要为他方所接受，因此各方需要寻求一个可以共同接受的点。对任何一个互动成员来说，这个点都应该在其最高收益与最低收益之间。如果不在这个区间，那么这个行为体就不会参与政策协调。在就这个点进行讨价还价的时候，每个成员都会力图使这个点离自己的最高收益尽可能地近，而离自己的最低收益尽可能地远。最终的结果应该是各方都能接受的，它不会与任何一方的最高收益点重合，而是大致居于各方收益的中间。当然，就这个点来说各方的收益是不可能相同的，总有一些成员得益相对多些，有一些成员得益相对少些。在这个过程中，也可能有一些互动方因这个共同利益的点超出了可以接受的范围而退出互动。

如若当前国家间“共情”行动模式得以开展，使得相关国家都成为“共情”模式下的行为主体，那么它们各自的行为都将会对其他国家的利益与行为构成情感影响。在这种情况下，国家采取行动的结果，不仅取决于它们自身的行为利益，而且还将取决于其他国家在互动中的情感反应与情感满足。由于行为体对彼此间互动问题的情感依恋度不同，本身的互动能力与影响不同，因而参与国际合作的程度也会表现出差别。在很多情况下，是一些主要国家的行为决定着集体行动的进程。而与这些行为密切相关联的则是传统的亚洲习俗与亚洲惯例。这些包含着默示的规则和谅解，以及塑造行为体预期的非正式制度能够使

① David Cohen, “A Clash of Security Concepts: China’s Efforts to Redefine Security,” *China Brief* 14, p. 11, http://www. jamestown. org/programs/chinabrief/single/? tx_ttnews%5Btt_news%5D¼42465&tx_ttnews%5BbackPid%5D¼25&cHash¼5ee65ce47c7de78-87706adc4f6056fb9#.VBlrI_l_vns.

行为体相互理解，并且在没有明示的规则的情况下协调彼此行为。惯例特别适用于协调情形，因为只要其他各方以某种特定方式行事，自己也会采取相应的行为。而行为体在互动中建立起“共情”规范，可能是基于短期利益而采取的暂时的、一次性的合作行动，也可以是基于长远利益而采取的持续的、稳定的合作行动。最终方向是实现“共情”模式。我们常常引用的一个案例是，一个年幼的孩子的物质性权力资源是极其有限的，但孩子之所以能够让父母做他希望做的事情，是因为他使用了情感这个能够影响父母的唯一权力杠杆。实际上，“共情”模式进程中有一个重要的作用就是培育集体间情感。虽然一般认为西方国家中，理性社会对情感的重视较低，在其理论构建过程中往往有意排斥了情感的作用；但在东方这类关系性社会中情感的意义则极其重要。

总之，以“命运共同体”作为价值引领，通过“共情”行动来积极推进全球范围内的治理合作与地区和谐发展，将有助于形成国际社会的和谐与稳定。同时，中国应抓住当前国际社会经济整合转型的机遇，以参与全球治理为契机，进一步推动全球范围内治理向着更加合理的多边合作态势发展，形成彼此间新形势下的相互依存关系，最终促进地区乃至全球层面的整合发展与繁荣，助力“两个百年”目标的实现。

联合国治理机制的有效性困境与未来发展

王明国*

【内容提要】 联合国治理机制是第二次世界大战后全球治理结构转型的核心产物。当前,全球治理结构出现了深刻的转型,从治理诸要素出发,可以探讨全球治理结构转型的一般路径,分析联合国在结构转型过程中面临的挑战。在此基础上,对联合国在结构转型过程中的制度改革和新制度建设进行剖析,并就联合国机制今后的运作进行展望。联合国改革包括两个方面:一个是原有制度模式的改革,另一个是应对新挑战的制度建设。此外,基于自身的局限性,联合国还存在根深蒂固的改革禁区,受到全球治理结构的系统影响。中国是联合国的创始会员国之一,是安理会常任理事国,在参与联合国的进程中应积极发挥自身作用,推动建立公正、有序、均衡、包容的新型全球治理结构体系。

【关键词】 全球治理结构　联合国　有效性　制度困境　未来发展

以《联合国宪章》为核心的联合国治理机制是第二次世界大战后全球治理结构转型的核心产物。当前,全球治理结构出现了深刻的转型,且以主权国家为核心的国际秩序朝着以国家和非国家行为体并重的世界秩序转变。在这一转型过程中,作为全球治理的核心的联合国治理机制如何面对并适应全球治理的结构变迁,备受关注。和平与发展是联合国治理机制的核心议题。在国际安全领域,尤其是在乌克兰危机、极端组织"伊斯兰国"、伊朗核问题等安全威胁的新背景下,联合国主导的世界安全秩序面临新的挑战。同时,2015 年 10 月,联合国迎来 70 周年,联合国千年发展目标(MDGs)到期,2015 年后可持续发展议程(SDGs)在 2015 年 9 月联大会议上讨论通过,但这一事关全球未来可持续发

---

* 王明国,上海对外经贸大学法学院国际战略与政策分析研究所副教授。

展的 2015 年后发展议程，却面临着如何协调并履行实现以人为本的可持续发展方案的艰巨挑战。

本文从全球治理结构转型为背景出发，以治理诸要素为框架，分析联合国在结构转型过程中面临的挑战。进而，对联合国在转型过程中的制度改革和新制度建设进行剖析，并就“后 2015”的联合国机制运作进行简要展望。

一、 全球治理结构的转型

全球治理是我们所处时代的重要特征，也是当前世界政治变迁与变革的具体体现。一般而言，全球治理是指管制正式活动和非正式进程中一系列紧密相关的新理论、实践和议事议程。[①]当前，全球治理越来越多地用于描述、解释、分析和预测世界政治显现的新变化和变迁的新境况。客观地说，全球治理既是一种理论，也是一种实践，其广泛性、多维度及模糊性的特征，增加了全球治理研究的难度，并在实践中存在滥用的可能性。为此，当前西方学术界试图通过全球治理结构的立体角度来分析世界政治现实，且使用频率越来越高。

全球治理结构这一术语已被用来描述在国际安全、金融、贸易和环保领域的广泛的治理命题。全球治理结构是指在世界政治的给定领域有效或积极发挥作用的公共制度或私人制度的总体系统，具体包括组织、机制和其他形式的原则、规范、规则和决策程序。[②]一方面，全球治理结构的关注点在于强调“制度整合”(institutional integration)、规范冲突(norm conflict)和不同类型行为者群体(actor constellation)，因而，有助于把握复杂化的世界政治现实。[③]另一方面，全球治理结构是一个动态的系统结构，每个新的治理议题都会在结构、规则和价值方面出现变化。全球治理的动态进程既有可能是全球化、私有化、新技术等外生因素影响的结果，也有可能由全球治理管辖者即主体间、治理主体与客体间的关联等内生因素决定。因而，全球治理结构面临着总体原则、规范冲突与纷争的可能前景。

① Mark Bevir and Ian Hall, “Global Governance,” in Mark Bevir(ed.), *The SAGE Handbook of Governance*(London: SAGE Publication), 2010, p.362.

② Frank Biermann et al., “The Fragmentation of Global Governance Architectures: A Framework for Analysis,” *Global Environmental Politics*, Vol.9, No.4, 2009, p.15.

③ Eero Palmujoki, “Fragmentation and Diversification of Climate Change Governance in International Society,” *International Relations*, Vol.27, No.2, 2013, p.183.

事实上，全球治理结构可以从传统国际政治中进行追根溯源，所谓的"国际结构"或"世界结构"往往与"全球治理结构"一词具有相近涵义，反映了治理转型的重要特征。加拿大学者安德鲁·F.库珀(Andrew F.Cooper)认为，"历史上，国际结构重塑的特色是新兴国家通过国际体系的巨大震荡来追求新的权力威望和发言权。但是，即使同现状的重大断裂伴随着某种程度的强制，新秩序的建立仍然具有很大的不确定性，这表现在制度组成和游戏规则方面"①。总体上，无论是国际结构还是全球治理结构，国际制度与组织都是其中的核心载体。不过，全球治理结构是对国际结构和世界结构分析单元的扩展，从这个角度看，全球治理结构具有更大的包容性。

从构成要素上看，全球治理结构包括了治理主体、客体、理念和机制，可以据此探讨全球治理结构转型的一般路径。就治理主体而言，联合国与国际组织、联合国与主权国家，以及国家间尤其是大国关系互动，对全球治理结构的权势变迁和转型有着重要的影响；就治理理念而言，联合国的建立反映出人类社会由强权服从转向平等互利的变化，但一系列新的价值观念冲击了建立在主权国家基础之上的联合国的治理理念；就治理对象而言，客体范围不断扩大且不确定增强，冲击了联合国的议事规则和决策模式，并对联合国治理提出了更高的要求。这些新的变化对联合国治理产生了深远的影响，联合国作为推动由西方治理转为西方和非西方共同治理的重要象征，既承载了国际社会的期望，也面临着严峻的挑战。

总之，全球治理机制是全球治理的核心，而联合国则是全球治理制度体系的核心。联合国是国际体系变迁和治理转型的产物，和平与发展是联合国治理机制的核心议题，1945年的《联合国宪章》突出反映了战胜国对战后国际安全治理的构想，并在70年历程中有力地维护了世界和平与安全。不过，联合国要推进自身改革进程，就需要客观审视和平、发展和人权等领域所存在的问题和面临的挑战。

二、 联合国在转型过程中面临的挑战

当前，联合国治理机制面临着一系列新情况和新问题。冷战时期的东西方

① [加拿大]安德鲁·F.库珀:《海利根达姆进程:结构性重塑与外交性代理》，载[加拿大]安德鲁·F.库珀、[波兰]阿加塔·安特科维茨主编:《全球治理中的新兴国家:来自海利根达姆进程的经验》，史明涛、马骏等译，上海:上海人民出版社2009年版，第16页。

分裂虽然已经不复存在，但是还存在其他一些根本性的分裂：北方与南方、地区与宗教间的仇视、穿透国家和跨越边界的族群间的裂隙，这些都增加了对现有秩序的挑战。①这些新情况是联合国面临的新挑战，考验着联合国的智慧。简言之，从全球治理结构出发，当前联合国治理机制面临的挑战表现为治理主体间的挑战、治理理念的挑战以及治理客体的挑战三个方面。本质上说，这些挑战的根源就在于世界形势的新发展和国际格局的新变化。

首先，全球治理主体之间的冲突，束缚了联合国作用的发挥。给定领域治理主体存在多元类型，这些治理主体既包括主权国家，也包括国际组织，同时还包括全球公民社会等其他行为体。从一般层面上看，某一治理主体作用的发挥依赖于治理主体间互动，包括授权和契约关系、关系网络、合作性联系以及冲突性类型。②具体而言，联合国和其他主体间的冲突包括了三个方面。

其一，联合国与主权国家的互动是主体互动最重要的影响因素。一方面，联合国是各大国博弈的重要平台和论坛场所，大国也想方设法利用这一平台把本国利益转化为具有象征性的国际利益。这方面，突出体现在美国对联合国治理机制的影响。从成员数量上说，联合国毋庸置疑是一个世界性组织；从世界范围的权力看，美国可能就是一个世界性组织。国际研究协会前任主席、纽约城市大学政治学教授托马斯·G.韦斯（Thomas G.Weiss）在《全球治理：是什么？为什么？去哪儿？》一书中认为联合国作用的发挥与美国存在紧密的关系，很难简单地得出如下结论：美国有助于联合国作用的发挥，或者没有美国的联合国其有效性、合法性更高。③美国既想领导联合国又想抛弃联合国的想法反映出联合国无法抹去大国政治的负面影响，联合国有效性取决于成员国尤其是大国主导的政治进程。因而，在全球治理结构转型进程之中，联合国如何协调大国的不同利益纷争，是联合国面临的最艰巨的挑战。

另一方面，长期以来，联合国是发展中国家特别是新兴国家表情达意的论坛场所和反对霸权治理的重要平台。其中尤其突出的是，联合国大会是讨论国

---

① ［英］亚当·罗伯茨、［新西兰］本尼迪克特·金斯伯里：《导论：1945年以来联合国在国际社会中的角色》，载［英］亚当·罗伯茨、［新西兰］本尼迪克特·金斯伯里主编：《全球治理——分裂世界中的联合国》，吴志成等译，北京：中央编译出版社2010年版，第3页。

② Deborah D.Avant, et al., eds., *Who Governs the Globe* (New York: Cambridge University Press), 2010, p.22.

③ Thomas G.Weiss, *Global Governance: Why? What? Whither?* (Cambridge: Polity Press), 2013, p.6.

际问题的独特多边论坛，不仅表现为传统的防止冲突扩大和缓解冲突，还体现在新兴的议事领域。比如，在网络安全、互联网资源分配和关键资源管理等议题中，新兴国家积极倡导联合国主导的互联网治理模式，推动联合国发挥引领作用。为提升联合国在网络空间治理领域的合法性、影响力与执行力，在新兴国家的推动下，联合国大会分别于2012年和2013年组织联合国政府专家组(UN GGE)，就网络空间国家安全、网络犯罪及网络合作举行会议，为年度联合国大会提供决策建议。①此外，新兴国家积极推动联合国倡导"网络主权"。正是由于新兴国家在网络空间的努力，"网络主权"已被联合国成员广泛认可，为网络空间制度建设奠定了重要基础。

其二，联合国与其他国际组织间的互动。国际组织数量的增加对世界事务治理产生了复杂的影响，体现在理念(认知)互动、行为互动和结果(影响)互动三个方面。全球层面不同组织的混合和议题重叠影响了联合国机制的运作与绩效，并且这一机制间的互动对全球治理产生了广泛的影响。当前，其他政府间国际组织与国际非政府组织等与联合国之间互动越来越频繁。在秘书长报告、安理会决议及维持和平与建设和平授权方面，都强调了非政府组织参与的必要性，并在冲突解决的和平进程中和冲突后的重建进程中吸纳其积极参与。②

在非传统安全领域，非政府组织也积极参与联合国议事议程，并对联合国治理绩效产生重要影响。比如，在新兴的网络安全领域，联合国对互联网治理介入的重要方面是，联合国与国际电信联盟(ITU)、联合国教科文组织(UNESCO)共同推动信息世界十年峰会("WSIS+10")议程。但是，1998年成立的互联网名称和地址分配机构(ICANN)长期以来在互联网全球治理中居于主导地位。ICANN自称是一个全球性的、不以营利为目的的、谋求协商一致的组织。在制度原则和规范上，联合国坚持制度运作的"国家主权"原则，反对ICANN过分渲染"互联网自由"。在互联网领域，联合国治理模式和"多利益攸关方"治理模式已经成为联合国与ICANN激烈争论的焦点，而这在一定程度上制约了当前网络空间建章立制的进程。

其三，联合国和市民社会的互动也越来越受到关注。市民社会的兴起，对

① 温柏华：《网络空间治理的政治选择》，载《中国信息安全》2013年第9期，第42页。

② 李东燕：《联合国与国际和平与安全的维护》，载《世界经济与政治》2015年第4期，第9页。

联合国在全球治理中的主导地位产生了重要影响。在全球治理进程中，世界政治中的权威来源并非只有国家，来源具有多样性。跨国公司、倡议网络等都可以获得独立于国家的专业技能、道义支持和竞争力。①联合国成立之初，全球公民社会尚未真正得到普及，如今，全球市民社会已经成为一个普遍性的概念体系。当然，市民社会作用的发挥存在着官方制约、自身资源空间、大众传媒影响等方面的问题。随着国际组织越来越许可非政府组织、社会运动、慈善基金会、商业联合会和跨国公司等非国家行为体和区域行为体参与其中，通过政策分析、提供服务、监督遵约以及忠诚代理等方式实实在在地影响全球治理进程，因而，正确理解国际组织对非国家行为体和跨国行为体的许可已经成为全球治理理论与实践的重要方面。②比如，国际禁雷运动组织（ICBL）推动世界各国签订、批准和加入《禁止地雷公约》（Mine Ban Treaty），这是全球公民社会有效参与全球治理的成功范例，也是联合国与市民社会在武器管控方面良性互动的体现。当前，联合国也越来越重视市民社会在全球气候、互联网等领域治理中的作用，比如，联合国政府间气候变化专门委员会（IPCC）就充分利用科学家在气候变化领域的研究成果，阐述气候变暖与人类活动之间的关系。

其次，从治理理念来看，新的价值规范对联合国构成了严峻挑战。联合国全球治理委员会在 1995 年发表的报告《天涯同比邻》对全球治理理念进行了全面的阐述："全体人类都接受的核心价值，包括对生命、自由、正义和公平的尊重，相互的尊重、爱心和正直。"这也成为联合国治理机制在治理理念和价值层面上的体现。国内有学者认为，《联合国千年宣言》（UNMD）所确立的 21 世纪国际关系最基本的价值是自由、平等、团结、容忍、尊重大自然和共同责任，这些基本价值也是全球治理的基本价值取向。③

在具体领域，联合国于 2000 年倡议并启动了"全球契约"（Global Compact）运动，呼吁各国企业在各自的影响范围内遵守履行人权保护、结社自由、劳工标准、环境保护及反贪污受贿等方面的十项基本原则。联合国"全球契约"运动不仅推动了价值理念的普及，还改善了跨国公司与联合国的合作关系，同时反映

① Deborah D. Avant, et al., eds., *Who Governs the Globe*, p.357.

② Jonas Tallberg, et al., *The Opening Up of International Organizations Transnational Access in Global Governance* (Cambridge: Cambridge University Press), 2013, pp.1—4.

③ 参见曾令良：《全球治理与国际法的时代特征》，载中国国际法学会主编：《中国国际法年刊 2013》，北京：法律出版社 2013 年版，第 24 页。

出公民社会甚至个人都成为重要的关注对象和关怀命题。比如,2005 年联合国成立 60 周年首脑会议的公报中出现的“保护的责任”(Responsibility to Protect)这一理念近年来快速发展,并得到西方国家的普遍支持,“保护的责任”的出现所造成的一个严重后果是对联合国“主权原则”构成了直接的挑战。

再次,从治理的客体,即治理对象来看,联合国治理的对象不断扩大,对传统的联合国治理机制构成新挑战。在全球安全领域,联合国关注的议题既包括传统的国家间或区域性的武装冲突、核武器的生产与扩散、大规模杀伤性武器的生产和交易,也包括近年来凸显的个人与恐怖主义、网络战争、非防卫性军事力量的兴起等;在世界经济领域,除了传统的贫富两极分化、全球经济安全等议题外,近年来全球金融危机的背景下,有关债务危机、国际汇率、公平竞争等议题也受到联合国及其附属机构的关注。

除了和平与发展的既有议题外,联合国面临的议题还出现了领域扩大的新特征。比如,在全球生态环境领域,涉及地球资源的合理利用与开发、污染源的控制、稀有物种保护、能源开发、倾倒废物、空气污染物的越境排放、有毒废料的国际运输、臭氧层破坏和衰竭、生物多样性的丧失、渔业捕捞、濒危动植物种、气候变化等;而近年来在人权保护领域,种族灭绝、对平民的屠杀、疾病的传染、饥饿与贫困以及国际社会的不公正等成为联合国新的关注点。简而言之,这些议题范围的扩大无疑增加了联合国治理的不确定性,也是对联合国现有治理能力的挑战。

不过,联合国应对新挑战方面的能力亟须加强。日益增加的全球威胁的性质与当前国际问题解决和决策的结构性不足之间的分裂尚不足以解释那些针对各种挑战所采取的间歇性的、策略性的和短期的地方性回应,这些挑战本身所需要的是持续的、战略性的和长期的全球思维和行动。[1]由于全球性问题的发生没有国家边界的限制,因而在解决全球性问题方面,国际社会期待联合国发挥更大的作用。但是,作为主权国家的治理机制,联合国的行动产生了喜忧参半的结果:要么,成效不彰;要么,激化待解决的问题。客观地说,作为一种多边主义治理模式,联合国在管控全球性问题上,居于权威主导地位,一直发挥着中心作用。尤其是近年来,随着全球化的深入发展,全球性问题日益凸显,联合国在跨国问题的处理和解决上发挥的作用越来越大。

---

① [美]托马斯·G.韦斯:《我们能修复联合国吗》,载张贵洪主编:《联合国研究》(第二辑),北京:世界知识出版社 2013 年版,第 62 页。

与此同时,联合国自身的局限性导致了治理有效性方面的不足。换句话说,就是全球治理由两种相反的力量所驱使:一是对全球公共物品需求的渴望,二是集体动因方面不断增加的政治分歧。这里明显反映出全球治理中的秩序与失序的矛盾:一方面,全球治理呼唤秩序;另一方面,集体动因的碎片化又导致了失序。自全球治理兴起之时,美国学者詹姆斯·罗西瑙(James N.Rosenau)就试图在失序中寻找秩序,在分歧中寻找一致,在变迁中寻找连续性。①美国罗彻斯特大学学者兰德尔·斯通(Randall Stone)也认为,尽管国际组织具有可信度和合法性,但是非正式管控的频繁、权力政治的存在以及强国选择场所的可能性都限制了国际组织的自治。②这些因素同样制约着联合国有效性的提升。总之,作为多边主义的联合国治理机制如不正视自身变革,可能滞后于世界多极化进程。

三、 联合国的制度建设和制度改革

从全球治理与国际制度出发,联合国改革包括两个方面:一个是原有制度模式的改革,另一个是应对新挑战的制度建设。此外,受到整个全球治理结构的影响并基于自身的局限性,联合国还存在根深蒂固的改革禁区。

通常意义上的联合国改革,是指对联合国原有机构不能适应新形势,需要进行修正和调整。如根据情况变化,应对人道主义灾难和保护人权,就打击恐怖主义立法并采取军事行动措施等。其中,联合国制度改革的一个突出表现是联合国人权理事会取代人权委员会,成为联合国人权保护机制的核心。此外,出于防止地区传统的安全考虑,新设立了建设和平委员会(PBC)。

人权问题引起国际社会的广泛关注是第二次世界大战结束和联合国建立之后发生的新变化。在人权及其保护方面,联合国经社理事会于1946年设立了人权委员会、妇女地位委员会。1948年12月,联合国大会通过人权委员会起草了《世界人权宣言》,这是第一个关于人权的专门性国际法文件。1966年12月,联合国大会通过了《国际人权公约》,该公约与《世界人权宣言》奠定了国

① James N.Rosenau, "Governance in the Twenty-first Century," *Global Governance: A Review of Multilateralism and International Organizations*, Vol.1, No.1, 1995, pp.13—43.

② Randall W. Stone, *Controlling Institutions: International Organizations and the Global Economy* (Cambridge: Cambridge University Press), 2011, p.2.

际人权法的基础，一般通称为《国际人权宪章》。冷战结束后，受到“保护的责任”及“人道主义干预”等观念的影响，联合国在人权机构改革方面的力度不断加大。20世纪90年代，联合国设立了人权高级专员及办事处，并在2006年3月成立人权理事会取代备受争议的人权委员会，以确保人人切实享有包括发展权在内的各项人权。时任联合国秘书长科菲·安南于2006年在联合国人权理事会首届会议上强调：“与经济及社会发展以及和平与安全一道，人权构成了联合国所有工作必须基于的三大支柱。这三个支柱相互关联，相辅相成，而且是我们共同福祉的前提。没有和平与安全，任何社会都无法发展。任何国家，其人民若处于贫穷无望的境地，这个国家就不可能享有安全。而且，任何国家，其公民基本权利若没有得到保护，这个国家则不可能长久安全或繁荣。”①

人权理事会是对人权委员会的全面突破，当前，人权理事会已经成为联合国大会直属机构之一。这说明联合国将人权问题同发展、安全一样给予了同等重视，反映了联合国不仅强调国际法对国家传统安全的关注，也强调对“人的安全”的关心。比较人权理事会与人权委员会，它们有如下主要区别：首先，人权理事会是联合国大会的附属机构；而人权委员会则归联合国经济和社会理事会管辖。其次，人权理事会成员由联大无记名投票直接选举产生，当选成员必须获得联大成员国半数以上支持，对于严重或计划侵犯人权的理事会成员，联大可经三分之二成员国同意中止其成员资格；而人权委员会则由各地区组织推荐，并经联合国经社理事会批准产生。最后，人权理事会负责对联合国所有成员国作出阶段性人权状况回顾报告，理事会成员在任期内必须接受定期普遍审查机制的审查；而人权委员会则没有这类规定和限制。②总之，这一制度建设适应了新形势下国际人权事业的发展，提升了联合国在国际人权保护领域的地位和权威，并反映出在新的安全形势下，联合国对“人的安全”的关注。不过，一些发展中国家认为，这可能会使得联合国过于偏重人权、安全问题，而没有对亟待解决的发展问题给予足够重视。

同时，由于全球性问题导致全球治理失灵，联合国需要通过新制度的建立应对不断凸显的地区冲突、环境保护、网络安全、气候变化等议题。从新的具体组织设置来看，2005年12月20日联合国大会通过决议，决定成立建设和平委

① 联合国网站：《秘书长在人权理事会的讲话》，http://www.un.org/chinese/hr/issue/hrcsg.htm，2006年6月19日。

② 参见邵沙平：《国际法》（第2版），北京：中国人民大学出版社2010年版，第525页。

员会，突出强调建设能力在维持和平中的作用。联合国建设和平委员会是政府间咨询机构，旨在支持国家在后冲突时期的和平进程，它是国际社会在广泛的和平议程中提升能力的关键方面。[①]这一机构通过与其他联合国机构合作、提供建设和平基金等能力建设方式，保障和平成果，推进发展重建。这反映出联合国将自身视角从维护和平、防止战争转移至更广泛的持续和平和长期可持续发展方面。

应该说上述两个机构覆盖了联合国的主要支柱——安全、发展及新增加的人权，其中建设和平委员会致力于以发展促和平，而人权理事会则是专门的人权保护机构。当前，联合国面临着如何全面实现“千年发展目标”并顺利过渡到制定“后 2015 发展议程”，这是由联合国面临的两大重要使命(即和平问题与发展问题)所决定的。从机制需求与供给的角度看，联合国制度建设方面的道路仍然漫长。

此外，在整个国际体系结构的束缚下，联合国在安理会构成、集体安全等方面无法解开问题的症结。安理会改革自不言待，德国、日本、印度、巴西的“入常”都面临着历史因素、地区地缘政治因素等结构性束缚。因而，无论是扩大非常任理事国，还是设立没有否决权的“准常任理事国”，都无法触及安理会改革问题的核心。同时，联合国集体安全机制也面临着内在的脆弱性，既表现为“集体安全”思想的固有缺陷，也表现为政治操作中的集体行动困境。即便在全球治理结构转型的大背景下，全球安全治理也主要仰仗双边机制或区域性军事联盟。事实上，联合国成立之后，地区主义也进入蓬勃发展的时代，军事合作历来都是地区性集团的题中应有之义。除了安理会改革外，联合国的机构重叠、官僚主义作风和联合国秘书处的臃肿也备受诟病，联合国还必须对此进行有力的改革。

总之，从全球治理结构的大背景出发，联合国的制度改革和新制度建设不会一帆风顺，这是由全球治理结构本身的制度困境所决定的，治理制度面临着权力、合法性等方面的限制。当前，全球治理研究面临着难以摆脱的困境：对全球治理的一致性诉求和规范性权威呼吁越来越密集，而提出的建议却越来越模糊不清并易于引发成员间的歧义与纷争。

---

① UN(2005), “Resolution adopted by the General Assembly on 20 December 2005,” accessed at http://www.un.org/ga/search/view_doc.asp?symbol=A/RES/60/180 on 15 February 2015.

四、结　论

联合国成立70周年系列峰会于2015年9月26日至28日举行。此次系列峰会在联合国的发展进程中具有承上启下的作用，对世界和平与发展事业具有重要的历史影响。特别是联合国发展峰会对2015年后发展议程的最终敲定，描绘出未来15年世界发展蓝图，反映出推进全球发展进程、完善国际发展格局是世界各国人民的共同呼声。

当前，国际社会如何以2015年后发展议程为新起点，共同走出一条公平、开放、全面、创新的发展之路，努力实现合作共赢，是各国面临的共同命题，也是当前联合国面临的最大挑战。具体而言，联合国发展议程面临的挑战首先体现在传统政治因素和利益纷争制约2015年后发展议程的空间与走向。其次，能否制定有效的实施机制和执行措施，维护联合国权威，提高联合国效率，确保发展目标得以实现？最后，如何在各国国情和发展进程明显差异的背景下，确保2015年后发展议程和发展模式更加多元化、更具包容性，推动构建全面、均衡、可持续的国际发展合作架构？可以说，这些都是联合国今后面临的重要挑战。

总之，在全球治理结构转型进程中，联合国的地位与作用毋庸置疑。中国是联合国的创始会员国之一、安理会常任理事国，也是新兴经济体的第一梯队成员。在参与联合国治理的进程中，中国应积极发挥自身的作用，积极推动建立公正、有序、均衡、包容的新型全球治理结构体系。

全球社会治理体制的创新及其限度

王铁军*

【内容提要】 十八届三中全会以来,"社会治理"成为学界关注的焦点。作为对外关系领域的"全球社会治理"也成为一个重要议题。全球治理体制主要由场域结构、施动者/行为体、体制逻辑等三个要素构成。在体制场域中,施动者/行为体通过妥协与斗争的方式,促使体制逻辑发生改变。这一过程也促使了全球治理体制的变迁。学者对这一过程的解读往往集中在话语分析的层面。本文将从话语、物质与组织三个维度来对制度变迁理论的解释作进一步的补充。

【关键词】 全球社会治理　体制逻辑　制度变迁

2013年11月中旬,随着中国共产党十八届三中全会的召开,"社会治理"一词进入了公众的视野。一时间,从学界到媒体,"创新社会治理体制"成了人们讨论的热点话题。然而,在热议的背后,人们却无法回避以下问题:社会治理体制应当如何创新?这一创新过程存在着哪些制约因素?是否具有一定的规律可循?是否有一定的限度?

民政部部长李立国指出,"社会治理"和"社会管理"虽仅一字之差,但却存在着重要的、关键的差异。创新社会治理体制是十八届三中全会《中共中央关于全面深化改革若干重大问题的决定》(以下简称《决定》)的一个新提法,在理论上是一个新观点,在实践上是一个新突破。实行社会多元主体的共同治理,需要借鉴国内实践和国际经验。①我国学者黄家亮、郑杭生也在《人民日报》上

---

* 王铁军,华东师范大学国际关系与地区发展研究院副教授。

① 李立国:《创新社会治理体制主要应转变社会治理方式》,载中国新闻网2013年12月5日,参见http://www.chinanews.com/gn/2013/12-05/5583954.shtml,2015年5月28日访问。

撰文指出，学习借鉴国际上好的社会治理理念和做法，对于构建中国特色现代社会治理体系具有重要意义。①因此，研究国际社会治理体制的成功经验，是我国学术界的一项重要任务。

此外，进入 21 世纪以来，我国已经成为世界第二大经济体，持续深化的改革开放已使中国与世界你中有我、我中有你，中国社会与世界其他国家社会的深入互动已经不可避免。当前，中国已经成为“全球治理”中不可忽视的重要力量，广泛参与了众多的国际组织，签署了大量国际条约，其中包含着社会治理方方面面的内容。“全球社会治理”体制及其创新功能势必会对我国的“社会治理”产生这样那样的影响。研究层出不穷的“全球社会治理”议题及其体制创新规律，对我国的“社会治理”乃至对外关系而言都是重大的理论课题。

有鉴于此，本文将讨论全球社会治理体制的创新与限度的问题。文章首先讨论与治理、社会治理、全球社会治理有关的概念问题，然后提出全球社会治理体制包括的三个要素：场域结构、施动者/行为体以及体制逻辑。体制创新的动力来自施动者/行为体，其思想/话语、策略、行为和组织的变化导致体制逻辑的改变并最终引起体制变革。在所有的体制创新施动者中，存在着首动者与从动者的互动，双方在话语、物质和组织维度上的斗争与妥协决定了体制的变迁。体制变迁的结局不是人为设计的，而是斗争妥协的结果。妥协导致体制暂时的稳定，但斗争和变迁则是体制发展的常态。

一、 治理、社会治理与全球社会治理

从某种意义上讲，“治理”一词是个舶来品，早在 20 世纪 90 年代就已成为西方的流行话语。在关于治理的各种定义中，联合国全球治理委员会的定义具有很大的代表性：“治理是公私机构管理其共同事务的诸多方式的总和。它是使相互冲突的或不同的利益得以调和并且采取联合行动的持续过程。它既包括有权迫使人们服从的正式制度和规则，也包括人们和机构同意的或以为符合其利益的各种非正式的制度安排。”它有四个特征：(1)治理不是一套规则，或一种活动，而是一个过程；(2)治理过程的基础不是控制，而是协调；(3)治理的范

① 黄家亮、郑杭生：《人民日报观察者说：国外社会治理的基本经验》，载《人民日报》2014 年 5 月 4 日。参见 http://society.people.com.cn/n/2014/0730/c136657-25366106.html，2015 年 5 月 28 日访问。

围既涉及公共部门，亦包括私人部门；(4)治理不是一种正式的制度，而是持续的互动。①这个定义改变了人们传统上以政府为中心对政治的理解：政府不再是政治的唯一主体，治理是政府与非政府、国家与社会之间的协调而非单纯的政府控制。

上述观念的转变也体现在十八届三中全会《决定》关于“社会治理”的定义上。《决定》指出：“创新社会治理，必须着眼于维护最广大人民根本利益，最大限度增加和谐因素，增强社会发展活力，提高社会治理水平，全面推进平安中国建设，维护国家安全，确保人民安居乐业、社会安定有序。”“改进社会治理方式。坚持系统治理，加强党委领导，发挥政府主导作用，鼓励和支持社会各方面参与，实现政府治理和社会自我调节、居民自治良性互动。”“激发社会组织活力。正确处理政府和社会关系，加快实施政社分开，推进社会组织明确权责、依法自治、发挥作用。适合由社会组织提供的公共服务和解决的事项，交由社会组织承担。支持和发展志愿服务组织。限期实现行业协会商会与行政机关真正脱钩，重点培育和优先发展行业协会商会类、科技类、公益慈善类、城乡社区服务类社会组织，成立时直接依法申请登记。加强对社会组织和在华境外非政府组织的管理，引导它们依法开展活动。”②因此，所谓社会治理，就是政府、社会组织、企事业单位、社区以及个人等诸行为者，通过平等的合作型伙伴关系，依法对社会事务、社会组织和社会生活进行规范和管理，最终实现公共利益最大化的过程。③

上述“社会治理”的内容并不限于单一国家内部。自 20 世纪 70 年代以来，随着经济全球化的深入发展，许多以往局限于国家内部的问题如生产标准、劳工标准、环境标准等逐渐具有了国际含义，尤其是二氧化碳排放、濒危物种保护、毒品走私及跨国犯罪等更是成为国际社会无法忽视的议题。所有这些单靠个别国家政府的努力甚至靠国家间的国际合作都难以应对，“全球治理”一词应运而生。

所谓全球治理，就是全球层面的治理。安东尼·麦克格鲁(Anthony McGrew)指出：“全球治理不仅意味着正式的制度和组织——国家机构、政府间合作等——制定(或不制定)和维持管理世界秩序的规则和规范，而且意味着所有其他组织和压力团体——从多国公司、跨国社会运动到众多的非政府组

① [瑞典]英·卡尔松、[圭]什·兰法尔主编：《天涯成比邻——全球治理委员会的报告》，赵仲强、李正凌译，北京：中国对外翻译出版公司 1995 年版，第 2—3 页。

② 《中共中央关于全面深化改革若干重大问题的决定》，载《人民日报》2013 年 11 月 16 日。

③ 陈家刚：《从社会管理走向社会治理》，载《学习时报》2012 年 10 月 22 日。

织——都追求对跨国规则和权威体系产生影响的目标和对象。很显然,联合国体系、世界贸易组织以及各国政府的活动是全球治理的核心因素,但是,它们绝不是惟一的因素。如果社会运动、非政府组织、区域性的政治组织等被排除在全球治理的含义之外,那么,全球治理的形式和动力将得不到恰当的理解。"①

按照上述思路,所谓全球社会治理,也就是全球层面各类政府的和非政府的行为主体、社会组织、社区以及个人等通过合作伙伴关系,依法对社会事务、社会组织和社会生活进行规范和管理的过程。当然,这只是理论层面的理想化定义。在实践层面上,情况则要复杂得多。面对令人目不暇接的社会治理议题,各式各样的治理参与主体,纷繁复杂的个人、团体、民族和国家的利益,"全球社会治理"定然是一个规模庞大的治理系统,必然包括各类不同层面的治理议题,也必然是众多参与者进行博弈与妥协的结果。本文感兴趣的焦点问题是:如此规模的治理体制如何能够不断地推陈出新,最大限度地满足公共利益的最大化?这是一个高度复杂的课题,远非一篇论文力所能及。本文旨在抛砖引玉,尝试性地提出一种思维框架,期盼着该课题有更深入的研究。

二、全球社会治理体制的构成:体制场域、施动者与体制逻辑

概括地说,全球社会治理体制是由体制场域、施动者与体制逻辑构成的。全球社会治理体制既包含着大量国际法、国际条约和国际行政规章(正式的法律法规)、决策程序、信息采集、争端解决程序、管理技术等(软性的制度安排)由准则、规则、原则等构成的国际制度内容,也包括各类机构、团体和个人等施动者行为体,并通过上述规则制度组织起来。此外,所有的制度、组织和行为体之所以能够共存于一个体制共同体中,某种程度的共识是不可缺少的,这种共识就体现为体制逻辑。共识的瓦解意味着出现了不同的体制逻辑,而体制创新和体制变迁的程度本质上表现为体制逻辑在多大程度上发生了变化。体制逻辑的根本性变革就意味着体制的革命。

场域与体制逻辑

组织场域(organizational field)是新制度经济学的基本概念,它超越对单

---

① [英]戴维·赫尔德等:《全球大变革:全球化时代的政治、经济与文化》,杨雪冬等译,社会科学文献出版社2001年版,第70页。

个行为体的分析,更注重行为体间的相互关联及其活动的结构性场所,关注宏观制度结构和微观能动行为之间的关系。根据理查德·斯科特(Richard Scott)和约翰·迈耶(John W.Meyer)等人的定义,组织场域就是"一个分享共同价值体系的各类组织的共同体(a community of organizations),共同体内部行为者之间的互动比与外部行为者间的互动更加频繁,更具有决定性影响"①。不同的价值体系划分了每个组织群体的边界,规定了内部成员间的关系,界定了行为方式的适当性及组织群体间关系的合理性。近年来,学者们越来越倾向于采用一个更为宽泛的定义,认为组织场域包括"两个构成要素:一套制度,包括惯例、解释和规则;和一个组织网络"②。这一更具有包容性的定义更加强调行为体和制度相互建构的本质,承认场域性质的不同和场域内冲突的存在。场域成了政治竞争的地带。此外,"场域不仅仅是组织起来的行为者群体,还包括不同的'游戏规则'、关系网络和资源分配,把行为者及其行为模式分成了不同层次"③。

组织场域的概念被运用到全球社会治理领域内就变成了全球社会治理的体制场域。从组织社会学的角度来看,它是社会地建构的,是"依循惯例不断复制的程序或规则体系",围绕特定的"体制逻辑(institutional logic)"维持稳定。卡马尔·穆尼尔(Kamal A.Munir)和尼尔森·菲利普斯(Nelson Phillips)就明确指出:"体制是话语的社会建构。"④体制逻辑即"组织场域内占主导地位的信仰体系和相关实践"。观念和话语的建构在体制建设中也就越来越重要。⑤然而,观念和信仰并非空穴来风,它必然是对某种事物的反映,并且为某种目的和利益服务。因此,在考察观念、信仰乃至话语的时候,就不能忽视体制场域所赖

① Richard Scott and John W.Meyer, eds., *Institutional Environments and Organizations*(CA: Sage), 1994, p.56.

② Thomas B.Lawrence and Nelson Phillips, "From Moby Dick to Free Willy: Macro-cultural Discourse and Institutional Entrepreneurship in Emerging Institutional Fields," *Organization*, Vol.11, 2004, p.692.

③ Rao et al., "Power Plays: How Social Movementsand Collective Action Create New Organizational Forms," *Research in Organizational Behaviour*, Vol.22, 2000, p.251.

④ Kamal A.Munir and Nelson Phillips, "The Birth of the 'Kodak Moment': Institutional Entrepreneurship and the Adoption of New Technologies," *Organization Studies*, Vol.26, 2005, p.1669.

⑤ David Levy and Maureen A. Scully, "The Institutional Entrepreneur as Modern Prince: The Strategic Face of Power in Contested Fields," *Organization Studies*, Vol.28, 2007, p.3.

以形成和发展的物质维度的内容。

体制创新的施动者

从严格意义上看，体制场域内所有的行为体都是体制创新的施动者，都能对体制创新产生影响。然而从作用大小和作用时间的顺序出发又可以将所有的体制创新施动者分为首动者和从动者。施动者（包括首动者和从动者）是全球社会治理体制创新的动力。

体制创新的始作俑者（首动者）是全球社会治理最直接的动力。首动者往往是新理念、新实践的创意者、发起者、组织者和执行者，在体制创新中发挥着举足轻重的作用。和全球治理中的其他施动者行为体一样，首动者的身份多种多样不拘一格，可以是国际政府间组织、国家和地方政府、政府官员、非政府组织、各类民间团体或个人。在我国"创新社会治理体制"的过程中，中国共产党无疑就是首动者，它通过《决定》详细规定了社会治理体制的内容、参与者和治理形式。此外，在世界贸易组织倡导设立"核心劳工标准"的国际工会联合会（ICFTU）、提出"与贸易有关的知识产权协定"（TRIPS）的辉瑞药品公司及美国国际商业理事会（USCID）等也可以被视为此类首动者。新制度主义组织社会学中的"制度创新企业家"也属于同类概念。

这里需要指出的是，首动者身份的多样性表明，首动者本身也具有多种利益，不同身份的首动者拥有的权威和资源差别巨大。值得关注的是，在全球社会治理实践中，许多名不见经传、缺乏资源和权威的小机构（大多为非政府组织）也能推广新制度，甚至改变了全球治理机构、国家政府和大型跨国公司的指导思想和实践活动，并得到国际社会的承认。例如，"企业社会责任"理念、"不能对生命拥有专利"倡议、"非财务可持续报告"体系的推广和实施等都出自此类机构的手笔。与财大气粗、资源雄厚的国际组织、国家政府和大型跨国公司及其商会相比，此类首动者更值得引起研究者的关注。

在首动者的影响带动下对体制创新产生影响的是从动者。从动者的观念、物质力量和组织方式都会对首动者产生影响，既可以促进也可以改变首动者的初衷。这在全球社会治理领域中有众多的案例。

场域/施动者关系与体制创新

传统制度主义理论强调体制对组织及其活动的塑造作用，认为组织内嵌于社会和政治环境之中，组织的结构和行为受到社会系统规则、惯例和观念的深刻影响。但这种体制决定论的悖论是：如果行动主体嵌入并服从于某个制度场域的规制、规范和认知，那么制度创新是如何产生的？① 为了回答这一问题，“制度创新企业家”(institutional entrepreneurship)②这一概念应运而生。所谓“制度创新企业家”，是指“动员资源构建新制度或改造既有制度，以便从某种特定制度安排中获利的行为主体”③。与传统新制度主义理论强调制度对组织及其活动的塑造作用不同，“制度创新企业家”把制度看成是体现行为者的权力和利益的政治过程，制度变迁是组织场域的制度化、制度逻辑的多样性和制度矛盾交互作用的结果。也就是说，场域与施动者之间存在着有机的联系，是施动者斗争和妥协的场所，其场域逻辑的确定和变革体现着施动者斗争和妥协的结果。这样，施动者的能动作用就得以凸显，即施动者能够引发制度冲突和制度变迁。

体制施动者是通过“策略”与体制场域发生关系的。如上文所述，如果体制场域不是客观的预先确定的结构，而是一个社会建构和意义创造的过程，并且是通过谈判形成的，那么体制变迁施动者就会积极引入和转换来自其他领域的话语，并使各类行为者认识到彼此之间的关系，这就是体制变迁施动者最关键的“策略”。史蒂夫·马圭尔(Steve Maguire)等人指出，成功的体制变迁施动者使用三种策略：(1)使其地位获得广泛的合法性，连接不同的利益攸关者；(2)使新实践理论化；(3)将这些实践与利益攸关者的惯例和价值观联系起来。④我国学者郭毅、殷家山和周裕华对体制变迁施动者创新策略进行了整理，将其分为演进策略(包括说服、宣传和谈判)、资源的利用和获取、社会关系网络的利用(包括合作和战略联盟)，以及文化策略四类。⑤实则这四种策略都属于

---

① M.Seoand Creed, W.E.Douglas, “Institutional Contradictions, Praxis and Institutional Change: A Dialectical Perspective,” *Academy of Management Review*, Vol.27, 2002, pp.222—247.

② “entrepreneurship”既可译为“企业家精神”，也可译为“创业”，由此，国内学者对“institutional entrepreneurship”的译法存在分歧，存在“制度创新”、“制度变革”、“制度创业者精神”等多种译法，管理学界则一般译作“制度创业”。本文采用“制度企业家创新”的译法，“institutional entrepreneur”则相应地译为制度企业家。

③ Steve Maguire, et al., “Institutional Entrepreneurship in Emerging Fields: HIV/AIDS Treatment Advocacy in Canada,” *Academy of Management Journal*, Vol.47, 2004, pp.657—679.

④ Ibid., pp.7—29.

⑤ 郭毅、殷家山、周裕华：《制度理论如何适宜于管理学研究？——制度创业者研究中的迷思及适宜性》，载《管理学报》2009年12月第12期，第1619页。

话语维度的策略。

但是,这种对场域结构的话语解读也有其局限性。传统理论在解释制度趋同时往往将其归因于理性选择,违反理性选择会导致制裁、孤立或带来经济成本。上述对话语的定义建构了认同和利益,扩散性和渗透率更强,几乎没有给自由裁量留下空间。此外,对于话语的关注也掩盖了场域结构和策略的物质维度。例如,穆尼尔和菲利普斯以"制度是话语的社会建构过程"为前提,对柯达公司把摄影打造成一个简单的消费实践收益的过程进行了考察,他们"关注柯达是如何通过精心的策划和可执行的话语实践,成功地使自身利益符合正在形成的制度框架",而不是通过开发低成本的胶卷照相机来实现。①与此类似的是,托马斯·劳伦斯(Thomas B.Lawrence)和菲利普斯考察了加拿大鲸鱼观测制度得以形成的原因,认为除了积极的宏观文化话语的兴起之外,商业上可行的鲸鱼定位技术的出现也是一个重要原因。②所以,如果只关注场域结构的话语维度,往往会限制体制变迁施动者推动场域变革的策略。因此,为了理解全球社会治理体制创新的限度,本文将从话语、物质与组织三个维度出发加以考察。

三、 全球社会治理体制创新的限度:话语、物质与组织维度上的领导权之争

首先必须澄清领导权概念的内涵。所谓领导权,即思想/话语、物质和组织领导权的总体性建构。领导权的实现意味着场域暂时的稳定状态和占主导地位的行为体联盟的建立。这种暂时的稳定状态需要主导集团与其他次级集团在政治经济上实现某种妥协,并且在思想上存在共同话语。当然,主导集团往往会把自身的利益和诉求说成是全社会的共同利益和诉求。

思想/话语领导权意味着把话语整合成普遍赞同的观念和一系列制度,既体现着主流精英的道德和知识领导地位,又体现着民众的认同,是"有机"的建构而非"强加的意志"。思想/话语领导权借助知识的力量和人们自觉的认同来

① Kamal A.Munir and Nelson Phillips, "The Birth of the 'Kodak Moment': Institutional Entrepreneurship and the Adoption of New Technologies," p.1669.

② Thomas B.Lawrence and Nelson Phillips, "From Moby Dick to Free Willy: Macro-cultural Discourse and Institutional Entrepreneurship in Emerging Institutional Fields," pp.689—711.

实现。然而，思想/话语领导权是建立在各方同意的基础上的微妙妥协，即使是主流思想/话语也常常是碎片化甚至相互对立的。这就为各类施动者的能动性创造了空间，它们可以提出“新思想”挑战主流话语并进而推动体制的创新与变迁。当然，话语不是在真空中产生的，领导权也必定是物质和思想维度的统一，主导集团必须考虑从属集团的利益并达成某种妥协以求得平衡，即领导集团需要作出某种经济上的让步，当然这种让步绝对不可能触动体制的根本。除了思想/话语和物质领导权之外，组织领导权也是不可或缺的支柱。

总之，领导权的形成和稳定受到思想、经济和组织等各种力量的影响。边缘团体可能会公开表达异议，但却缺乏资源或组织能力来发起挑战。因而领导权是一个多层面的、依情况而定的概念，为施动者采取策略提供机会，导致“权力关系在运动和平衡中转变”。领导权的获得必须依靠特定的集体施动者，尤其是制度创新的首动者。它既是组织者，也是集体意志积极、有效的表达者。要成功地实现制度创新和变迁，首动者必须能够尽可能准确地描绘党派、运动、制度、经济力量的复杂形势，理解其动态平衡关系，在场域的稳定性遭遇到困难时寻找创新和变革出路。

因此，首动者实施体制创新的作用与从动者的反作用究竟能够产生何种结果，是由话语维度、物质维度和组织维度三个层面的内容所决定的。也就是说，首动者的倡议能够在多大程度上得到落实与实现要受到这三方面内容的限制，这就构成了全球社会治理体制创新的限度。场域首动者与从动者之间有关上述三个维度的领导权之争构成了体制创新施动者的主要活动内容。

话语维度

如前文所述，如果场域不是客观的预先确定的结构，而是一个社会建构和意义创造的过程，并通过谈判最终形成，那么在某种意义上说，场域就变成了话语的社会建构。争夺话语的领导权十分重要。对于体制创新施动者，尤其是首动者而言，促使各类施动者、行为者认识到彼此间在场域中的关系成为其最关键的任务。首动者必须积极地引入、转换来自场域内不同的行为者的话语以形成自身的话语。

从全球社会治理的经验来看，场域体制创新的动力常常表现为施动者在场域内部的组织和教育过程，而不是来自各类外部冲击。其中各类知识的生产与传播尤为重要。例如，在有关转基因食品的全球治理问题上，各国科学家于1984年向欧盟提出了“预防原则”，即在无法证实转基因食品危害性的情况下，宁可信其有不可信其无。“基因资源行动国际”和加拿大非政府组织“ETC”以“不能对生命拥有专利”为名发起了反对世界贸易组织“TRIPS”的国际倡议，他们说服农场主要求保留和使用种子的权利，迫使北方国家的生物技术公司对给原住民作物基因多样性造成的损失提供补偿。①

要理解首动者在体制创新中的作用，考察其策略权力尤为重要。斯图尔特·克莱格(Stewart Clegg)指出：“权力简而言之即运用策略的有效性，能使自身获得比他人更大范围的活动。权力不是任何东西，也不是任何人所固有的；它是一个精妙的生产和再生效应，视行为者采用策略的能力和技巧而定。”②

策略权力既由场域的不确定性、偶然性和惰性建构，同样也受到这些因素的限制。社会网络中的行为遵循特定的行为逻辑，但场域结构不可能消除行为者的能动性。场域的复杂性和不确定性更使得理性选择无法生成确定的结果。场域不确定性的存在至关重要，它一方面排除了场域主导者在完全确定的情况下运用策略权力的情况，维持了场域的竞争性，另一方面也限制了制度创新者的策略权力，使其无法完全地理解并控制一个复杂场域。体制创新施动者的策略权力还受到场域惰性和路径依赖的限制。可能性无处不在，但却不是无限的。此外，体制创新施动者的策略权力还受到场域内主导者(原领导权的所有者)维护其场域地位的策略的限制。通常，场域主导集团面对场域其他行为体的不满会选择在物质上作出让步，或吸收挑战者的话语，或与温和派建立“伙伴关系”，使激进团体边缘化。这些策略的结果就是主导集团和从属团体的利益间不断地形成不稳定的平衡。体制创新施动者的困难在于，既迫切希望改革现有的制度场域，又缺少足够的资源。为此必须拉拢具有丰富资源的行为者参与，并具备高超的总体策略和谈判、联盟及动员的手段，找到现存制度场域不一致和不稳定的地方，使场域内其他行为者认识到变革的紧迫性。能否成功取决于能否把变革计划与场域内其他行为者的活动和利益联系起来，以及该计划与场域自身条件是否符合。

物质维度

体制场域是一个复杂系统，只有当其话语维度、物质维度和组织维度相互

① 王铁军：《全球治理机构与跨国公民社会》，上海人民出版社 2011 年版，第 222 页。

② David Levy and Maureen A. Scully, “The Institutional Entrepreneur as Modern Prince: The Strategic Face of Power in Contested Fields,” pp.12—13.

依赖、互相促进时才能维持偶然的稳定性。它不仅仅是社会、价值建构的，还必须依托于物质维度，即只有存在可行的“商业模式”时，制度创新施动者才能获得推动场域变革的足够资源，并与利益相关者建立联盟。总之，场域体制安排是讨价还价和妥协的结果，主要反映了场域中占主导地位的集团的利益和价值，但从表面上看却似乎反映了所有参与者的普遍利益。场域主导集团领导权地位的形成和维护，不仅需要一个话语框架的支持，还需要在物质上对其他行为者作出一定让步，这样才能形成一个合适的场域治理结构。

制度创新首动者的双赢话语策略要想成功，不能仅仅依赖巧言辞令和对诱人前景的许诺，还需要为场域内的其他行为者切实带来物质收益和实在的利益，如果后续结果无法实现，话语权力就会被削弱。例如，“企业社会责任”的倡导者宣称，企业的社会绩效越好就越能提高产品的差异化程度，增加公司声望值，减少法律风险和税收成本，提高员工积极性，增强公司战略能力。[①]然而这种理念本质上是一个话语策略，虽然当前大多数人都对企业社会责任和非财务报表持乐观态度，但在商业领域企业社会责任的好处并未得到充分证明，两者间的关系最多是弱正相关，即管理良好、财务状况较佳的公司有可能在社会绩效上投入更多。因此，如果该理念无法被公司的商业实践所证明，就不能说服投资者和公司管理者加入联盟。

组织维度

话语权力和物质权力促进了场域内不同行为者之间认同的形成，为场域提供了凝聚力，即使各个团体间存在着冲突，场域仍能得以保持。但是，场域内的组织维度仍是场域治理的关键要素。它们既参与制度结构和规则谈判等正式活动，也通过推动特定实践和规范的方式实施更多的非正式治理。它们或与一些组织建立联盟共同对抗其他组织，或主动推动场域的建构。例如，“可持续发展报告”体制的组织结构包括：公司的社会和环境活动、公司的报告实践、非政府组织采用的策略、与场域相关的顾问和审计师的工作。在更深意义上，场域的组织结构就代表了其政治结构。

制度创新首动者要建立不同行为者参与的联盟，除了话语策略和经济策略外，还要依赖复杂的组织结构和程序等组织策略。尤其是当制度创新首动者是

① S.L.Hart，“A Natural-resource-based View of the Firm”，*Academy of Management Review*，Vol.20，No.4，1995，pp.986—1015.

缺少资源和权威的小型外围组织时，更需要拥有强大的个人和组织网络。在“可持续发展报告”体制的创立活动中，制度创新首动者全球报告倡议组织(The Global Reporting Initiative，简称 GRI)正是依靠这些网络才确保大型企业和金融机构在早期就参与到报告体系的进程中的，并得到了美国会计师协会、欧洲会计师联合会的支持。联合国环境规划署(UNEP)也发布声明承认该报告体制的严肃性和合法性。

四、结　论

全球社会治理体制创新的经验表明，体制场域存在着不同维度，制度变迁需要制度创新施动者在各个维度上采用适当的策略。为此，它们需要营造共同的话语，获得不同行为者的高度认同，利用策略权力取得成功。即使是缺乏资源和权威的小机构也能推进制度创新。为实现目标，制度创新施动者必须巧妙利用策略权力，分析现有场域，实施综合干预措施，一面用内部策略把自身发展成一个独立组织，一面用外部策略建立联盟网络，以双赢话语策略获取合法性，塑造参与者利益。

然而，场域的动态复杂性意味着再高明的策略也难以尽善尽美。对场域结构和流程理解得不完整和不准确都可能导致出乎意料的后果，其他行为者也可能以意想不到的方式对制度创新施动者施加影响。制度创新充满着不确定性和竞争性。那些占据优势资源的既得利益者总是拥有强大的影响力。

此外，制度创新施动者还具有重大的战略局限性，即制度不可能凭空产生，其形式也不可能过于随意。新制度要把现有的经济、话语和组织编织起来，组成一个相辅相成、自我维持的系统，是更大的社会和经济过程中的次级系统。因此，制度创新需要系统地引导发展路径，防止思维“偏离”原来路径。正如葛兰西所说：“积极的政治家是一个创造者，一个倡议者；但其创造不是从无到有，也不是混乱得没有自己的愿望和梦想。”①目前形势是出发点，任何变革行为都需要从物质维度、组织维度和话语维度对现状作出解释，需要利用目前正在发挥作用的动态力量：“如果某人顺从其意愿，在真正存在并处于运行状态的力量之间创造新的平衡……某人还是在有效现实的领域行动，但其行动是为了主导

① 仰海峰：《实践哲学与霸权》，北京大学出版社 2009 年版，第 172 页。

并超越现实。”①

制度创新施动者即使获得了某些初步的成功，其策略中也会暗含着各类冲突和矛盾，并限制着后来的发展。制度创新施动者往往以不同的话语吸引不同的行为者。例如在“可持续发展报告”体制的例子中，施动者向非政府组织承诺报告将使其在公司治理上发挥更大作用；向公司承诺将使其获得更多收益；向顾问和审计师承诺将使其获得新业务来源。双赢话语策略为不同的行为者的各种相互竞争的逻辑提供了某种程度的共同性，但却很难消除彼此间的矛盾和冲突。一旦协调不善，就会使联盟出现裂痕。

复杂场域下的制度创新本身也意味着最优策略几乎是不可能的，很难保证制度创新施动者最初远景的充分实现。战胜现有制度的结构惰性，避免制度变革中的障碍困难重重。策略本质上是“追求最低程度的满意”，其目标更为务实，只限于保证变革的继续、绕开障碍、控制持续的冲突。

总之，本文对全球社会治理机制创新的分析框架表明，结构、进程和策略在制度创新中发挥着重要作用。尽管制度创新首动者的倡议和实践至关重要，但其他从动者也对制度创新的内容和进程产生着影响。在许多情况下，从动者对首动者倡议的支持可能会逐步减少，话语、物质和组织维度上的各类矛盾和不足可能会限制制度创新首动者掌握领导权的努力。场域逻辑也可能会背离制度创新首动者的愿景，在妥协退让等众多情况下转向其他从动者所希望的各类场域逻辑。

此外，全球社会治理体制的创新还会受到更大背景下的全球政治经济治理层面的结构性力量，如当代资本主义世界体系的影响。但这已经不是本文所要讨论的范围。

① 仰海峰：《实践哲学与霸权》，北京大学出版社 2009 年版，第 172 页。

新兴国家与全球治理

二十国集团中的发达和新兴大国：以东亚为例

肖逸夫　尼尔·度甘*

【内容提要】 近二十年，全球金融一体化和动荡的总体趋势不断加强。2008年金融危机中，世界各国在全球金融动荡面前的脆弱性达到前所未有的程度。作为应对金融动荡的防御措施，各国采用一系列本土应对措施：货币政策，财政政策，金融监管改革，国内证券市场改革，非常规资本管制，或者金融储备积累。尽管二十国集团成立于1999年，但使其真正成为全球经济治理重要平台的契机则是2008年的全球金融危机。自2008年起，现存和新兴大国等具有系统重要性的国家开始加强对全球金融治理的重视，同时也更加融入到二十国集团之中。东亚地区存在多个具有系统重要性的国家，既有现存发达经济体，又有新兴经济体。本文将东亚国家参与二十国集团的行为作为案例研究对象，旨在分析二十国集团的发展进程。换言之，二十国集团的发展重要吗？如果重要，如何解释核心国家参与并接受新制度规范的意愿？究竟是哪些因素在驱动二十国集团的承诺过程？

【关键词】 二十国集团　东亚　新兴国家　中国　日本　韩国　经济治理

二十国集团的重要性在于它是自1944年布雷顿森林体系后的第一个新国际机制，它既规范全球治理中的全球市场框架，又影响全球化的分配结果。二十国集团的发展进程具有两面性，一方面它管理全球风险和解决主要经济问题，另一方面它以一种灵活的方式协调新兴国家的兴起。当前，金融、食品安

* 肖逸夫(Yves Tiberghien)，加拿大不列颠哥伦比亚大学教授。尼尔·度甘(Niall Duggan)，爱尔兰科克大学讲师。本文由加拿大不列颠哥伦比亚大学东亚研究院博士生王隽翻译。

全、能源供应和气候同时出现危机，全球经济和环境体系正处在一个历史关键时期。自20世纪80年代全球化开始加速起，全球市场的发展就比相应更有利于长期稳定和合法性的制度规范的发展要快，而在此过程中出现了可能威胁整个全球经济或生态系统的系统风险。这些系统风险往往在公众猝不及防前就开始蔓延开来，例如2008年的全球金融风险、2011年的福岛核危机、全球食品危机，或者全球气候变化带来的挑战。

自2008年全球金融危机爆发伊始，三个重要变化已开始挑战我们对全球经济治理的现有理解。首先，自我监管和网络治理已无法应对系统风险，同时有效治理的缺乏突然显现出来。其次，所谓由美国领导的稳定的全球结构开始遭到质疑。再次，全球治理与全球经济和环境动力之间的再平衡需要现有发达力量（欧洲、日本和美国）和新兴力量（中国、巴西和印度）的携手合作。这些新的发展态势可以被理解为全球经济互动的重新定位。在此过程中，全球经济体系的存活需要一种更新颖和更有效的治理模式，这种治理模式既是体系中新旧力量之间的妥协（Spence 2011），又是具有系统重要性的国家中领导者与追随者之间关系的一种重构（Schrim 2010，2011）。危机前的网络治理和等级分层方式已不再有效（Lake 2009），取而代之的发展动力是超国家间的妥协与协调。这种发展态势是前所未有的，同时也是存在高风险的。在此情势下，迅速的制度创新是非常必要的。本文关注一个核心和两个相关问题：东亚具有系统重要性的国家是否已投资于二十国集团？如果是，它们为什么这样？以及它们具体选择投资哪些领域？本文的讨论致力于回答：作为对系统风险的回应，具有系统重要性的国家在何时会选择投资于有效的全球治理机制，例如二十国集团。

本文基于以下假设：全球治理的显著发展——甚至正义与公平感的发展——都是强烈的社会化和信任构建的副产品，二十国集团就是一个核心范例（Johnston 2008；Kent 2002）。全球治理的发展进程也开始从零和博弈转变为一种以公共产品创造为名的合作过程。在此过程中，国内统治精英会面临合法性的环回效应（Schrim 2010，2011）。换言之，成功的制度设置需要满足两方面条件：一方面它能够提供双方进行可信承诺的动机，另一方面它能使谈判精英将实现国内发展目标作为全球治理的附加值。因此，相比大范围的联合国发展框架，发展更易于在小范围内实现，例如二十国集团。除了发展，制度设计也很关键（Postel-Vinay 2011）。类似于日本作为八国集团的成员和中国作为联合国安理会的常任理事国成员，二十国集团归属于这类为数不多的国际机制，其特别之处在于东亚国家能够作为平等行为体参与强烈的社会化和信任构建进程。

在二十国集团发展进程中,能够通过反复互动进行追踪的承诺比分散的承诺更能体现发展的迹象。这个判断一方面有助于解释为何二十国集团在诸如《巴塞尔协议 III》的批准问题上能够取得巨大进展,另一方面也能够解释为何在承诺相对分散的农业和能源领域则进展缓慢而步履维艰,尽管中国和韩国等具有系统重要性的国家将这些领域视为二十国集团发展的核心领域(Tiberghien 2013)。

接下来,本文重点论述三个部分:理论背景、背景梳理和核心研究问题(即东亚作为一个包含现存和新兴的系统重要性国家的地区,是否已投资于二十国集团)。

一、理论探讨

随着全球经济和权力关系的急剧持续变化,国际政治经济学(IPE)的传统理论范式已无法有效解释全球治理的最新发展。例如,在大多数情况下,霸权模型或者等级制度不再是一个可行的解释(Ikenberry 2002; Kahler, Lake 2009)。约翰·伊肯伯里(John Ikenberry)从理论上论述如今已是一个后战争自由秩序的重新谈判时期,即便美国的重要性仍然不容忽视。

现实主义和近期(基于二十国集团)发展的零成员(G-zero)观点对于“为何在快速变化的权力环境中全球公共产品的合作是不可能的”这一问题有着各自的解释,但是对解决系统风险的问题它们无计可施,同时它们也无法解释已经发生的一些制度变迁。此外,德雷兹纳(D.W.Drezner)提出的模型——在“俱乐部”范围内由具备影响力的国家一致创立全球金融标准——对于 2008 年后的世界也已不再适用(Drezner 2007)。

相较之下,在推行“复合主权”(complex sovereignty)这个概念时,格兰德和保利(Grand and Pauly 2005)则显示出更大的理论预见性。他们将“复合主权”定义为“一个多重重叠层次的复杂体系”(Grand and Pauly 2005:5),其中的政治杠杆不是完全清晰的(Grand and Pauly 2005)。眼前的迫切任务是理解一个权力不断转移和多层次多行为体互动的快速变化的体系。在目前的体系中,新的权力等级尚未确定,而在一些旧权力等级尚存的政策领域(例如以美国为首的货币体系)则缺乏相应的有效领导。

近期对于金融治理发展的正面理解更多是源于对多层次和多行为体之间互动的关注。基于对全球金融监管最新文献的细致梳理,赫莱纳(Helleiner)和帕利亚里(Pagliari)探讨了几项进展(Helleiner and Pagliari 2011)。相比于纯国家间范式,最新的一个研究分支将注意力集中于国内政治层面,例如寻求自治的监管者与立法者之间的互动(Singer 2007),或者在更广范围内的其他国内行为体之间的互动。另一个研究分支则关注于由监管者和非国家行为体组成的跨政府认知网络(Mattli and Woods 2009)。除此之外,近期还有很多关于通过代表、选举、信息提供和共同管制进行网络治理或者私人监管的文献(Kahler and Lake 2009)。然而,尽管私人网络仍然发挥着作用,但是它们很难再像2008年危机前那样在全球治理中发挥主导和自我监管的作用。

因此,赫莱纳和帕利亚里正确指出了当前的金融监管过程是一个更开放的过程,充满了新的可能性,诸如"监管碎片化"、"非正式监管趋同"或者"合作监管分散化"。危机前美国与欧盟共管金融协调的过程(Posner 2009),通常日本也会积极参与其中(Dobson 2004; Hook, Dobson 2007; Tiberghien 2013)。现在,二十国集团开始成为接管这一进程的成员国更多同时也更难预测的国际机制,七国集团必须与像中国这样的新兴国家行为体共同协作(Chin 2010; Tiberghien 2012)。最后,随着二十国集团开始宣称领导权和引导较低级别监管过程,先前的监管和官僚互动目前得以提升到更高的政治层面。

另一个有助于我们理解转型中全球治理的学术流派是建构主义(Abdelal 2007; Chwieroth 2009)。该学派将偏好和利益看作是社会互动的函数方程,因此从本质上具有流动性和更多学习空间。该学派适用于在二十国集团框架内对新兴力量(例如中国、巴西和印度)之间的互动进行分析,也可将其延伸至其他形式的全球治理。

然而,目前国际政治经济学领域真正缺失的不是对于可能结果和新对手复杂性的理解,而在于系统变迁,即从一种以系统稳定为前提实现边际最优的过程转换为一种实现新互动规则的系统过程。在制定全球治理新规则的过程中,新兴国家与传统力量交手的目的不是寻求一致的标准,它们更多的是想要增强自身在全球制度中的话语权,并重新平衡整体关系。金融监管、国际货币体系和汇率谈判、气候变化以及贸易都已成为这一进程的一部分。此外,克拉普(J. Clapp)和赫莱纳还正确地指出,全球金融、能源和食品等领域之间的互动需要更为严谨和完善的理解(Clapp and Helleiner 2012a)。对于全球经济治理领域的理解将有助于我们更好地理解为何现存和新兴国家在2008年金融危机后投资于二十国集团。上述所有因素都体现在了东亚地区,因此将东亚作为案例分析是非常有学术价值的。在东亚地区,高度发达和尚处发展中的金融体系同时并存,而且该地区的食品安全日益受到气候变化的威胁。东亚也是当前世界能源消费和进口量遥遥领先的地区。

二、 2008年后全球经济治理背景

2008年后的全球环境具有几个特征:一是全球市场充满不确定性,二是全球协调的需求日益增加,三是不断变化的全球力量平衡。综合来看,全球治理体系急需新的监管基础。然而各国国民经济的啄食顺序不断变化着,领导力量能否就新规则达成共识呢?

本文中的全球治理意指通过有效的全球协调能够促进全球稳定、降低系统风险,或者解决全球公共产品需求。有关2008年危机后全球经济和环境治理在过程和结果方面的大致评估参见表1。该项评估涵盖一系列结果,消极的结果体现在分散化和缺乏制度进步,积极的结果体现在分权化和制度化。尽管存在诸多局限,但二十国集团总体上还是取得了大的进展。

表1 2008年危机后全球经济和环境治理评估结果

	困 境	发 展
竞争性	1. 分散化 能源;全球食品系统(包括转基因食品);国际货币体系(外汇管理)	2. 分权化协调 发展规范(在与中国模式对话过程中"华盛顿共识"的演变)
制度化	3. 瘫痪 世界贸易组织,气候变化,全球投资监管(包括国企投资)	4. 制度化合作 二十国集团内的双边评估项目;金融稳定委员会(FSB,特别是金融衍生品监管和对系统先进性制度的监管);国际货币组织监督;资本管制的新法规;《名古屋生物多样性条约》

资料来源:肖逸夫汇编。

2008年危机过后的国际环境充满了不稳定和不确定。主流经济学家已经认识到自我监管失败这一事实,同时强烈呼吁对市场和治理进行重新平衡的需要(Spence 2011; Stiglitz 2010)。这些学者担心市场和治理之间出现差距,从而威胁一个开放的全球经济体系的整体布局。在国际政治经济学领域,学者们也已注意到2008年全球金融危机对国际关系的巨大影响(Helleiner 2011)。国际货币体系在这一过程有着特殊的影响,一方面它是2008年金融危机的诱因之一,另一方面它也是危机过后政治谈判的重要领域(Helleiner, Malkin 2012; Strauss-Kahn 2011)。

从功能角度出发，呼吁更多全球治理的流派来源于环境、食品和能源领域。全球气候危机要求更多的全球协调以避免“搭便车”机制和无人值守的公共问题(Brown 2011; Smith 2010)。当前，全球能源和商品体系面临着越发激烈的竞争，由美国霸权和寡头垄断机制所提供的稳定正遭遇来自新兴力量的挑战。至少一些商品市场很可能面临商品稀缺的问题(Smith 2010; Xu 2012)。如果没有全球协调和监管，没有战后由传统力量所主导的制度变迁(例如国际能源机构)，全球体系可能重蹈两次世界大战期间各国对能源和原材料恶性竞争的覆辙。最后，全球食品系统也开始进入充满动荡的危机时刻。鉴于世界人口规模不断扩大，新兴和传统力量不断交融，如果不进一步制度化，全球食品系统的处境堪忧(Clapp and Helleiner 2012b; Oosterveer 2007)。

诸如2008年全球金融危机、2011年福岛核危机、全球食品危机或者全球气候变化之类的系统性风险显示出，在2008年后的危机时代，一个有效的全球治理体系需要不同治理领域之间具有较强的联通水平，例如食品、能源安全和货币体系等重要领域之间的联通水平。每一个系统风险都会对不同国家造成不同影响，而这种不同主要取决于各国的发展水平及其特殊的地理位置。作为指导委员会，二十国集团提供了相应水平的联通性，它不仅能够跨风险领域制定政策，而且能协调各国面临问题时的反应。二十国集团目前面临的主要困境是协调新兴和现有力量以实现上述职能。同时也由于二十国集团具备上述功能，具有系统重要性的国家(包括新兴国家)应该投资二十国集团以防范系统风险。显然在这方面东亚地区一马当先，二十国集团成员包括作为老牌发达国家的日本、新晋发达国家韩国和作为新兴力量的中国。

三、东亚是否投资了二十国集团?

二十国集团成立于1999年，但是直到2008年全球金融危机爆发后它才开始真正成为全球经济治理的中心舞台。作为八国集团的延续，二十国集团可以说标志着全球力量再平衡的一个过程，领导权逐渐从现有发达国家转移到亚洲和拉美的新兴发展国家，其中以金砖四国(巴西、俄罗斯、印度和中国)为代表(Kirton 2004)。二十国集团被视为全球治理架构的核心机制，新兴国家积极参与其中并提出新议程，而这在以西方为主导的八国集团框架下是不可能出现的(Vestergaard, Wade 2012; Kirton 2010)。二十国集团峰会已成为全球经济治理谈判的重要平台(Kirton 2013; Cooper and Thakur 2013)。由于在发达经合组织国家与新兴经济体之间进行了力量平衡(几乎是10比10,这取决于如何将墨西哥和韩国归类),二十国集团代表了一个相对稳定的博弈均衡。东亚地区既有能从全球治理力量再平衡中受益的新兴力量,也有之前在国际体系中占主导地位的现有力量。通过对二十国集团中东亚国家成员在金融、能源和食品等领域的行为进行评估,我们可能看清为何在新一轮力量再平衡过程中赢家和输家都选择将投资二十国集团作为对系统风险的有效回应。

东亚不仅包含发达和新兴经济体,同时也正在成为全球经济增长的驱动力。2010年,东北亚地区的进出口量分别占全球总量的19%和21%(SYAP 2012),其中中国、日本和韩国的经济增长是核心驱动因素。联合国亚太经济社会委员会(UNESCAP)称"中国(包括香港和澳门)的进出口量占东亚和东北亚总量的60%以上,其中99%以上归属于与日本和韩国的贸易"(SYAP 2012)。从更广范围理解全球经济治理的话,东亚在食品和能源安全领域也是非常重要的地区(Enerdata 2013)。2012年,中日韩分列全球能源消费国的前十名和全球能源进口国的前五名。2011年,日本和中国名列世界二氧化碳排放国前十位,韩国名列第十一位(Enerdata 2013)。在食品安全领域,东亚的中日韩三国都具备稳定的食品供应和生产能力,但是都面临着来自污染、农田城镇化、气候变化和过度捕捞的威胁。尽管经济实力不断上升,但与此同时也面临越来越多的非传统安全威胁,东亚地区具有系统重要性的国家并未成为全球经济治理核心领域中的重要力量。一方面,日本是八国集团中唯一的亚洲成员;另一方面,东亚地区在世界贸易组织、国际货币基金组织和世界银行中的投票权与其重要性不对等(参见Chin在此问题上的相关论述)。如果我们以更广的视角理解全球经济治理,东亚地区在国际组织中处理食品和能源安全问题上一向都是保持低调的姿态(Duggan 2012, 2013)。因此,相比于国际货币基金组织或世界银行等更为成熟的全球治理机制,二十国集团对于具有系统重要性的国家来说究竟能够在多大程度上有助于其应对系统风险?

许多分析师和学者都认为二十国集团峰会意义不大,因为参与的国家太多而国内议程又太过分散(Bradford, Lim 2011; Heinbecker 2011)。与之相似,日本国内也存在很多不同声音,尤其是其外务省对二十国集团的潜力持有怀疑态度。至今日本尚未接受二十国集团作为全球治理的中心机制,相反选择更为成熟的八国集团(参见Dobson在此问题上的相关论述)。①其他学者例如卡利

① 资料来源:2011年7月11日在东京对日本外务省前行政副部长和日本国际问题研究所现任所长Nogami Yoshiji的采访。

诺夫斯基(Kalinowski 2011:4)认为,对于二十国集团的倡议(比如《巴塞尔协议Ⅲ》),东亚更像是一个旁观者,而且支持的态度也稍显勉强。然而,正如二十国集团韩国峰会总统委员会主席司空壹所指出的,“G0”、G8 或者 G193 都不是可行的选择,而这也是中国政策咨询者们反复强调的一个观点。中国一向拒绝“扩充的八国集团”这一概念,认为八国集团太过狭隘而且受八国所主导。相比之下,二十国集团虽然成员国多,但是中国至少可以通过联盟和议题平衡获得更多成员的支持(Schirm 2010, 2011)。这些成员国之间调整的机会也反映了单个国家无法解决有关全球问题的事实,只有二十国集团被认为有足够政治领导力对全球治理进行协调。基于此,大多数主要国家都将二十国集团看作是全球治理的核心进程,同时也是增强全球合作和重构全球机制的最佳选择(Tiberghien 2012)。

表 2　2008 年以来二十国集团领导人峰会时间表

峰　　会	主办方	记　　录
华盛顿(2008 年 11 月)	美国(与法国)	倡议,节约交易系统,协调应对危机的财政措施,行动计划
伦敦(2009 年 4 月)	英国	贸易,国际货币基金组织构建(资源与话语权改革),金融稳定委员会的创建,财政刺激,金融监管,环境
匹兹堡(2009 年 9 月)	美国	二十国集团作为首要全球论坛,金融改革,环境
多伦多(2010 年 6 月)	加拿大(与韩国)	稳定,财政赤字和债务巩固
首尔(2010 年 11 月)	韩国	国际货币基金组织治理改革的最终落实,巴塞尔银行改革,金融安全网络,新发展规范
戛纳(2011 年 11 月)	法国	国际货币体系,二十国集团制度化,资本流动的波动性,原材料市场,托宾税,金融稳定委员会的制度化,金融监管
洛斯卡沃斯(2012 年 6 月)	墨西哥	欧元危机与国际货币基金组织增资的进一步谈判;反对贸易保护的承诺,金融稳定委员会和金融监管的进展,场外衍生工具监管,发展与基础设施,清洁增长

资料来源:肖逸夫汇编。

四、东亚、二十国集团与对系统风险的回应

2008年全球金融危机要求现有债务国和拥有大量外汇储备的新兴国家共同合作。领导人峰会的主要结果表明这场全球金融危机主导了二十国集团的议程(参见表2)，反过来二十国集团也成为了现有和新兴国家之间合作的主要框架，同时也是重新设计全球治理架构的主要谈判平台。

作为新兴力量，中国积极尝试通过二十国集团改革全球金融治理(参见Gottwald在此问题上的论文)。中国倡导对全球金融贸易治理的主要机构——国际货币基金组织，世界银行和金融稳定委员会——进行改革，试图重构国际货币基金组织以反映全球经济的当前结构(参见Chin在此问题上的相关论述)。在2009年二十国集团伦敦峰会期间，中国副总理王岐山积极呼吁对国际货币基金组织进行改革。这些改革倡议包括在确保安全和合理回报基础之上增加国际货币基金组织的资源。随后他进一步呼吁增资的规模应当根据国家间的不同和它们相应的发展阶段来决定(British Embassy 2009)。通过二十国集团，中国试图改革世界银行的投票结构以增加发展中国家的投票权。在2009年匹兹堡第三次二十国集团峰会上，中国倡议发展中国家应当被给予更高比例的投票配额(Xinhua 2010a)。随后在2012年世界银行成员国就此问题达成协议，决定转移3.13%的投票权给新兴发展中国家以赋予它们更多的全球制度影响力(Xinhua 2010b)。金融稳定委员会成立于2009年二十国集团伦敦峰会后，它具备如下职能：增强资本，流动性和风险管理的监管；加强透明度和计价能力；改变信用评级的角色和作用。在此次危机爆发前，金融稳定委员会在推进全球金融服务规则和行为规范方面的作用很有限，但是它在识别和解决导致2008年金融危机的主要因素方面发挥了核心作用(Carrasco 2010：205)。尽管中国同欧盟一道支持金融稳定委员会的创建(gov.cn 2012)，但是目前中国并不是这一机构的主要发展动力(Kawai and Pomerleano 2009)。中国从金融稳定委员会相对弱的制度设置中能够获益，能通过金融稳定委员会给予其国内金融服务行为体更多的全球行动自由(参见Gottwald在此问题上的论述)。

作为全球主要力量之一，日本在20世纪90年代经历了经济停滞，同时面临着主要区域对手中国的崛起，这些都降低了日本在全球经济治理中的影响力。然而，日本依旧持有要在全球经济治理中扮演积极角色的野心，尤其在应对全球经济危机的治理机制重构中。日本首相麻生太郎坚定地认为日本政府

在应对全球经济危机中应当占有显著地位(Aso 2008)。2009年伦敦峰会期间日本承诺支出210亿美元对亚洲经济体进行海外发展援助,这一举措再次确认了日本援助地区经济发展的承诺。日本首相关于应当提高金融稳定委员会地位和角色的观点(Aso 2008)反映在了二十国集团创立金融稳定委员会的决定中。总体来看,日本政府在华盛顿和伦敦峰会期间的表现超过了中国政府(Dobson 2010)。随后日本首相野田佳彦在2012年4月承诺增资600亿美元给国际货币基金组织,这一举动确认了日本在巩固全球经济稳定的制度建设方面的领导地位(IMF 2012)。对于日本而言,二十国集团提供了一个保持其在全球经济治理决策过程中核心地位的机会,同时能够影响新兴国家在这一过程中的角色。

自诩为中等国家(Kim 2013),韩国也积极投入二十国集团,接受二十国集团作为全球经济新指导委员会的功能(Kim 2013)。韩国面临着新兴力量所面临的许多问题,例如,在现有全球经济治理结构中没有权力。然而,相比于中国,韩国更加融入现有全球经济治理体系,而且与主导该体系的老牌力量建立了更多联系。2013年,韩国外交通商部副部长金圣翰(Kim Sung-han)表达了此番忧虑:“即使近期经济有所复苏,二十国集团的合作势头还是变弱了。这部分地源于发达和发展中国家在诸如气候变化,贸易和国际货币基金组织等特殊议题上的分歧。”(Kim 2013)作为中等国家,韩国经常要面临发达和新兴国家引起的危机。因此这个国家没有发达国家重塑全球治理结构以解决国内问题的影响力。然而它又是深深被嵌入在全球治理结构中,同时面临着新结构失败的高风险。

上述经验为韩国提供了一个充当二十国集团调和人的机会,尽管这一角色的有效性受制于其与美国的紧密联系(参见Gottwald和Duggan在此问题上的论文)。在全球金融危机期间,韩国经常在现有和新兴力量中间扮演谈判中间人的角色,帮助双方寻找共识。这些行为有助于避免二十国集团变成一个零和博弈,通过避免现有和新兴力量之间的冲突,它能有助于成员国采取更为合作的行为,同时加强成员间的社会化和信任构建。

在二十国集团发展进程中,我们能够发现一些共同点。那些(通过国际货币基金组织、金融稳定委员会与二十国集团财长和央行行长定期会议)反复互动的承诺是可追踪的,而这些承诺相比分散承诺更能看出发展的迹象(Tiberghien 2013)。这个观察有助于解释为何二十国集团在如下领域发展更为显著:《巴塞尔协议III》的批准,对全球具有系统重要性的金融机构的调节

(G-SIFI),场外交易衍生品监管,以及相互评估过程(Tiberghien 2013)。韩国在加强二十国集团承诺追踪方面扮演着重要角色。自2010年起,韩国高级官员表现出对于加强遵守二十国集团承诺十分认真的态度。2010年二十国集团韩国峰会总统委员会主席司空壹甚至认为二十国集团应当成为一个拥有固定秘书处的永久性机构(MacDonald 2010)。韩国之所以投资二十国集团,主要在于,一方面能够通过参与全球治理框架的制定获得影响力,另一方面防止自己的声音被其他新兴经济体所淹没。在二十国集团发展进程中,韩国将自己定位为一个中等力量,经常充当发展议题的拥护者。尽管是在2010年多伦多峰会期间开始将发展政策放在二十国集团议程上,但事实上是由韩国共同组织的二十国集团发展政策工作小组在推动这一议程。2010年的首尔峰会对于发展议题十分关注。这一发展极大地扩充了二十国集团议程,二十国集团开始关注全球发展所面临的如下挑战:食品、水资源、能源发展以及更为有效的捐助体系(MacDonald 2010)。韩国通过二十国集团发展政策工作小组推动了一系列发展倡议。

韩国在发展议题上的积极参与有助于推动亚洲国家在可能面临风险的领域的全球行动,这些领域包括能源和食品安全。增强全球能源和食品安全的发展政策对于韩国的进一步发展是至关重要的因素。因此,韩国利用二十国集团作为解决这些问题的手段。时任韩国总理李明博解释过:“今天我们面临全球食品价格疯涨的威胁,这阻碍了全球经济的复苏……当然,一场食品危机可能导致比石油和能源危机更可怕的后果,威胁着贫穷和脆弱的发展中国家的生存,尤其是低收入国家。”(G20 civil 2012)李明博呼吁二十国集团成员国“加倍努力”增加农业生产及生产力水平(G20 civil 2012)。自然而言,相比于印度和中国,韩国在二十国集团和全球治理中的角色只是一种助推力或者中等力量。

相比于发达国家,作为发展中国家的中国在面对气候变化和食品不安全等非传统安全威胁时显得更为开放(Duggan and Naarajarvi 2012)。在二十国集团内,中国试图将发展议题与更广的全球经济治理联系起来。像韩国一样,中国也积极推动发展政策议程在二十国集团中的影响力。在食品安全领域,中国面临着越来越多的系统风险(Duggan and Naarajarvi 2012)。因此中国试图加强食品安全与全球经济治理整体改革之间的联系。时任中国副总理回良玉2009年在强调食品安全对于中国的重要性时讲道:“食品安全是经济发展和社会稳定的基础,也是国家独立和世界和平的重要前提。”基于此,中国将食品安全放上了二十国集团的议程。同时中国也试图将食品安全与建立一个更为持续的经济系统联系起来。在2012年洛斯卡沃斯峰会期间,胡锦涛强调,食品安全是贫穷国家发展的重要基石之一,同时也是2009年金融危机后全球经济体系重建的必要组成部分。胡锦涛强调:"国际金融机构促进发展和减少贫穷的职能应当增强,支持发展中国家展开对外贸易的力度应当加强,在发展议题上的投资应该增多。"(Xinhua 2012a)

中国在二十国集团内积极推动将食品安全与贫穷国家经济发展联系起来,将食品安全的角色与创建更稳定的全球经济体系结合起来的综合理念是与八国集团所倡导的"华盛顿共识"剥离的一个显著标志(Duggan and Naarajarvi 2012)。中国在二十国集团内还强调,共同但有区别的责任原则应当成为全球食品安全治理改革的基本原则,而仍控制着当前体系的发达国家应当承担更多的责任去创建一个确保全球食品安全的有效体系(Xinhua 2012a)。

作为现有力量,日本在二十国集团内重点关注全球发展议程以及由食品和能源安全等非传统安全威胁所导致的系统风险。在二十国集团戛纳峰会期间,日本首相野田佳彦就日本支持东盟食品安全信息系统和通过"东盟+3"应急水稻储备对泰国的金融支持的问题作出过解释。此外,在2012年面对全球农业和食品安全项目的募资号召时,日本(同韩国)迅速承诺将额外贡献3 000万美元。2010年在二十国集团的号召下,世界银行创立了全球农业和食品安全项目,该项目负责向低收入国家的两类项目提供援助,一类是增加农业产出,另一类是缓解饥饿和贫穷(World Bank 2012)。

日本政府的慷慨只是整个故事的一面。日本国内来自农业部门的期望和压力与粮食安全问题的一个重要方面发生了冲突,即反对保护主义和推进全球贸易的承诺(Duggan and Szczepanska 2012)。而比起粮食安全,在气候变化和能源安全等问题上,日本在二十国集团框架内则更多地致力于推动促发展的改革。在二十国集团伦敦和匹兹堡峰会上,有关能源安全与可再生绿色发展的议题第一次被各国领导人详细讨论,他们承诺减少对化石燃料的补贴以及增加对清洁能源的投资。这些承诺在首尔峰会的总结文件中被再次提出(Bracht 2011:1—2)。在2009年的匹兹堡峰会上,日本前首相鸠山由纪夫重申了日本减少温室气体排放的承诺,并强调日本应当在全球治理中领导推动有助于清洁可再生能源发展的改革(Kantei 2009)。然而,在福岛核电站危机后,日本的能源安全体系可能并不能有助于全球经济治理的发展,因为全球经济治理的基本原则是促发展和支持清洁可再生能源(Duggan and Szczepanska 2012)。而如果日本的能源系统从一个越来越不受欢迎的核电体系转变为依靠进口化石燃料,这可能会导致日本与包括中国在内的新兴经济体国家,以及像韩国这样高度依赖进口燃料的国家之间更加严重的冲突(Enerdata 2013)。

但是,二十国集团为日本参与建立全球经济治理体系提供了一个最佳框架,这个框架有助于管理化石燃料贸易并且有利于清洁可再生能源技术的转移,从而加强了全球能源安全,因此也有利于日本的能源安全。二十国集团为像日本这样的传统大国提供了一种和平的方式去影响和塑造新兴大国追求粮食与能源安全的路径,因此它能够减轻新兴大国对传统大国在这些问题上的冲击。二十国集团进程中关于粮食与能源安全议题的改革更难衡量,不像金融监管方面的承诺那样具有可追踪性。总的来说,比起应对全球金融危机的改革,其他领域内的改革步伐更慢一些,这是因为在粮食和能源安全方面制度的互动更有限,不像在金融危机方面的制度互动那么频繁,因而出现高度社会化进程以及建立互信的机会就减少了。

五、结　论

东亚地区具有系统重要性的国家,包括传统大国、新兴大国和中等国家,全部都选择加入二十国集团以应对系统风险。在二十国集团的框架下对全球金融危机、粮食危机和气候变化这些系统性风险的应对措施已经形成,或者至少是协调了政策。在这一框架下,全球经济、粮食、能源等不同领域之间的复杂相互关系可以得到协调,对如何管理这些领域之间的互动的理解也更加深入,从而能够帮助减少或避免系统性风险。考虑到东亚国家在能源与粮食安全方面所面临的风险,能够处理全球经济不同领域之间复杂关系的全球治理进程的发展清楚地说明了为什么东亚国家热衷于二十国集团。除了提供一个更有效的处理跨国危机的进程这一优点,二十国集团定义了一个基本框架,从而可以将新兴大国和平地融入到全球经济治理的核心。

在东亚,二十国集团帮助中国降低了成为全球治理核心成员的成本,因为它为中国提供了一个进入全球核心决策过程的通道,并且缓和了中国与传统大国之间的冲突。对日本来说,它在全球治理中的影响力随着新兴大国的崛起而衰落,而二十国集团为降低新兴大国融入全球经济治理的成本提供了机会。它使日本能有机会在与中国不断升级的对抗中塑造自己的地位,并且在新的发展架构中减少自身影响力的损失。对韩国这一中等国家来说,二十国集团能够使它有机会继续维持当前国际体系的许多特征,这些特征支撑了韩国过去的发展。除此以外,二十国集团也造就了一个机会窗口,使韩国能够通过扮演一个介于传统大国与新兴大国之间的中间人角色来提高自己在国际体系中的影响力。这反映了很有趣的一点:即便具有系统重要性的国家对二十国集团的最初投入可以通过上面提到的初始机遇加以解释,包括东亚国家在内的这些具有系统重要性的国家的持续不断的投入却只能通过社会化与互信建立得到最佳解释,而社会化与互信建立是通过国家在二十国集团进程中频繁的互动发展而来的。

虽然目前的证据还有限,但是二十国集团的进程已经取得了成功和进展,即金融稳定委员会(FSB)机制下的金融监管以及相互评估进程(MAP)。这些取得进展的领域有一些共同点:小规模工作组中频繁的、高强度的工作,以及其中的社会化、同侪压力和外部机构(金融稳定委员会或国际货币基金组织)的监管。截至目前,有证据表明传统大国与新兴大国之间存在紧密的沟通与合作。但是在农业、气候变化和能源等领域,由于承诺的模糊性,以及没有外部监管的小规模工作组缺乏频繁和高强度的工作互动,这些领域在合作方面的进展相对较少。考虑到这些领域对新兴大国的未来发展至关重要,在这些方面缺乏进展有可能导致新兴大国对二十国集团的投入的下降。最后,正是那些具有系统重要性的新兴大国,比如印度和中国,与传统大国之间的合作决定了在这些问题上世界的未来是怎样的。虽然中国和其他亚洲的大型新兴国家还没有准备好依靠它们自己来领导全球制度创新,但它们或许已经准备好了与美国、欧洲和日本建立真诚的伙伴关系。对今天的全球政策领导人而言,他们面对的关键任务是寻找新的机制与制度以实现成功的合作。2008 年之后的二十国集团进程仅仅是一个开始。

参考文献

Abdelal, R. (2007), *Capital Rules. The Construction of Global Finance*, Ithaca: Cornell University Press.

Aso, Taro(2008), "Restoring Financial Stability: Use Japan's Experience as a Guide to Near-term Problems, then Think Bigger," *The Wall Street Journal* 14 November, http://online.wsj.com/article/SB122660683367025399.html(accessed: 2012-12-10).

Bracht, Caroline(2011), "G20 Climate Change and Energy Accountability: The G20 Summit's Compliance Record, 2008 to 2011," G20 Research Group, December.

Bradford, Colin I. and Wonhyuk Lim(2011), "Introduction: Toward the Consolidation of the G20. From Crisis to Committee to Global Steering Committee," in Bradford, Colin I. and Wonhyuk Lim (eds.), *Global Leadership in Transition. Making the G-20 More*

Effective and Responsive, Washington Korea Development Institute and the Brookings Institution.

British Embassy in Beijing(2009), "G20 must Look Beyond the Needs of the Top 20," FCO.gov.uk, http://ukingchina.fco.gov.uk/en/news/?view=PressR&id=15603425_(accessed:2012-12-10).

Brown, L.(2011), *World on the Edge: How to Prevent Environmental and Economic Collapse*.

Carrasco, E.R.(2010), "The Global Financial Crisis and the Financial Stability Forum. The Awakening and Transformation of an International Body," *Translational Law & Contemporary Problems* 19:203—220.

Chin, G.(2010), "China's Institutional Influence," in Alexandroff, A.S.; Cooper, A.F. (eds.) *Rising States, Rising Institution: Challenges for Global Governance*, Washington, D.C.: Brookings Institution Press, 83—104.

Chwieroth, J.(2009), *Capital Ideas. The IMF and the Financial Liberalization*. Princeton: Princeton University Press.

Clapp, J. and E.Helleiner(2012a), "International Political Economy and Environment. Back to the Basics?" *International Affairs*, 88, 3:485—501.

Clapp, J. and E.Helleiner(2012b), "Trouble Futures? The Global Food Crisis and the Politics of Agricultural Derivatives Regulations," *Review of International Political Economy*, 19, 2:181—207.

Cooper, Andrew F. and Thakur Ramesh(2013), *The Group of Twenty(G20)*, New York: Routledge.

Dobson, H.(2004), *Japan and the G7/8*. 1975—2002, London: Routledge.

Dobson, H.(2010), "Japan and the Changing Balance of Global Power: The View from the Summit," Politics, 30, 3:33—42.

Drezner, D.W.(2007), *All Political Is Global. Explaining International Regulatory Regimes*, Princeton: Princeton University Press.

Duggan, Niall, and Kamila Szczepanska(2012), "Asian Regional Responses: A Comparative Perspective of the Role of Japan and China in the G20," conference paper for "China, the European Union and the Re-organization of Global Financial Markets: Towards a New Economic Governance", Ruhr University Bochum.

Duggan, Niall, and Teemu Naarajärvi (2012), "China's Position of Global Food Security Governance," conference paper for "China and the G20, Chinese Contributions to New Global Economic Governance", Fudan University.

Duggan, Niall(2012), "Role Theory and Global Governance. How Food Security Is Deterring China's Role in the G-20," conference paper for PSAI Annual Conference, University of Ulster, Derry.

Duggan, Niall(2013), "The Rising of China within Global Governance," conference paper for "China's Rise Geopolitical Developments and Their Consequences for Global Stability", Ghent University.

Enerdata（2013），*Global Energy Statistical Yearbook 2013*，Enerdata，http://yearbook.enerdata.net#energy-consumption-data.html(accessed：2013-8-12).

Grande，E. and L.W.Pauly(2005)，*Complex Sovereignty：Reconstituting Political Authority in the Twenty First Century*，Toronto：University of Toronto Press.

Gottwald，Jörn-Carsten，and Niall Duggan(2011)，"Adaptive Stress. China and the Global Economic Crisis"，in Andreosso-O'Callaghan，Bernadette，and Peter Herrmann (eds.)，*The Transformation of Asia in a Global Changing Environment*. New York：Nova Publishers.

Gov.cn.(2012)，"China，EU Issue Joint Communique on Stronger Partnership，" Gov.cn，http://english.gov.cn/2012-9/21/content_2230055.htm(accessed：2013-3-05).

G20 civil(2012)，"South Korea Urges G20 Action on Grain Prices，" August 23，http://www.g20civil.com/newsg20/987/(accessed：2013-8-12).

Helinbecker，Paul(2011)，"The United Nations and the G20. Synergy or Dissonance?" in Bradford，Colin I.，and Wonhyuk Lim(eds.)，*Global Leadership in Transition：Making the G-20 More Effective and Responsive*，Washington Korea Development Institute and the Brookings Institution.

Helleiner，E.(2011)，"Understanding the 2007—2008 Global Financial Crisis：Lessons for Scholars of International Political Economy，" *Annual Review of Political Science*，14：67—87.

Helleiner，E.(2011)，"The End of an Era in International Financial Regulation? A Post-crisisresearch Agenda，" *International Organization*，65:169—200.

Pagliari，S.(2009)，"The End of Self-Regulation? Hedge Funds and Derivatives in Global Finance Governance，" in Helleiner，E.，S.Pagliari and H.Zimmerman(eds.)，*Global Finance in Crisis：The Politics of International Regulatory Change*. London：Routledge，74—90.

Pagliari，S.，A. Malkin(2012)，"Sectoral Interests and Global Money：Renminbi，Dollars and the Domestic Foundations of International Currency Policy，" *Open Economic Review*，23:33—55.

Hook，G.D.，and H.Dobson(2007)，*Global Governance and Japan：The Institutional Architecture*，London：Routledge.

Ikenberry，G.J.(2002)，*America Unrivaled：The Future of the Balance of Power*，Ithaca：Cornell University Press.

Ikenberry，G.J.(2011)，*Liberal Leviathan：The Origins，Crisis，and Transformation of the American World Order*，Princeton：Princeton University Press.

IMF(2012)，"Statement by IMF Managing Director Christine Lagarde on Japan's $60 Billion Pledge，" Press Release No. 12/137，April 16，2012，http://www.imf.org/external/np/sec/pr/2012/pr12137.htm.

Johnston，A.I.(2008)，*Social States，China in International Institutions*，1980—2000，Princeton：Princeton University Press.

Kahler，M.，and D.Lake(2009)，"Economic Integration and Global Governance. Why so little supranationalism?" in Mattli, W. and Woods, N.(eds.), The Politics of Global Regulation, Princeton: Princeton University Press, 242—275.

Kalinowski, Thomas(2011), "East Asia in the G20 and the Global Governance of Finance," paper presented at the IPSA-ECPR Joint Conference "Whatever Happened to North-South?" hosted by the Brazilian Political Science Association at the University of Sao Paulo, February 16—19.

Kantei(2009), "Japan's New Commitment to Asia: Toward the Realization of an East Asia Community," address by H.E. Dr. Yukio Hatoyama, Prime Minster of Japan, November 15, www.kantei.go.jp/foreign/hatoyama/statement/200911/15singapore_e.html(accessed: 2013-8-12).

Kawai, M., and M.Pomerleano(2009), "International Financial Stability Architecture of the 21st Century," *Financial Times*, August 21, http://blogs.ft.com/economistsforum/2009/08/international-financial-stability-architecture-for-the-21st-century/(accessed: 2013-8-12).

Kent, A.(2002), "China's International Socialization. The Role of International Organizations," *Global Governance*, 8, 3:343—364.

Kim, Sung-han(2013), "Global Governance and Middle Powers. South Korea's Role in the G20," Council on Foreign Relations(CFR), http://www.cfr.org/south-korea/global-governance-middle-power-south-koreas-role-g20/p30062.

Kirton, John J.(2004), "Getting the L20 Going Reaching Out from the G8," paper prepared for a workshop on "G20 to Replace the G8: Why not now?", Washington DC, September 22.

Kirton, John J., and S.Pagllan(2009), "The End of Self-Regulation? Hedge Funds and Derivatives in Global Finance Governance," in Helleiner, E.Pagliari, S., and H.Zimmerman (eds.), *Global Finance in Crisis: The Politics of International Regulatory Change*, London: Routledge, 74—90.

Kirton, John(2010), "The G8-G20 Roles and Relationship," paper prepared for the panel "The Future of G8 and G20", Universitaire Stiching, Brussels, April 26.

Kirton, John(2013), *G20 Governance for a Globalized World*. Surrey: Ashgate Publishing.

MacDonald, Lawrence(2010), "South Korea Puts Development on the Agenda for Seoul G20 Summit," *The Guardian*, October 4, http://www.theguardian.com/global-development/2010/oct/04/south-korea-development-g20-summit(accessed: 2012-10-12).

Mattli, W., and N.Woods(2009), *The Politics of Global Regulation*, Princeton: Princeton University Press.

Ministry of Foreign Affairs of the People's Republic of China(MFA)(2009a), "Strengthen Cooperation for Global Food Security," address by H.E. Hui Liangyu, Vice Premier of the State Council of the People's Republic of China, at the World Food Summit, November 16, http://www.fmprc.gov.cn/cng/wjdt/zyjh/t628178.htm(accessed: 2012-11-12).

Ministry of Foreign Affairs of the People's Republic of China(MFA)(2012), "President Hu Jintao Attends the Seven G20 Summit and Delivers an Important Speech," June 18, http://www.fmprc.gov.cn/eng/zxxx/t943395.htm(accessed: 2012-10-12).

Ministry of Foreign Affairs of Japan(MOFA)(2009), "Declaration on Strengthening the Financial System," London Summit, April 2, http://www.mofa.go.jp/policy/economy/g20_summit/2009-1/annex2.html(accessed: 2013-08-12).

Ministry of Foreign Affairs of Japan(MOFA)(2011), "Prime Minister Yoshihiko Noda Attends the G20 Cannes Summit: Developed and Emerging Countries Cooperate to Overcome Short-Term and Medium-Term to Long-Term Global Economic Issues," December 22, http://www.mofa.go.jp/policy/economy/g20_summit/2011/pm1222.html (accessed: 2013-08-12).

Oosterveer, P.(2007), *Global Governance of Food Production and Consumption. Issues and Challenges*, Cheltenham, UK: Edward Elgar.

Posner, E.(2009), "Making Rules for Global Finance: Transatlantic Regulatory Cooperation at the Turn of the Millennium," *International Organization*, 63, 4:665—699.

Postel-Vinay, Karline(2011), *Le G20*, *Lanoratoire d'un monde emergent*, Paris: Presses de Sciences po.

Reinhart, C.M., and K.S.Rogoff(2009), *This Time Is Different. Eight Centuries of Financial Folly*. Princeton: Princeton University Press.

Roubini, N.(2011), "Our G-zero World," Project Syndicate, February, http://www.project-syndicate.org/commentary/our-g-zero-world.

Schirm, Stefan A.(2010), "Leaders in Need of Followers. Emerging Powers in Global Governance," *European Journal of International Relations*, 16, 2:197—222.

Schirm, Stefan A.(2011), *The G20*, *Emerging Powers. Transatlantic Relations*, Transatlantic Academy Paper Series.

Shambaugh, D. L.(ed.)(2005), *Power Shift*: *China and Asia's New Dynamics*, Berkeley: University of California Press.

Singer, D.A.(2007), *Regulating Capital. Setting Standards for the International Financial System*, Ithaca: Cornell University Press.

Smith, L.(2010), *The World in 2050*: *Four Forces Shaping Civilization's Northern Future*, Hialeah: Dutton.

Spence, M.(2011), *The Next Convergence*: *The Future of Economic Growth in a Multispeed World*, New York: Picador.

Stiglitz, J.E.(2010), *Freefall*: *America*, *Free Market. The Sinking of the World Economy*, New York: W. W. Norton & Co.

Strauss-Kahn, D.(2011), "High-Level Seminar on the International Monetary System," Keynote, Nanjing, March 31, in *IMF Speeches*, Washington DC: IMF.

SYAP(Statistical Yearbook for Asia and the Pacific 2011)(2012), "International Trade," UN Economic and Social Commission for Asia and the Pacific, http://www.unescap.org/stat/data/syb2011/III-Economy/International-trad-e.asp(accessed: 2013-08-12).

Tiberghien, Y.(2012), *L'asie Et Le Futur Du Monde*. Paris: Press de Sciences Po.

Tiberghien(ed.)(2013), *Leadership in Global Institution Building*: *Minerva's Rule*, London: Palgrave Macmillan.

Vestergaard, Jakob and Wade, Robert(2012), "Establishing a New Global Economic Council. Governance Reform at the G20, the IMF and the World Bank," *Global Policy*, 3, 3:257—269.

Walter, A.(2008), *Governing Finance: East Asia's Adoption of International Standards*, Ithaca: Cornell University Press.

World Bank(2012), "Japan and Republic of Korea Pledge. Additional $60 Million to Boost Food Security in World's Poorest Countries," http://www.worldbank.org/en/news/press-release/2012/10/12/japan-republic-of-korea-pledge-additional-60-million-boost-food-security- worlds-poorest-countries(accessed: 2013-08-12).

Xu, X.(2012), *Shiyou a, shiyou. Quanqiu youxi jingsai he zhongguo de xuanze(Energy Black Swan. Global Games and Chinese Options)*, Beijing: China Social Sciences Press.

Xinhua(2010a), "China Urges IMF to Accelerate Quota Adjustment," April 24, http://news. xinhuanet. com/english2010/china/2010-04/25/c _ 13265978. htm (accessed: 2013-08-12).

Xinhua(2016b), "Chinese Minister: World Bank Reform Benefits World Development," April 26, http://news.xinhuanet.com/english2010/china/2010-04/26/c_13267705.htm(accessed: 2013-08-12).

Xinhua(2012a), "Chinese FM Savs China Plavs Unique. Important Role at G20 Summit," June 20, http://news.xinhuanet.com/english/china/2012-06/20/c_131666632.htm.

Xinhua(2012b), "Chinese Delegation Stress Food Security at ASEP-7", October 4, http://www.chinadaily.com.cn/china/2012-10/04/content_15796843.htm(accessed: 2012-11-12).

亚洲在21世纪全球经济治理中的作用*

斯里尼瓦萨·马度尔著　王国伟编译**

【内容提要】 亚洲国家的经济状况在过去的半个世纪里发生了巨大的改变,重新成为全球经济的主导力量。全球经济重心正在向亚洲转移,且在未来的数十年间还将继续。基于亚洲在全球经济中地位的上升,本文作者提出两个问题,第一,在塑造全球经济治理的过程中,亚洲在21世纪能否扮演比20世纪下半叶更重要的角色?第二,亚洲国家在担任这一角色时将面临何种集体及个体层面的挑战?文章由三部分组成:第一部分分析了全球经济治理体系中不断发展的制度结构;第二部分阐述了亚洲国家在全球经济治理中具有的两个优势条件;在第三部分,作者通过对亚洲国家面临的五个挑战的梳理,期望亚洲国家能够在全球经济治理中发挥更大的作用。

【关键词】 亚洲　经济治理　挑战

随着国际货币基金组织(IMF)、国际复兴开发银行(IBRD)、世界银行(WB)和关税及贸易总协定(GATT)的成立,全球经济治理框架的基础在第二次世界大战后短短的几年时间里就迅速建立起来。然而,在战后的大部分时间内,亚洲多数地区却处于极端贫穷状态,且其在世界经济中的份额降至几个世纪以来的最低点。作为当时经济力量对比的反映,亚洲国家在制度结构建设和

* 本文选自 Srinivasa Madhur,"Asia's Role in Twenty-first-century Global Economic Governance," *International Affairs*, vol.88, 2012。

** 斯里尼瓦萨·马度尔(Srinivasa Madhur),亚洲开发银行区域经济一体化办公室主任。本文由华东政法大学政治学研究院研究生王国伟编译,华东政法大学政治学研究院助理研究员朱剑校对。

全球经济治理议题设定方面都没有发挥重要的作用。

然而,这种状况在过去的半个世纪里发生了巨大的改变,亚洲国家的经济奇迹使其重新成为全球经济中的主导力量。全球经济重心正在向亚洲转移,并且在未来的几十年很有可能还将继续。

基于上述对亚洲在全球经济中地位上升的评估,本文作者提出两个问题:第一,在塑造全球经济治理的过程中,亚洲在21世纪能否扮演比20世纪下半叶更重要的角色?第二,亚洲国家在担任这一角色时将面临何种集体及个体层面的挑战?这篇文章的结论认为亚洲在全球经济中占比的上升,使其在全球经济治理中扮演更重要角色的潜力增大,但这一潜力的实现取决于该地区能否成功地应对五个关键挑战。

这篇文章的结论是根据经济学家、政治学者和国际关系专家最近的研究成果综合整理得出的,并且它还包括了其他领域相关的分析论据和经验证据。经济学家一般认为,亚洲正在变富变强,这将推动其在全球经济治理中扮演更重要的角色。然而,政治学者和国际关系专家却对亚洲能否真正扮演这一角色持怀疑态度。本文作者综合了这些观点,致力于探究亚洲国家的决策者为使亚洲在全球经济治理中发挥更大作用所需应对的挑战。

这篇文章的主要贡献是清楚地表述了亚洲在将自己日益增长的经济规模转化成在全球经济治理中扮演更重要角色时所面临的挑战。一个相关但可分离的问题是,是否存在某些力量推动亚洲的决策者迅速地应对这些挑战(这对下一步研究来说是一个合适的主题)。本文作者从不同的角度指出,亚洲决策者应对挑战的欲望并没有和他们想要在全球经济治理中扮演更重要角色的渴望保持同步。如果亚洲打算在全球经济治理中发挥更大作用,这种渴望和行动之间的缺口需要逐渐加以填补。尽管西方国家经济规模的相对衰退会给这样的改变提供一些动力,然而,基本的欲望应当并且能够来自亚洲内部。

在深入研究相关细节之前,作者提出我们应当思考:什么是全球经济治理?劳伦斯·芬克尔斯坦(Lawrence Finkelstein)为我们提供了一个涉及范围广泛,且在实践中容易使用的关于全球治理的定义:"全球治理就是在没有主权权威的情况下,对跨越国界关系的治理。全球治理从事的工作其实就是政府在国内所从事工作的国际版罢了。"基于此,全球经济治理就是在没有主权权威的情况下,对跨越国界的经济关系的治理。当一个国家介入其公民的经济活动时,其他国家及其公民也一定会受到影响。因此,国家经济活动经常会产生全球性影响，就如全球性事件会引起相关国家的回应一样。在缺乏全球政府的情况下，管理全球化进程需要国家间正式和非正式、制度性和临时性的安排。而全球经济治理涉及的机制、规则、指导方针、标准、实践和决策过程深植于这些安排当中。

一、不断发展的体系结构

第二次世界大战后，通过政府间正式的机制安排，全球经济治理完成了一次对英国霸权控制下的全球经济秩序的重大调整。国际货币基金组织（IMF）、国际复兴开发银行（IBRD）/世界银行（WB）和关税及贸易总协定（GATT）在战后纷纷建立。国际货币基金组织的目标是维持全球货币和金融体系的稳定，国际复兴开发银行则是为遭受战争破坏的国家的战后重建提供资金支持，关税及贸易总协定（1995 年成为世界贸易组织）旨在推动创建一个有序的世界贸易体制。随着时间的推移，这三个机构根据其成员国政府的要求，对原来的目标、任务和制度结构进行了相应的调整。

多边主义之光

1971 年，美国决定将美元与黄金脱钩，战后挂钩但可调整的汇率体系——布雷顿森林体系——因此终结。这预示着全球经济治理制度结构发展的新时代即将到来。首个出现的是形成于 1973 年的五国集团（G5），它包括美国、日本、德国、法国和英国。在布雷顿森林体系解体后的动荡时期，五国集团在一定程度上为全球治理提供了一条快速轨道，从而规避了像国际货币基金组织这样的正式机构可能会面临的限制因素。值得注意的是，1985 年，正是五国集团，而不是国际货币基金组织带头提出了旨在进行货币调整的《广场协议》。一些人将这种非正式多边论坛的趋势称作全球经济治理的“多边主义之光”路径。在接下来的 25 年，通过五国集团不断的扩张——最终于 1999 年成立二十国集团（G20），“多边主义之光”成为全球治理中不可或缺的一部分。

直到最近，二十国集团的作用还只是在财政部长和央行行长这样的层级上发挥功效。但是在 2009 年，也就是 2008 年全球金融危机之后的一年，二十国集团升格为国家元首级别。二十国集团领导人最早提出的倡议之一，就是成立金融稳定委员会（FSB），试图以此来促进金融监管的国际协调。之后，金融稳定委员会取代了创建于亚洲金融危机(1997—1998年)之后的金融稳定论坛,与世界贸易组织、国际货币基金组织、世界银行一道被视为全球经济治理体制的四大支柱。

混合结构

“多边主义之光”的兴起推动全球经济治理框架朝向一个混合的复杂体系发展,它由两个相关但并不相同的层次构成:一是正式的机构(世界贸易组织、国际货币基金组织、世界银行和金融稳定委员会形成其四大支柱);二是以二十国集团为主体的非正式多边论坛,由它来主持设置整体议程并指导正式机构。这一发展中的全球治理双重系统可以被看作是19世纪非正式的“欧洲协调”论坛与20世纪正式的制度结构之间的结合体,前者存在于1815年到1914年,专注于组织和管理国际关系,由奥地利、普鲁士、俄罗斯帝国和英国创建,随后法国也加入其中,后者则形成于1945年之后。

该混合体系的优势在于可以最大限度地发挥两种组成部分的协同作用,使非正式论坛的灵活性和有效性以及技术的优势最大化,并使正式制度的能力生效。二十国集团这样的非正式论坛(像19世纪的“欧洲协调”)能够在危机发生时召开会议,在国际政策合作方面达成广泛共识,进而发起新的倡议,而正式制度可以对这些协议和倡议进行技术细节的充实,将它们转换成对成员国有约束力的义务并促其在实践中实施。

二、亚洲的潜力

如果混合制度结构想要奠定其在21世纪全球经济治理中稳固的基础,还有许多问题需要解决。为有效解决全球经济治理中新兴的问题,亚洲对增强这一结构兴趣浓厚。特别是,亚洲能够在平衡上述机构和论坛——旨在实现全球善治——的合法性与有效性方面发挥建设性作用:使世界贸易组织与多边贸易谈判重现活力,这对高度开放的亚洲经济体系至关重要;解决全球收支失衡,这构成了亚洲所面临的问题及其解决方案的一个部分;在调整和管理资本账户自由化的问题上推进形成一个国际共识,这是亚洲国家自1997—1998年金融危机之后就一直在仔细思考的问题;改革金融调控和监管制度,同时要确保新制度能够顾及使金融市场现代化的要求。亚洲日益增强的经济实力和它在二十国集团中卓越的表现,极大地增强了其在参与解决全球经济治理过程中解决所有新兴问题的潜能。

更加强大富强的亚洲

1950年,亚洲占全球产出总量的份额跌至15%(以购买力平价计算),相比之下,西欧和美国分别占26%。到了2010年,亚洲的份额上升到40%左右,而西欧和美国则分别下降至17%和19%。即使按市场汇率计算,亚洲占全球的份额也有27%之多——和西欧与美国各自占的比重差不多。如今许多亚洲国家已经赶上了西方的生活标准,还有更多的国家正在追赶西方的路上前进,其中包括地球上人口最多的两个国家——中国和印度。

大量的研究表明,亚洲在21世纪中期可能会恢复其250年前,也就是工业革命之前,在世界上的主导地位。最近的一项研究得出结论说:第一,2050年,亚洲占全球产出的份额——按市场汇率计算——会从目前的27%翻倍至50%以上,其中,中国、印度、印度尼西亚、日本、韩国、马来西亚和泰国七国将共占全球产出份额的大约45%;第二,到2050年,亚洲的人均年收入大约是40 000美元(按购买力平价计算),和今天的欧洲水平差不多。

经济的增长为亚洲在全球经济治理中获得一个更好的角色提供了更多的资源,同时还增加了与其他国家和地区谈判的筹码。这些国家和地区在全球经济中的比重正在下降,并且很有可能在未来还会进一步下降。

亚洲在二十国集团中强大的影响力

一段时间以来,亚洲国家在布雷顿森林体系各机构中的代表性普遍不足,它们的配额和表决权低于其所占的经济比重。另一反映亚洲代表性不足的是国际货币基金组织和世界银行从未由亚洲公民担任过领导。正如一位专家哀叹道:"亚洲有35亿人口,并且亚洲经济体已经拥有最大的外汇储备和最快的增长速度,却没有一个人可以占据这两个职位中的任何一个。"一种普遍的看法认为,亚洲的代表性不足也是国际货币基金组织在1997—1998年亚洲金融危机期间对亚洲的援助太少、太晚且设想不周的部分原因。

令人鼓舞的是,二十国集团现在已经把国际货币基金组织改革作为议程的一个要点。作为结果,2008年4月,针对国际货币基金组织协定条款的"话语权和参与"修正案(the voice and participation amendment)得以通过,随后,第14次配额复审又在2010年12月完成。此外,改革计划还包括:增加一倍的国际货币基金组织特别取款权配额,达到4 768亿美元;将亚洲和其他新兴经济体的配额提高6个百分点(基于2006年的水平);对国际货币基金组织的董事会构成每八年进行一次复审,所有董事会成员通过选举而不是提名产生;在2013年1月前完成对现有配额分配规则的综合复审;第15次全面复审配额的最后期限提前两年至2014年1月。

亚洲在二十国集团中强大的影响力,给予了其亟需的杠杆使这些改革建议得到迅速实施,并设置全球经济治理四大支柱未来的改革议程。二十国集团中的5个亚洲成员国中国、日本、印度、印度尼西亚和韩国(A5)的产出总量——按市场汇率计算——占论坛各国总产出的27%,如果按购买力平价计算,则是三分之一,按照人口计算,则是三分之二。2010年12月的国际货币基金组织配额调整在2012年底生效,至此,亚洲五国(A5)在国际货币基金组织中的配额比重将会由2006年的14.1%增长至18.4%,其配额的增长是以在修正案中降低沙特阿拉伯、加拿大以及最发达的欧洲国家的配额为代价的。在亚洲五国(A5)中,中国增长最快(从3.72%增加到6.39%),其次是印度(从1.91%增加到2.75%)、韩国(从1.35%增加到1.80%)、日本(从6.12%增加到6.47%),而印度尼西亚的配额略微降低(从0.97%降至0.95%)。

三、 将亚洲的潜力转化为现实

日益增长的经济比重和在二十国集团中强大的影响力是亚洲在塑造全球经济治理过程中能够发挥更大作用的必要但不充分条件。这些因素增强了亚洲在全球治理中扮演一个更重要角色的潜力;然而潜力的现实化是以亚洲成功地解决一些挑战为前提的。在这样的背景下,政治学家强调了平衡增长、区域合作和政治领导的必要性。一个更为广泛的视野给上述清单增加了两个额外的挑战,即加强国家治理和使用全球语言。

平衡增长

尽管经济奇迹持续了几十年,但是许多亚洲国家的经济增长仍然严重依赖美国和欧洲的出口市场。中国从日本、韩国引进资本,而原材料和中间投入则来自东盟国家(ASEAN),将其组装成成品后出口到西方市场,这使得“亚洲工厂”一直持续下来。中国的经济增长差不多有一半依靠出口,而如果考虑到其他东亚国家出口给中国的商品,这些国家对西方市场的依赖更为严重。

开放或关闭国内市场交易的能力,是测量一个国家在全球贸易体制内议价能力的合理标准。如果国家的经济增长越依赖出口市场,其议价能力就越低。

毫不奇怪的是，在当下的世界贸易体系中，尽管有成员广泛的世界贸易组织和所谓以共识为基础的决策过程，但是美国和欧洲作为两个最大的单一市场，在多边贸易谈判中仍然发挥着最大的作用。不仅在贸易体制内，较高的出口依存度更是普遍地降低了国家在全球治理中的议价能力。

因此，如果亚洲计划在全球经济治理中发挥更重要的作用，它将不得不产生更多的经济自然增长。这要求实现亚洲经济增长来源的再平衡，即从依赖出口转向依赖国内市场和区域性需求。许多亚洲国家需要一个“出口替代型增长战略”，以此实现从生产者—出口商到(至少是)生产者—消费者的角色转变。在这样的转变中，增加区域性需求是一个关键因素。亚洲世纪的到来需要亚洲成为一个更多地满足国内商品需求的市场。否则，考虑到美国和欧洲市场不足 10 亿的消费人口，且三分之二国家的人口老龄化正在加速，它们还能推动 35 亿人口的亚洲的经济崛起多久？某种程度上，随着亚洲变得更加强大和富裕，再平衡的过程可能会自然发生，在此过程中，亚洲的中产阶级和新兴富裕阶层将会扩大。但是东亚的经验表明，不能依赖这一期待。因此，需要政策上的行动来推动再平衡。

扩大中国的消费需求将是亚洲再平衡战略的一个关键因素。中国的消费—收入比在世界上处于最低水平。研究表明，要提高中国的消费—收入比，需要采取促进服务业增长、发展金融业、允许汇率升值，以及改革医疗保健和退休金系统等举措。东盟的中等收入国家的经济在 1997—1998 年亚洲金融危机之后还没有恢复，对其而言应当优先考虑提高私人投资。要实现这一目标，改善商业环境和加快东盟一体化进程应当双管齐下。印度现在的经济增长虽然相对更少地依赖出口，但其出口依赖度却在增长；考虑到印度的基础设施相当薄弱，增加基础设施投资应当是显而易见的策略。

亚洲主动引导本区域的巨额储蓄资金投资到基础设施上，这可以补充上述这些国家战略。最近的研究提出两个值得实施的建议，即创建一个亚洲基础设施论坛以形成一个区域基础设施投资战略，成立一个亚洲基础设施基金为发展区域基础设施提供资金支持。东盟十国在 2011 年 9 月联手亚洲开发银行成立了一个东盟基础设施基金(AIF)。虽然该基金最初的权益资本只有 5 亿美元，但人们认为其最终会具备为东盟基础设施投资提供 130 亿美元财政支持的潜力。在亚洲发展更多的东盟基础设施基金的成员国并扩大基金规模，将会提高这项创新举措的有效性。

加强国家治理

亚洲要在全球治理中扮演一个负责任的角色，它将不得不在国内开始治理改革。这些改革将包括确保人民的代表权和决策参与权,建立负责任的能回应的国内机构,建立法治和民主政体。如果亚洲国家自身的治理标准很低,它们在全球经济治理过程中就很难塑造一个可信的角色。的确,"我们不能假定……一个有能力做好国家治理的政府同样擅长解决全球挑战"。然而,自身治理不善的国家能够治理好全球经济,这是更不可能的。一个国家想要有效地促进全球善治,高标准的国家治理是必要但不充分的条件。

任何的评估都会受到主观性因素的限制,所以得出一套用作衡量国家治理的精确指标体系很困难。世界银行根据特定的"治理指标"对各个国家作出的排名,是值得注意的。国家被定位在0到100的规模,其中等级在90以上是指一个国家属于前10%的等级,反之低于10则意味着一个国家属于最底部的10%。在世界银行的大部分指标中,日本与美国的等级差不多,韩国紧随其后。除了话语权和问责制方面,新加坡在大多数指标中的排名高于美国。除了这三个国家,其他亚洲国家在所有四个指标中的排名都要远远低于美国。

经济学人智库(EIU)使用一组不同的指标来编制其"民主指数",这组指标强调国家治理中的政治层面。在总体排名和得分方面,日本和韩国接近美国,而其他亚洲国家普遍落后于美国。印度是一个有趣的案例,它在选举过程和公民自由两方面的得分要高于美国,在政府职能的得分上和美国相同,但是政治参与和政治文化的得分却比美国低,这一现象表明:虽然印度是一个民主国家,但是其想要成为一个成熟的民主国家还有一段路要走。

由此可知,许多亚洲国家在提高自身国家治理水平方面还有很大的发挥空间。在某种程度上,国家强劲的经济增长和繁荣可能会促使国家治理能力的提高;但是于亚洲而言,为实现这样的目标,其应主动地采取更加积极的政策措施。令人鼓舞的是,亚洲地区的大部分国家都认识到提高自身治理水平的重要性。

区域合作

亚洲能否将其在全球经济治理中发挥更重要作用的潜力转变为现实,另一个决定性的因素是通过该地区国家合作建立区域选项的能力。可靠的区域选项会提高亚洲在与其他地区谈判时的议价能力,同时也会增加该地区在现有全球论坛和机构中在职者的数量。

自1997—1998年亚洲金融危机以来,亚洲已经采取了多项措施来促进区域合作和一体化。这些举措在以下三方面取得了巨大的成就:第一,在《清迈倡议》(CMI)下,实现了双边货币互换的多边化,建立了一个2.4亿美元的区域储备基金;第二,成立了一个区域经济监督机构——“10+3”(东盟十国与日中韩)宏观经济研究办公室(AMRO);第三,创建了区域信用担保和投资机制。此外,东盟国家最近批准了一个纲领,目标是在2015年成立东盟经济共同体(AEC)。人们逐渐认识到,基于东盟经济共同体的建立,东盟应该建立一个无边界的经济共同体(到2030年),从而大幅推动商品、资本和人员的自由跨境流动。南亚也日益认识到了实现区域一体化的必要性。在南亚区域合作联盟的倡议下,已经建立了南亚发展基金以作为实现其一体化的策略。此外,东亚和南亚的联系也在日益密切。中国现在已经成为印度最大的贸易伙伴,然而十年前两国间的贸易还是微不足道的。

尽管取得了这些成就,亚洲的一体化却是弱制度化的。最近的一项研究探讨了加强亚洲一体化制度基础的几个方案。这个研究提出的建议中有三项是值得快速跟进执行的:第一,将该地区的双边和多边自由贸易协定整合为亚洲自由贸易区;第二,在《清迈倡议》和“10+3”宏观经济研究办公室的基础上,建立亚洲货币基金;第三,进行亚洲金融对话。在这期间,办好刚成立的2.4亿美元区域储备基金和区域内经济监督机构是有必要的。形成必要的区域监督能力将是一项重大挑战,这要求成员国赋予“10+3”宏观经济研究办公室足够的资源和自主权限去有效行使职能,并对成员国进行客观的经济监督以完成真正有意义的检查评估。金融稳定委员会下属的亚洲区域协商小组在2011年底成立,这对开启亚洲金融稳定对话是个机遇。

更稳固的区域一体化制度基础将使亚洲在解决全球经济治理中出现的问题时能够达成更统一的地区意见。依照很多国家在国家层面采用的“功能性联邦主义”,亚洲会逐渐将制度框架转变成多层结构。在这样的一个结构内,全球组织和论坛将聚焦于全球性问题的治理,而区域论坛和机构则会被赋予治理其他领域的责任,特别是那些区域性或者次区域性的问题。亚洲区域论坛和机构将因此形成全球经济治理架构中一个不可分割的组成部分。

在这样一个多层结构出现之前,亚洲区域论坛(如东盟、“10+3”、东亚峰会和南亚区域合作联盟)应当立即考虑把它们的定期会议与二十国集团会议结合,从而使得论坛关于全球治理问题的共同立场也能在二十国集团中加以推进。此外,当亚洲五国(A5)举行会议进行信息交换和组织磋商活动,从而在那些二十国集团论坛聚焦的问题上达成统一立场时,它们将会有一定的优势。亚洲五国(A5)还可以考虑邀请澳大利亚参加这样的磋商会议,因为后者是亚洲的一个重要邻居而且是二十国集团成员。

政治领导

“亚洲国家现在应该发挥领导作用,并成为全球大巴上的司机而不是乘客。”亚洲在全球治理中的角色不能从“谁领导亚洲”这个问题上脱钩。如果亚洲想要将其日益增长的经济规模转变为在全球论坛和机构中相应的经济权力,那么强有力的政治领导是一个关键的前提条件。政治学家提出三个能使国家发挥领导作用的因素,分别是资源、意愿和合法性。在研究亚洲五国(A5)如何解决对其领导地位的挑战时,上述标准值得尝试。

日本具备发挥领导作用的资源因素(虽然20年的经济停滞和相当于产出225%的公共债务使得这些资源慢慢被侵蚀)。然而考虑到其过往的战争史,它的地区合法性是它的邻居们所担心的。即使与战争相关的“合法性赤字”随时间的推移能够以某种方式解决,日本不愿发挥区域领导作用似乎仍是一个主要的限制因素。虽然日本对多边机制多有财政捐赠,但是其对外部需求的依赖和不愿更多开放国内进口市场阻碍了日本在全球经济治理中发挥与其经济规模相匹配的主导作用。

虽然中国现行的政治制度随时间可能会改变,但目前却可能成为其领导合法性的限制因素。在资源方面,中国虽然得以急剧积累,但在经济上仍然还有很多要做的,这和中国宣称是一个发展中国家一样是被承认的。当然,资源限制同样可能随着时间而减小。然而通过将其的崛起表述为“和平崛起”,中国可能不情愿在全球治理中发挥更大的领导作用。这表明中国倾向于在“10+3”这样的区域论坛中与其他国家共同发挥领导作用。

印度已经是一个民主国家,可能会在领导合法性方面具备一点优势。然而,作为一个比中国更为贫穷的国家,它还是有严重的资源限制和很多国内经济问题需要解决。虽然印度和东亚那些经济上更强大更富有的国家的联系正在加强,但是印度作为区域性的经济力量,其在亚洲的融入性仍然不够好。而且在未来的一段时间,印度可能会继续专注于在南亚发挥领导作用。印度尼西亚在发挥领导作用上有着和印度相似的限制性因素,即印度尼西亚是民主国家但又是一个发展中国家,而且有很多国内经济难题。然而作为东盟最大的国家,它可以发挥特殊的作用,比如在二十国集团中代表东盟,正如其在全球论坛中追求国家利益一样。

在这个阶段,一个单一国家成为亚洲经济合作一体化的领导者似乎不太可能。尽管有些人认为一种共享领导模式将会受到地区竞争——一方面是中国和日本,另一方面是中国和印度——的阻碍,但是由亚洲五国(A5)共享领导权似乎是有可能的。有迹象表明,亚洲国家近来展现了其在一个共享的领导模式内合作的能力。东盟作为一个区域性机构一直是一个很好的例子,在最近几年,中国和日本在《清迈协议》和"10+3"宏观经济研究办公室这样的区域倡议上展开合作,共同解决一些问题,例如单个国家的贡献,《清迈倡议》的投票权与决策方式,二者甚至试图着手解决谁领导"10+3"宏观经济研究办公室这样的棘手问题。如果能造成显著的经济效益,国家可能会因此达成政治妥协。从"10+3"的经验来看,在共享领导模式中,韩国这样的"中间经济力量"将发挥调解作用。

然而最近一项对亚裔美国人的调查似乎表明,亚洲人可能天生不情愿担任领导者角色。调查发现,亚裔美国人是很好的工人(能干、聪明、敬业),却不是好的领导;他们甚至对追求与其自身教育背景、经验和能力相称的领导职位都不太感兴趣。在社会上性格内向、不善言辞、举止安静、被动和保守的做事风格,可能都是导致亚洲人"领导赤字"的原因。一些人认为:"限制亚洲在世界舞台上发挥更大作用的障碍仍然存在。特别是亚洲并没有对真正意义上的领导有所渴望:亚洲只是想要促进和维持全球系统而不是改变或重置。"这些人的观点与前述结果相吻合。这些调查结果只是一个误差,还是亚洲领导风格和美国模式有很大的不同以至于这些调查不能真正地将其研究清楚?这些问题值得研究和解决。

采用全球语言

通过国际贸易、投资和资本输出,亚洲在其经济全球化方面做得非常成功。亚洲国家乐于接受和热情拥抱信息技术革命。亚洲国家在不同程度上也吸收了现代西方文化的各个方面:音乐、电影,甚至着装。这显示了亚洲人灵活和适应性强的本质。展望未来,亚洲在全球化的另一个有待补足的领域需要实现更多的进步,即采用全球语言或国际通用语——英语。

全球经济变得不景气,要求在私人企业、外交和全球政治中,把英语当做重要的技能。英语是世界上使用最广泛的语言——超过100个国家的15亿人在使用英语,同时大约85%的国际组织在使用这一语言,90%发表的文章也在使用英语。预计到2050年,英语仍然是世界上使用最广泛的语言。采用全球通用语言,会促进亚洲国家间更好地交流各自的立场,同时和世界上其他地区的国家,以及在全球论坛和机构中进行更好的沟通交流。

更好的沟通交流不是采用英语唯一的好处。因为所有学科知识的传播——

科学、工程、技术、社会学与人类学、艺术、建筑学——首先使用英语,因此采用英语使得亚洲国家在访问全球知识库时更为便捷。通过利用英语的"网络效应",亚洲可以获得更好的知识同化和积累,同时得到经济有效的全球交流方式。

许多亚洲国家已经认识到英语的重要性,并在其教育体系的初级阶段把英语作为第二语言。全球语言培训公司英孚(EF)在2011年3月完成的一项英语水平网上调查表明,在接受调查的44个国家的230万受访者中,韩国和日本分别排名13和14(中等水平),然而中国和印度分别排在29名和30名(低水平),印度尼西亚和泰国分别排在34名和42名(非常低的水平)。有趣的是,印度虽然承继英国并拥有英语熟练的美誉,但其英语发展水平却没有高于中国。

撇开抽样调查存在的方法问题,甚至是使用互联网和计算机这一值得商榷的变量,英孚公司做的网上调查可能过多地强调了对英语语法水平的测试。通常,那些在英语语法上比本土英语使用者更为熟练的人,如果身边没有一本英语词典的话,他们可能还是不能在实践中说出或者写出一句英语。

测量至少将英语作为第二语言的人数,是评估英语水平的另一种方法,虽然这样的评估在数据采集和对口语技能的定义方面比较敏感。维基百科将127个国家这方面的数据整理在了一起(到2012年3月)。由于数据的跨时间性和来源多样性,这些数字不具备可靠的国家间比较意义。即便如此,从维基百科整理的127个国家的数据来看,印度使用英语的人数达1.25亿,排名世界第二,仅落后于拥有2.67亿使用人数的美国,其次是菲律宾,排名第5(英语使用者达9 000万),巴基斯坦排名第9(英语使用者达1 800万),泰国排名第11(英语使用者达1 700万),中国排名第18(英语使用者达1 000万)。根据维基百科的数据,菲律宾的英语使用者的人口数量占本国人口的百分比高于任何其他一个亚洲国家(93%),紧接着是新加坡(80%)、泰国(27%)、马来西亚(19%)。尽管印度使用英语的人数在亚洲最多,但其英语使用者的百分比却仅仅为11%(接近于巴基斯坦和斯里兰卡的百分比)。中国使用英语的人数为1 000万,占国内人口的比率不到一个百分点。

不考虑测量的方法,很明显,许多亚洲国家在全球语言技能方面还有很大的提升空间。然而,通过修改和调整英语以适应它们自己的需求——就像美国把英式英语美国化一样,亚洲国家可以把英语亚洲化,从而使它们的语言技能全球化。事实上,如果说一种语言变成全球语言有一可预期的结果,那么就是没有人可以掌控它。更确切地说,每个学习过的人都将拥有它——"分享"可能是更为精确的说法——即有权利按照他们喜欢的方式使用这种语言。

即使亚洲35亿人口中仅有一小部分在将来使用英语，英语也会被非西方化。英语将真正成为全球语言，同时也成为亚洲语言。

四、结　论

作为第二次世界大战后经济力量对比的反映，亚洲在战后制度结构的建设和对全球经济治理的议题设定上都没有扮演一个有重大意义的角色。从那时起，尤其是在近几十年，全球经济的重心已向亚洲转移，转移的趋势在即将到来的数十年时间里还会继续。对于亚洲来说，如果想在塑造21世纪全球经济治理中发挥更大作用，这无疑是一个历史性的机遇。

这里将改编一个来自印度百事可乐公司董事长卢英德(Indra Nooyi)的比喻：假如21世纪的全球经济是一只手，那么亚洲是大拇指——强而有力，准备好在世界舞台上扮演重要角色；欧洲是食指——民主与西方文明的摇篮和大多数全球商业法律制定的基础；北美，尤其美国是中指——最长的手指，突出、显眼，手所参与的大多数功能都有涉及；南美是无名指——象征着爱、激情和由曼波舞、桑巴舞、探戈节奏所体现出来的快感；非洲是小拇指——它未能赶上其他区域，然而，当它受伤时，整个手都会感到痛苦。

以上的比喻很好地总结了刚刚浮现的全球经济力量对比和亚洲相对于世界其他地区所处的地位。它也避免了出现亚洲作为东方一员对抗西方的问题。相反，现在的问题是亚洲和世界其他地区在塑造全球经济治理的过程中如何合作，这就是全球治理领域内国际经济合作所关注的全部问题。从这个角度观察，这篇文章的核心结论是：随着不断发展与繁荣，亚洲已经取得了在国际经济治理中扮演"拇指"角色的潜力——改革制度结构、设定议题和解决新兴问题；但是潜力的实现依赖于该地区如何成功地面对来自平衡资源增长、加强国家治理、推动地区一体化制度化、提供政治领导和采用全球语言的挑战。

亚洲政府渐渐地意识到解决这些挑战的必要性，并且对成功解决这些挑战充满信心。历史表明，这里所思考的转变过程本身就是缓慢的，但是，同样真实的是，如果在解决这些政策的挑战上，亚洲失败了，那么可能会给世界经济治理体系带来无法承受的压力。关于亚洲在塑造21世纪全球经济治理体系过程中所能扮演的角色，这篇文章的结论持一种谨慎乐观的态度——尤其是对比近来关于此问题的文章所得出的悲观结论。即便如此，也应当提醒人们"乐观的结果不会自动发生"。人类的干预才是决定性的。

参考文献

Acharya，Amitav(2011)，“Can Asia Lead? Powerambitions and Global Governance in the Twenty-first century，” *International Affairs*，Vol.87，Issue.4，July，pp.851—869.

ADB(2010)，Asia's strategic participation in the G20 for global economic reform (Manila).

Cho，Je Yoon(2011)，“What do Asian Countries Want the Seat at the High Table for? G20 as a New Global Economic Governance Forum and the Role of Asia，” ADB working papers on regional economic integration no.73(Manila：ADB，Feburary).

Crockett，Andrew(2010)，“What have We Learned from 50 Years about the International Financial Architecture?” in Christopher Kent and Michael Robson，eds.，*Reserve Bank of Australia 50th Anniversary Symposium：Proceedings of a Conference* (Sydney：Reserve Bank of Australia).

Drysdale，Peter(2010)，“Asia's Global Responsibilities through Global and Regional Arrangements，” *East Asia Forum*，October 10.

Finkelstein，Lawrence S.(1995)，“What is Global Governance?” *Global Governance* 1，pp.367—372.

Kahler，Miles(2010)，“Asia and the Reform of Global Governance，” paper presented at the conference on “Asia Reshaping the Global Economic Order：Trade and Finance，” Tokyo，April.

Katsu，Shigeo(2005)，“Transforming Governance and Institutions，” in Kohli et al.，eds，*Asia 2050*，pp.221—242.

Kawai，Masahiro and Petri，Peter A.(2010)，“Asia's Role in the Global Economic Architecture，” Asian Development Bank Institute(ADBI) working paper，Manila，August.

Kuroda，Haruhiko(2011)，“Asia's Future：Regional Challenges and Global Responsibilities，” address to the 44th ADBannual meeting，Hanoi，Vietnam，5 May.

Madhur，Srinivasa(2011)，“21st Century Global Economic Governance：Evolving Architecture，Emerging Issues，and Asia's Role，” Mimeo，Korea Institute for International Economic Policy，Seoul，South Korea，August.

Mahbubani，Kishore and Chesterman，Simon(2010)，“Asia's Role in Global Governance，” *Public Law and Legal Theory Working Paper*，no.175(New York：New York University)，p.1.

Sy，Thomas，Shore，Lynn M.，Judy Strauss，and Shore，Ted H.(2010)，“Leadership Perceptions as a Function of Race Occupation Fit，” *Journal of Applied Psychology*，Vol.95，Issue 5，September，pp.902—919.

Virmani，Arvind，and Michael Debabrata Patra(2011)，“IMF Reforms 2010：Do They Mirror Global Economic Realities?” *Economic and Political Weekly*，no.46：30，23 July.

Wolf，Martin，“Globalization and Global Economic Governance，” *Oxford Review of Economic Policy*，Vol.20，Issue.1，pp.72—84.

新兴大国与全球发展议程：基于南非参与2015年后发展议程的分析

祝　鸣*

【内容提要】 非洲是实现联合国千年发展计划中的重要一环。南非作为非洲的新兴国家，备受关注。本文对南非在2015年后发展议程中所发挥的作用和政策进行分析，并剖析南非借助非盟的多边平台，积极参与联合国事务，并在"金砖国家"的发展过程中发挥积极影响。

【关键词】 南非　新兴国家　金砖国家

2000年，全球领导人聚首联合国，通过《联合国千年宣言》为未来达成了一个宏大的愿景。联合国认为：千年发展目标正是一个维护人类尊严、平等和公正，以及帮助世界摆脱极端贫困的承诺。千年发展目标的8个目标和一整套有时限性的具体目标，为处理当前最为紧迫的发展挑战构建了蓝图。①经过10多年的发展，全球发展形势已经出现了诸多新变化。2010年9月召开的第65届联合国大会千年发展目标高级别会议，正式启动了有关2015年后国际发展议程的讨论和制定进程。根据该次高级别全体会议成果，②联合国秘书长潘基文通过与所有利益攸关方的协商，决定于2011年成立联合国系统工作组，以支持

---

* 祝鸣，上海国际问题研究院西亚非洲中心研究员。

① United Nations, The Millennium Development Goals Report 2014 (New York, N.Y.: United Nations), 2014, Foreword.

② 在该会议期间所发布的《千年发展目标首脑会议成果文件》提到："我们请秘书长就到2015年落实千年发展目标的进展情况提交年度报告，并酌情在年度报告中就如何在2015年后进一步推动联合国发展议程(development agenda beyond 2015)提出建议。"

联合国系统为2015年后议程作准备。[①]国际社会制定2015年后发展议程(post-2015 development agenda)的大幕由此正式开启。

作为世界上较为贫困落后的大陆,自2000年以来,非洲在发展方面取得了长足的进步。非洲经济之所以呈现出活力,是因为经济和政治治理得到加强,商业环境得到改善,外国资本流入尤其是来自非洲新的发展合作伙伴的资本流入增加。尽管这些进展减少了贫穷,造就了不断壮大的非洲中产阶级,但非洲大陆仍然面临严峻挑战。非洲经济增长没有体现充分的包容性或公平性,尽管在实现某些千年发展目标方面取得重大进展,但贫穷、粮食无保障、母婴死亡和青年失业问题依然严重得不可接受。和平、安全、治理、法治和环境方面的挑战,也威胁到可持续发展的前景。[②]但根据学者的计算:为了按期完成千年发展目标,非洲国家需要保持至少每年平均7%的增速(非洲联盟和非洲发展新伙伴计划也制定了7%的经济增长目标),甚至如果能够达到10%—12%则对实现千年发展目标更为现实。但是一直到2003年,非洲大陆的年平均增长率仅为3.5%,在整个20世纪90年代则更低到2.1%。从1998—2006年,整个非洲大陆只有4个国家实现了实际国内生产总值增长速度超过7%。[③]

本文在此将对南非在2015年后发展议程中所发挥的作用、政策进行分析。

一、 南非的非洲外交及其非洲议程

自1994年新南非诞生以来,南非在曼德拉及其后的历届总统领导下,积极改善民生、弥合种族分歧、促进经济发展,在各领域都取得了突出成就。在改善民生(尤其是针对占人口主体的贫穷黑人)方面,南非的投入和成绩尤其突出。[④]根据

① 参见 General Assembly of the United Nations, Resolution Adopted by the General Assembly[without Reference to a Main Committee(A/65/L.1)], A/RES/65/1, 19 October 2010, p.29。

② UN, Report of the Secretary-General on the Work of the Organization, General Assembly Official Records Sixty-eighth Session Supplement No.1(A/68/1)(New York, N.Y.: United Nations), 2013, p.5.

③ Chris Landsberg, "The MDG's and Africa: The Elusive Partnership?" *CPS Policy Brief*, No.44(Johannesburg, South Africa: Centre for Policy Studies, 2007).

④ 值得一提的是,曼德拉在南非国内得到的大多全是赞美之词,也有人(包括不少黑人)对他的执政遗产有着尖锐的批评。这些批评主要集中在他的国内经济政策上,他们认为:曼德拉对国内白人利益保护过多,而对黑人的经济利益照顾不够。可参见笔者对此的分析,祝鸣:《曼德拉是人不是神》,载《解放日报》2013年12月7日,第4版。

南非政府的官方数据：2012 年，南非有 440 万户家庭接受免费供水服务，其中 250 万户家庭是贫困户家庭。此外，还有 180 万贫困户家庭接受免费基础供电，这占了南非政府所设定的 350 万贫困户家庭的 51%。①此外，南非政府还对穷人提供了各种形式的福利。南非的福利水平在非洲国家中可以说是出类拔萃的，因此有中国学者将南非称为“非洲的瑞典”。②

除了成绩，南非依然存在诸多挑战。正如《纽约时报》在 2013 年曼德拉去世不久后所写的一篇评论中所指出的：“抛下怨恨的曼德拉通过谈判，和平地终结了白人统治，造就了彩虹之国。但现实表明，在选举方面实现种族平等要比实现社会及经济平等容易得多。”③在南非，经常可以看到有行人走在高速公路边线上，在早晨和傍晚时分，他们甚至干脆排队行走。无一例外，他们都是黑人，他们大部分都在通过这种方式上下班，走一两个小时的路程上班的情况非常普遍。因为这里大众交通工具非常不便利，没有私家车的人就只能乘坐“小巴士出租”(因为主要是黑人乘坐，也被称为“黑出租”)出行。但花费在“小巴士出租”上的费用(上下班各一次)相当于低工资劳动者一天收入的五分之一，甚至三分之一，于是为了省钱，大量穷人只能每天走长路上班。对于他们来说，感受到的可能只有“走漫漫长路的自由”(freedom for long walk)，而不是曼德拉所说的“走向自由的漫漫长路”(long work to freedom)。④世界著名的依附理论思想家、埃及经济学家萨米尔·阿明(Samir Amin)就认为由于南非的巨大内部分化，它内部同时有着四个“世界”：

> 它的领土范围内存在着构成世界体系的所有四个世界。居民中占压倒优势的白人部分，其大众文化与生活水平看来是属于“第一”(先进的资本主义)世界。但是一个幽默的人会注意到，前白人统治者的“中央政府统制经济”政策，却一直把这个置于按习惯包括所谓社会主义国家的“第二”世界之内。相当一部分城市黑人属于现代工业化中的“第三”世界，而农村非洲人，与他们非洲“第四”世界的同类人，没有太多的不同。⑤

---

① Republic of South Africa, Republic of South Africa, Millennium Development Goals Country Report 2013(November 2013), p.23.

② 秦晖：《南非的工会与福利制度》，载《经济观察报》2013 年 8 月 26 日。

③ Lydia Polgreen and Marcus Mabry, “Equality Remains Elusive in South Africa,” *International New York Times*, 9 December 2013, pp.1, 6.

④ 李相彦：《没有曼德拉的世界》，载韩国《中央日报》中文网 2013 年 12 月 17 日。“走向自由的漫漫长路”(long work to freedom)又译为“漫漫自由路”，是曼德拉出版的自传的书名。

⑤ [埃及]萨米尔·阿明：《前言》，载[南非]海因·马雷：《南非：变革的局限性——过渡的政治经济学》，葛佶、屠尔康译，北京：社会科学文献出版社 2003 年版，第 1 页。

尽管有林林总总的问题存在,1994年后南非依然凭借其雄厚的综合实力、丰富的自然资源、领导人的良好国际形象(尤其是曼德拉),成为非洲乃至国际舞台上一支重要的力量。正如2014年12月,中国国家主席习近平同南非总统祖马会谈时所指出的:"非洲雄狮已经奔跑,南非是领跑的狮子。"①

南非在种族隔离时期受到国际社会的孤立和制裁,因此曾被人称为"国际贱国"(pariah state)。伴随着1994年废除了种族隔离制度的新南非的诞生,南非开始被人称为"彩虹之国"(rainbow country),以形容其国内多种族和谐共存的景象。②从此,摆脱了被国际社会孤立和制裁的南非,成为国际上被人尊重和依赖的重要一员,在非洲和国际事务中发挥日益重要的作用。南非的驻外机构从1994年的36个增长到2012年的125个。这就体现了南非在国际舞台上的重要作用。如今的南非,已经和世界上170多个国家建立了正式的外交关系,南非国内有150个外国大使馆或领事馆。而如果把包括国际组织、总领事馆等各种外交外事机构都统计在内的话,截止到2012年在南非的外交、外事机构累计达到了315个,其规模之多在全世界仅次于美国首都华盛顿特区,为全球第二。③

如要对南非在2015年后发展议程上的立场进行分析,则我们需首先对南非的外交先进行一番剖析。南非的国际关系学者指出:南非的外交决策主要不取决于外交部,而是来自大权在握的总统,即所谓的"总统驱动"。④自1994年以来,新南非已经有了四位总统,他们分别是纳尔逊·曼德拉、塔博·姆贝基、卡莱马·莫特兰蒂和雅各布·祖马。塔博·姆贝基是在没有完成其任期的情况下,被所属的执政党南非非洲人国民大会(非国大)采取类似"政变"的方式给赶下了台。随后,非国大副领袖卡莱马·莫特兰蒂经南非议会选举当选南非代总统,接替辞职的姆贝基。由于莫特兰蒂的总统任期较短及其执政的过渡

---

① 刘华:《习近平同南非总统祖马会谈全面规划两国合作,为中南关系注入新动力》,载《光明日报》2014年12月5日,第1版。

② James F.Conway, *Africa Reawakening*: *What the Continent Did with International Aid*(The Beckham Publications Group, Inc.), 2004, p.96; Jackie Selebi, "South African Foreign Policy: Setting New Goals and Strategies," *South African Journal of International Affairs*, Volume 6, Issue 2, 1999, p.210.

③ The Presidency, *Twenty Year Review South Africa 1994—2014*(Pretoria, South Africa: 11 March 2014), p.148.

④ 2013年8月,笔者在南非约翰内斯堡对南非国际关系学者的访谈。

性，①他对南非外交的总体影响并不大，对此可予以忽略。

表 1　1994 年以来的南非总统及其任期和外交成就

姓　　名	任　　期	主要外交成就
纳尔逊·曼德拉	1994 年 5 月 10 日— 1999 年 6 月 16 日	人权外交，南非重返国际社会
塔博·姆贝基	1999 年 6 月 16 日— 2008 年 9 月 24 日	非洲发展新伙伴计划(NEPAD) 建立非洲联盟(African Union) 非洲国家互查机制(APRM) 提出“非洲复兴”(African Renaissance)
卡莱马·莫特兰蒂	2008 年 9 月 25 日— 2009 年 5 月 9 日	
雅各布·祖马	2009 年 5 月 9 日—	南非加入金砖集团

新南非第一任总统曼德拉强调要加强非洲的团结和发展。不过他更关注的是南非所在的南部非洲，他曾经对南非的外交政策有这样的表述：“我们的外交政策将南部非洲置于特别优先的地位。我国是南部非洲不可分割的一部分，我们的命运与这一地区联系在一起。”曼德拉时期的南非外交部长艾尔弗雷德·恩佐(Alfred Nzo)指出：在新的形势下，南非把它的外交活动的重点首先放在南部非洲和全非洲。南非要同南部非洲国家和平共处并共同发展经济；同所有非洲国家实行关系正常化，扩大往来；在非洲发挥建设性的作用，共同迎接 21 世纪的挑战。南非加强了同 30 多个非洲国家的联系，但是南非国内百废待兴，重建和发展计划任务艰巨，非洲国家对它的作用特别是经济援助不能期望过高。②由此可见，曼德拉的对外政策的重点是让南非回归国际社会，重新融入非洲大陆，特别是南部非洲。为此，南非申请加入了非洲统一组织(OAU)和南部非洲发展共同体(SADC)。至于承担非洲的领导责任，南非认为这是另外一回事。③实际上，融入非洲、充分利用南部非洲对南非而言具有重大利益。因为南非只有 5 000 万人口，国内市场很难为本国工业化提供支撑。为此，南非特别重视区域经济一体化建设。一方面，南非在非洲大陆推进经济一体化进程；另一方面，南非也在这些地区建立工业等基础设施，并把区域市场内部的生产

① 新华网约翰内斯堡 2008 年 9 月 25 日电。

② 夏吉生主编：《南非种族关系探析》，上海：华东师范大学出版社 1996 年版，第 296—297 页。

③ 潘兴明：《南非：非洲大陆的领头羊》，上海：上海人民出版社 2012 年版，第 114 页。

要素更有效地联系起来。从中期来看，市场要素体系的建立将极大促进非洲和南非的经济发展。①

曼德拉虽然闭口不谈南非领导非洲，但南非在“非洲复兴”方面曾作出了积极的尝试，这个概念的具体设计师是他的副手和接班人姆贝基。与曼德拉的“原则外交”不同，姆贝基推行“务实外交”，开始构建南非在非洲的领导地位。②与其前任曼德拉相比，姆贝基主导下的南非外交更为主动进取。③在他的任期内，南非联合其他非洲国家将非洲统一组织改组为非洲联盟（AU）。姆贝基更与尼日利亚时任总统奥巴桑乔充当了非洲发展新伙伴计划（NEPAD，New Partnership for Africa's Development）的主要推手。④

在国际谈判中，非洲的立场一直因为其实力弱小和意见内部分歧而无法成为国际舞台上的重要力量，这导致非洲国家无法以一个声音说话。有时非洲各国之间的利益和立场分歧之大甚至令《金融时报》评论道：“所谓的‘非洲’概念可以说很难存在。”⑤在冷战期间，非洲统一组织（非洲联盟的前身）的历次非洲元首峰会都难以达成统一的非洲立场，以至于当时就有人讽刺说：“那些非洲领导人所达成的唯一共识就是他们没有一致意见。”⑥坦桑尼亚共和国开国总统尼雷尔就其原因曾分析指出：“非洲各国单独与外部世界发生关系也是软弱的，都依赖外部世界，以致不考虑大国随后所采取的态度就几乎不能作出任何决定。任何非洲国家要采取任何可能会引起大国敌意的步骤都是一个需要极大勇气而且经常要做出自我牺牲的行动。我们既没有人力资源，也没有财力资源去反对不利于我们的国际宣传运动。”⑦

---

① ［南非］罗布·戴维斯：《中国成为南非“热词”》，载《人民日报》2013年9月28日，第12版。

② 潘兴明：《南非：非洲大陆的领头羊》，第115页。

③ 当然，在姆贝基执政时期，其外交也不是没有遭受指责之处，例如他的津巴布韦政策就被不少人（尤其在西方）所批评。

④ Adekeye Adebajo and Kaye Whiteman eds., *The EU and Africa: From Eurafrique to Afro-Europa* (Johannesburg, South Africa: Wits University Press), 2012, p.113；［加蓬］让·平：《非洲之光》，侯贵信、朱克玮等译，北京：世界知识出版社2010年版，第141—143页。

⑤ Simon Kuper, "Africa? Why There's No Such Place," *Financial Times*, 1 November 2013.

⑥ David Lamb, *The Africans* (New York, N.Y.: Random House), 1982, p.95.

⑦ ［坦］尼雷尔：《非洲统一的性质与必要条件》（1965年7月），载唐大盾选编：《泛非主义与非洲统一组织文选（1900—1990）》，上海：华东师范大学出版社1995年版，第312页。

非洲国家内部意见的分化有时是由于利益的分歧，例如资源富裕的国家就和那些资源贫乏的国家有着不同的利益取向。此外，非洲大陆还缺乏一个能够根据共同利益把非洲国家团结起来的语义清晰和确定下来的项目。早在 2003 年，非洲发展新伙伴计划就在其文件中将可持续发展作为非洲国家的优先发展方向之一，①但非洲国家的可持续发展共同政策立场却直到 2009 年才得以出台——非洲协调者集团（AGN，African Group of Negotiators）那时清楚地对外宣告它们对在国际谈判中捍卫非洲利益的承诺。该共同政策立场之目的在于对发达国家发起挑战以让它们进一步削减温室气体的排放，因为在非洲国家看来，发达国家在应对气候变化和环境损害方面应该有着高度的责任。②

1994 年后，南非外交的日益活跃与非洲大陆作为一个整体自从独立以来就长期存在着以“一个声音”说话的困难，导致南非经常被外界挑选出来作为非洲的“代言人”出席各种重要的国际会议，以非洲代表（有时几乎是唯一的代表）身份加入具有“全球大国俱乐部”性质的重要国际组织或机制。新南非在国际舞台上发挥影响的渠道是多种多样的。一派观点认为南非能够成为其他非洲国家和国际社会联系和沟通的桥梁。实际上，新南非的首任总统纳尔逊·曼德拉就成为一个事实上的“非洲大陆的外交家”。③以八国集团（G8）峰会为例，我们就可更清楚地看出南非这种代表非洲大陆的独特地位。2000—2013 年的 14 次八国集团会议，在所有受邀参会的非洲国家中：南非和阿尔及利亚被邀次数最多，同为 12 次；尼日利亚次之为 11 次。④当然，阿拉伯白人为主体民族的阿尔及利亚不能完全代表非洲（尤其是撒哈拉沙漠以南非洲）；而尼日利亚在综合

---

① 可参见 African Union etc.，*New Partnership for Africa's Development*（*NEPAD*）：*Action Plan for the Environment Initiative*（Midrand：New Partnership for Africa's Development，October 2003）。

② Djiby Racine Thiam，“Rio +20：Proposals for the African Sustainable Development Agenda，” *Policy Brief*，No.75（Africa Institute of South Africa，April 2012），p.3.

③ James F.Conway，*Africa Reawakening*：*What the Continent Did with International Aid*，p.96；Jackie Selebi，“South African Foreign policy：Setting New Goals and Strategies，” p.210.

④ 计算资料来自刘青建：《深化中非合作的世界体系结构分析》，载中国非洲史研究会、浙江师范大学非洲研究院编：《中国非洲史研究会 2014 年年会暨非洲与外部世界关系的历史变化研讨会论文集》，浙江·金华，2014 年 4 月，第 26—27 页。

实力、政治稳定等方面都不如南非，[①]因此南非在某种程度上就成为诸多重大国际场合上非洲最为常见和得到较为普遍认可的对外代表。

南非身为非洲的经济超级大国，被世人期待着在国家、次区域、非洲大陆以及全球层面上，在包括国际和平、安全、环境和发展等领域发挥领导者的角色。进入新千年以来，尤其在北南关系和南南关系上，南非都被寄予在各种全球发展范式（development paradigm）的国际谈判上起到领导作用的厚望。[②]除了上述的外部世界对南非的客观期望，南非主观上也有意愿在全球舞台上发挥更大的作用，这种作用也包括了 2015 年后发展议程。2014 年，南非官方在发表的《金砖国家与非洲》的政策文件中也提到：作为全球政治的一支重要的联盟力量，一旦金砖国家的政策和机制的一致性能够继续得到深化，金砖国家就将对包括 2015 年后发展议程、多边贸易谈判等在内的主要国际谈判产生重要的影响力。[③]

二、 南非对 2015 年后发展进程的参与及其路径

南非的外交与其内政是紧密相连的。南非是一个国内发展任务和挑战还比较艰巨的发展中大国，由此导致南非的外交任务还包括了积极参与全球治理来促进国内各方面的发展。2013 年，联合国系统机构与南非政府签署 2013—2017 年的战略合作协议时就列举了联合国与南非合作的四大支柱性领域，其中就有“可持续发展”。[④]同一年，南非国际关系与合作部在其公布的文

① 几乎和新南非的诞生（1994 年）同步，尼日利亚在 1993 年却开始了长达 5 年的阿巴查将军的独裁统治而陷入所谓“掠夺性的统治”。有学者甚至指出：“尼日利亚作为一个贫穷国家跨入新千年之时，它的发展状况甚至比它在 1960 年取得独立的时候好不了多少。”可参考[美]托因・法洛拉：《尼日利亚史》，沐涛译，上海：东方出版中心 2010 年版，第 211 页；丁力：《“双面”尼日利亚》，载《世界知识》2014 年第 9 期，第 36—38 页。

② Daniel Don Nanjira, *African Foreign Policy and Diplomacy from Antiquity to the 21st Century*, Volume 2(Santa Barbara: Praeger Security International), 2010, p.308.

③ 详见 Department of International Relations and Cooperation(DIRCO), BRICS and Africa: Partnership for Development, Integration and Industrialisation (Pretoria: DIRCO, 2014), pp.89—90。

④ “Signing of South Africa-United Nations Strategic Cooperation Framework 2013—2017,” *UNFPA South Africa*, 8 March 2013.双方合作协议的文本可见 The Government of South Africa-United Nations Strategic Cooperation Framework 2013—2017(Pretoria: March 2013)。

件中指出，南非外交的战略目标在于“增强非洲议程（African Agenda）和可持续发展”。①

有南非官员就曾表示：“虽然从南非的角度看有相当多的内容可以被纳入2015年后议程，但这一问题还没有成为他们的工作之一。”②南非并不像中国或其他的新兴大国已发表了本国在2015年后发展议程的立场文件，但这并不意味着南非在本国、非洲地区和国际层次上的2015年后发展议程问题上无所作为。南非的这种看似消极的行为可以从2012年7月非盟所召开的成员国首脑峰会上得到解释。在该峰会上，非盟决定授权非盟委员会来“确认非洲在2015年后发展议程的重点”③。换句话说，南非等非盟成员国已经决定更多地借助非盟这个多边平台来制定非洲在2015年后发展议程议题上的共同政策。经过近2年的工作，2014年2月非洲联盟发表了《恩贾梅纳公报》（Communiqué of Ndjamena），其中列举了非洲联盟及其成员国对2015年后发展议程的共同政策主张，当时的南非副总统作为南非代表在宣言上签了字。④

南非的这种外交上的低姿态实际上有可能与吸取了过去的教训有关。这里有个很好的例子能说明这点——当时南非申办2004年夏季奥运会遭遇了意料之外的失败。南非在申奥中打出了“非洲牌”，时任南非总统甚至将申办奥运会与非洲复兴直接挂钩：“世界其他国家表明支持非洲复兴的时刻已经到来——将2004年奥运会（主办权）交给非洲大陆。”但非洲国家在第一轮中竟然没有投南非的票。⑤更何况，南非对整个非洲大陆的领导力并没有大到可以充当一个无可置疑的领袖的地步。

① Department of International Relations and Cooperation of the Republic of South Africa, Measures and Guidelines for the Enhanced Coordination of South Africa's International Engagements(Pretoria: DIRCO, 2013), p.22.

② Larry Attree, "A South African Agenda for the Post-2015 Framework?" *Saferworld Comment*, 19 September 2013.

③ Siphamandla Zondi, "On the Future Africa Wants: The Common African Position on the Post-2015 Development Agenda," ACCORD Policy & Practice Brief, No.032(Durban, South Africa: African Centre for the Constructive Resolution of Disputes, September 2014), p.2.

④ 参见 African Union, "N'Djamena hosts Expert Meeting of Sherpas of the High Level Committee of Advisors on Post 2015 Development Agenda," Press Release No.028/2014(N'Djamena, Chad: 25 February 2014)。

⑤ 潘兴明：《南非：非洲大陆的领头羊》，第116页。

据南非国际关系与合作部(DIRCO)的介绍：自2012年年中以来，南非就已为筹备2015年后的联合国发展议程的政府间谈判发挥了突出的作用。这是因为2015年也是联合国千年发展目标的到期之年。南非主张到时继续千年发展目标的未完成事业是相当重要的，并且还要注意应对一些已经更趋严重的“鸿沟”。与其他金砖国家的立场类似，南非首先是将自己定位为南方国家(发展中国家)，经常强调非洲大陆在全球化大潮中被边缘化的现实，并且还在国际场合积极地为非洲的关切发声。南非执政党非国大更把其国内的反种族隔离政策延伸到了外交领域，南非在国际上主张要与贫富分化这一“全球种族隔离”(global apartheid)进行斗争——在南非看来，国际经济游戏不公正的规则使得非洲无法公平地从中获利。①南非的官方立场就主张：任何2015年后的发展议程都应具有包容、均衡和综合(inclusive, balanced and integrated)的特征。②南非对2015年后的联合国发展议程的具体参与主要体现在以下几个场合。

联合国经社理事会

2013年1月1日，南非开始了在联合国经社理事会(ECOSOC)的3年任期。结果这正好恰逢当前世界的一个战略性的关键时间节点——世界对2015年就将到期的联合国千年发展目标给予了关注，同时2015年后发展议程正在成为国际社会的一个主导性议题。鉴于联合国经社理事会在塑造2015年后框架(post-2015 framework)方面发挥着协调全球努力的重要作用，南非有意识地利用这个平台，以此确保在联合国经社理事会所讨论的议题与南非自己的发展议程、非洲联盟的抱负和全球南方世界的发展议程相兼容。③

全球可持续性高级别小组

联合国秘书长潘基文于2010年8月成立了由22位知名人士组成的全球

① Neuma Grobbelaar and Yunnan Chen, “Understanding South Africa's Role in Achieving Regional and Global Development Progress,” IDS Policy Briefing, Volume 64 (May 2014), pp.1—2.

② Department of International Relations and Cooperation, Media Statement: Foreign Policy Briefing(18 March 2014).

③ Media statement by the Deputy Minister of International Relations and Cooperation, Mr. Ebrahim Ebrahim, on international relations matters (Thursday, 24 January 2013, DIRCO).

可持续性高级别小组(High Level Panel on Global Sustainability)。在芬兰总统哈洛宁和南非总统祖马的共同主持下,该小组致力于为可持续发展和低碳经济制定蓝图,并使世界走上绿色增长和共同繁荣的道路。通过南非在全球可持续性高级别小组中的共同主席地位,南非已成功地把自己的发展观念也写入了小组报告之中。南非认为2012年6月召开的2012年联合国可持续发展大会(里约大会)的成果对于2015年后的发展议程及其执行是相当重要的。南非在非洲、七十七国集团和中国的立场形成上发挥了积极的作用,并且这些立场已经在成果文件——《我们希望的未来》(The Future We Want)①中得到了反映。②联合国秘书长全球可持续性高级别小组于2012年在埃塞俄比亚首都亚的斯亚贝巴向联合国秘书长潘基文提交报告,就如何落实和促进可持续发展,并尽快将其纳入经济政策提出了54条建议。南非总统祖马表示,在全球经济可能进一步陷入衰退时,各国急需走出困境的办法,因此可持续发展显得尤为重要。③

非洲联盟

与新南非第二任总统姆贝基的外交风格相比,现总统祖马的风格则相对保守。他更多是服从非洲各国集体所形成的非洲议程,而非如姆贝基那样先是制定出宏大的议程,然后再让其他的非洲国家跟随之。④由于南非相较于其他非洲国家存在着巨大的综合实力落差,⑤南非在外交上现在注意与其他非洲国家

① General Assembly, "The Future We Want"[without reference to a Main Committee (A/66/L.56)], Sixty-sixth session Agenda item 19, A/RES/66/288, 27 July 2012.

② Department of International Relations and Cooperation, Annual Report 2012—2013, p.34.

③ 杨立华:《南非:喜抱金砖、惠及非洲》,载张宏明主编:《非洲发展报告 No.14(2011—2012)——新世纪中非合作关系的回顾与展望》,北京:社会科学文献出版社2012年版,第219页。

④ 笔者对南非总统祖马外交风格的这一判断在2014年3月17日—18日的上海会议(上海国际问题研究院举行的"第六届中非合作论坛部长级会议与2015年后全球发展议程"国际学术研讨会)期间得到了与会的南非国际问题研究学者的印证。

⑤ 2014年4月,尼日利亚发布更新后的统计数据,数据显示尼日利亚的国内生产总值超过了南非,由此尼日利亚成为撒哈拉沙漠以南非洲的第一经济大国。详见 National Bureau of Statistics(Abuja), Measuring Better: Presentation of Preliminary Results of the Rebased Nominal Gross Domestic Product(GDP) Estimates for Nigeria 2010 to 2013(Abuja: 6 April 2014).此外关于南非和其他非洲国家相比其综合实力有可能还继续下降的分析还可参见 Peter Draper and Sören Scholvin, "The Economic Gateway to Africa? Geography, Strategy and South Africa's Regional Economic Relations", SAIIA's Occasional Paper, No.121 (South African Institute of International Affairs, September 2012)。

的协商而避免被人指责为“老大哥”作风。当然最近也有一个例外，那就是南非支持本国候选人恩科萨扎娜·德拉米尼-祖马（Nkosazana Dlamini-Zuma）去竞选非洲联盟委员会主席，而这一举动就让包括尼日利亚在内的其他非洲大国感到不舒服。

德拉米尼-祖马是南非总统祖马的前妻，她1999年至2009年任南非外交部长，2009年5月被任命为内政部长。当地媒体评论说，在担任南非外交部长期间，她为发起非洲发展新伙伴计划和推动非洲复兴作出了积极贡献。①可以说，以德拉米尼-祖马在南非外交界的经验和人脉关系，她在非洲联盟委员会主席的位子上，一定会比较完整地贯彻南非的外交主张和构想。

三、南非与中国在2015年后发展议程上的互动平台：金砖国家组织

2011年4月14日，首次有5个发展中大国领导人参加的“金砖国家”（BRICS）峰会在中国海南三亚召开。这同时也是当时非洲第一经济大国南非首次以“金砖国家”的身份参与金砖国家机制。自此，南非正式成为金砖国家集团的一员，成为非洲国家唯一的代表。②南非成为金砖国家的成员对南非和整个非洲大陆都有着重大意义，正如当时的中国国家主席胡锦涛在会见南非总统祖马时所说的那样：“南非加入金砖国家机制使非洲在该机制中有了代表性，这不仅对南非有利，而且对非洲大陆有利。”③

南非在2011年应邀成为金砖集团的正式成员，并出席了当年在中国三亚举办的金砖国家峰会。南非官方对其在金砖机制中所发挥的作用有这样的评价：“除了金砖机制外，南非在几乎其他各个主要的全球和非洲地区性组织中都有存在，这意味着南非被外界视为重要的新兴大国，一个在全球决策中值得关注的对象。南非于2011年推动非洲的基础设施和工业化议题成为金砖组织三亚峰会的议程之一，并且三亚峰会后发表的《三亚宣言》也明确写入了在非洲发

---

① 2012年7月15日人民网约翰内斯堡电：《德拉米尼·祖马当选新任非盟委员会主席》。

② 2010年12月28日，中国外交部发言人姜瑜在北京例行记者会上公布：近日，中国作为“金砖国家”合作机制轮值主席国，与俄罗斯、印度、巴西一致商定，吸收南非作为正式成员加入该合作机制。详见人民网：《“金砖国家”合作机制已吸收南非为正式成员》，2010年12月28日。

③ 刘华、郑玮娜：《胡锦涛会见南非总统》，载《光明日报》2011年4月14日，第1版。

展新伙伴框架下支持非洲基础设施建设和工业化进程的内容。”①

将《三亚宣言》与《2015年后发展议程中方立场文件》中涉及的全球发展问题(尤其是2015年后发展议题)的内容进行对比,②我们可以很明显地看到在《2015年后发展议程中方立场文件》中没有出现如《三亚宣言》中那些直接涉及如何具体帮助非洲的词语。③当然,这并不意味着中国对在2015年后发展议程问题上与非洲国家开展合作并不关心。因为中国高层领导人在发表《2015年后发展议程中方立场文件》前,就已在和非洲政要的会见中提到了中国同非洲就2015年后发展议程开展积极合作的强烈意愿。2013年3月18日,中国国务院总理李克强在人民大会堂会见乌干达外长库泰萨。李克强表示:“中国和非洲同属发展中世界。无论是争取民族独立,还是谋求国家发展,中国一直同包括乌干达在内的广大非洲国家同呼吸,共命运。中国将继续支持非洲和平与发展事业,巩固中非传统友谊,推动中非友好合作……作为世界和平的维护者、共同发展的促进者,联合国肩负着维护国际关系基本准则的神圣职责。中方坚定支持联合国以及联大发挥更大作用,抓住发展这个关键词,积极制定2015年后发展议程,多为非洲国家谋利益,多为发展中国家做好事和实事。”④

也就是说,很可能由于南非在金砖国家组织内部的推动,中国政府才在2015年后发展议题上对非洲的承诺体现得更为具体,而非如其本身的官方立场文件那样相对含糊。换句话说,南非较为成功地扮演了传递非洲关切的“信使”和“推手”的角色。

---

① The Presidency, Twenty Year Review South Africa 1994—2014 (Pretoria, South Africa: 11 March 2014), p.153.

② 中华人民共和国外交部:《2015年后发展议程中方立场文件》(2013年9月22日),http://www.fmprc.gov.cn/mfa_chn/zyxw_602251/t1078969.shtml(2014年4月9日访问)。

③ 在《三亚宣言》中,包括中国在内的金砖国家明确地单独提到:“我们支持非洲国家在‘非洲发展新伙伴计划’框架下基础设施建设和工业化进程。”在《2015年后发展议程中方立场文件》中则不仅没有提到“非洲发展新伙伴计划”,而只是笼统地将非洲和其他发展中国家并列起来、对非洲的作用并没有凸显,只是提到“非洲和最不发达国家”,更多是强调国际社会或发达国家应该对非洲和最不发达国家提供帮助,而没有具体指出中国应该发挥什么样的作用。

④ 谭晶晶:《李克强会见乌干达外长库泰萨》,载《人民日报》2013年3月19日,第3版。

最后,南非与中国同属发展中国家,自中国和南非建交以来,[①]中国和南非的领导层都对两国关系的发展现状和取得的成就表示满意。中国驻南非大使田学军就曾这样历数中南关系的变化:从2000年的伙伴关系、到2004年的战略伙伴关系、再到2010年的全面战略伙伴关系,中南关系定位10年实现了"三级跳"。[②]南非与中国在可持续发展方面的合作也极其富有潜力。受南非外交倡议组织的资助和委托,益普索民调公司在南非进行了一次民意调查。该调查时间在2012年10—11月,样本总数为3 500人。调查的问题之一是:"哪个国家是南非在减贫和促进就业上最值得学习的国家?"中国成为被调查者的首选国家,所占比例为26%。紧随其后的是巴西和博茨瓦纳(比例均为20%)。该调查结果在各个南非种族之间不存在明显的差异,只是和受调查者的年龄存在一定的关联—— 25岁以下的受访者选择巴西的比例更大,而45岁以上的受调查者则更为青睐博茨瓦纳。[③]

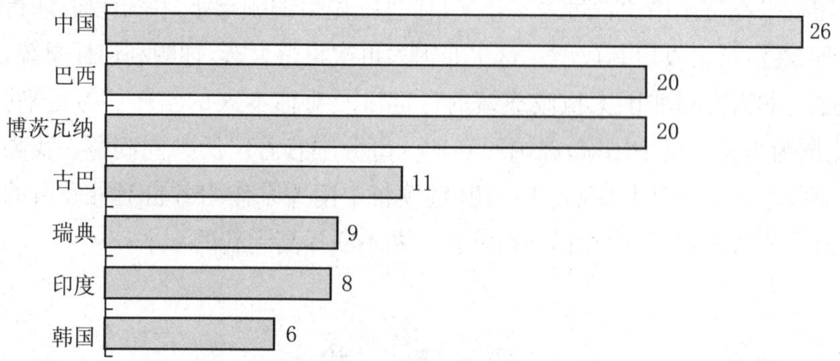

资料来源:Ipsos Public Affairs(October and November 2012).

图1 南非民意调查:哪个国家是南非在减贫和促进就业上的学习榜样?

南非高层官员还指出,南非和中国之间应该是相互学习,即不仅南非人应该向中国学习(尤其是经济发展方面的经验),中国也可以向南非学习。例如,

---

① 在1998年1月1日前,南非与中国台湾保持着所谓的"外交关系"。在那之后,南非与中国台湾"断交",和中国建交。其中的建交详细过程可参见钱其琛:《外交十记》,北京:世界知识出版社2004年版,第259—284页;沐涛:《南非对外关系研究》,上海:华东师范大学出版社2003年版,第183—186页。

② 田学军:《志同不畏远登高不惧难》,载《人民日报》2014年12月4日,第3版。

③ Janis van der Westhuizen and Karen Smith, "South Africa's Role in the World: A Public Opinion Survey," SAFPI Policy Brief, No.55(Cape Town, South Africa: The South African Foreign Policy Initiative, December 2013), pp.7—8.

南非在推进社会对话(social dialogue)上具有丰富的经验,中国目前国内社会关系上面临着一些问题,[①]南非在这方面则可提供一定的帮助。[②]实际上,南非已经在对其他国家推广其国内社会和解(social reconciliation)的经验。例如,2013年11月15日—17日英联邦首脑会议(CHOGM)在斯里兰卡首都科伦坡召开。在会议召开期间,南非总统祖马就提出可以传授南非的真相与和解进程的经验以帮助刚刚结束内乱的斯里兰卡。[③]

2013年是新一届中央领导集体外交开局之年,习近平主席首次出访选择了非洲、选择了南非,意义重大、影响深远。习近平与南非总统祖马就中南各领域合作进行了长时间深入交谈,把中南关系确立为各自国家对外政策的战略支点和优先方向,将中南全面战略伙伴关系提升到新的高度。[④]对中国而言,南非不仅是中国在非洲最重要的合作伙伴之一,两国在国际事务上也是合作密切。2014年5月22日,中国国家主席习近平致函雅各布·祖马,祝贺他再次当选南非共和国总统。习近平在贺函中说:“过去5年来,在总统先生的领导下,南非政府取得了国家治理、经济社会发展新成就。这次非国大再次赢得大选,你顺利连任总统,充分体现了南非人民对非国大执政成绩的肯定以及对你本人的信任。”习近平强调:“中南同为重要发展中国家,在国际和地区事务中有着广泛共同利益。我高度重视中南关系发展,愿同总统先生一道,继续将中南关系作为各自对外政策的战略支点和优先方向,将中南全面战略伙伴关系不断提高到新的水平。”[⑤]

四、结　论

南非作为全球具有一定影响的非洲大国,被人寄予在国际场合发挥沟通非

---

① 目前中国由于处于社会、经济的转型期,在一些地方社会矛盾较为突出。例如:2013年7月,28岁的四川泸州市某副镇长正式辞职。他在网上发了一篇辞职感言,自称任副镇长两年来,每年平均有4个月在维稳,只有4个月在干“正事”。见萧辉:《“工作压力大收入低”川一副镇长辞职》,载《新京报》2013年7月5日,第A16—A17版。

② 2013年8月14日,笔者在南非调研期间对南非副总统办公室常务副秘书长Busani Ngcaweni的采访。

③ Statement by the Deputy Minister of International Relations and Cooperation, Mr Ebrahim Ebrahim, on international developments(20 November 2013, OR Tambo Building, Pretoria).

④ 田学军:《祈盼中国南非关系美好明天》,载《人民日报》2014年2月4日,第5版。

⑤ 新华社:《将中南关系作为战略支点》,载《文汇报》2014年5月23日,第4版。

洲与世界、发展中国家("南方"世界)和发达国家("北方"世界)的桥梁纽带作用的厚望。这一作用之前由于1994年前南非白人政权的种族隔离政策而使其无法发挥,反而面临了国际社会的制裁和外交孤立。1994年后,随着种族隔离制度的废除和新南非的诞生,南非的国际影响迅速扩大,但是这并没有使南非在代表非洲这个问题上走上一条具有单边主义色彩的外交路线。这既是由于南非不具备足够的能力与意愿,更由于非洲各国情况千差万别,一些地区大国(西非的尼日利亚、北非的埃及等)对南非的领导地位并不完全认可。

就2015年后发展议程而言,南非利用包括领导人的崇高国际威望、强大的综合实力等优势,利用各个地区、国际渠道参与了2015年后发展议程的制定工作。这些渠道不仅有代表新兴大国的金砖国家组织、代表非洲的非洲联盟,更有联合国的经社理事会与全球可持续性高级别小组等。可以说,南非充分利用了多个多边外交平台成功地且不张扬地参与了2015年后发展议程,较好地实现了其"增强非洲议程和可持续发展"的外交战略目标。

新兴亚洲大国与全球治理的改变*

安·弗洛里妮著　张瑞丹编译**

【内容提要】随着中国、印度等新兴国家经济实力的增长，新兴国家对全球经济以及全球治理的影响也逐渐增强，并且改变着全球治理的架构。本文简要概述了西方国际关系理论的发展，探讨了中印两国国际关系学和政策研究的现状，并着重分析了两国全球治理理论的发展，借此为亚洲国家和西方之间提供一个广泛讨论的初步动力。

【关键词】新兴国家　全球治理　中国　印度

国际关系理论和政治学似乎正在被两个关键性的新发展所削弱。第一，国际关系体系中权力变化加剧，特别是中国和印度，它们如何定义自己的利益以及它们认为为此可采取的适当行动。通过分析这些新兴国家对于一些理论假设所采取的或明或暗的行动，可以对这些关注点给出一些初步性的答案。第二，快速发展的全球治理理论关注在缺乏一个全球性政府的环境中解决全球规模的集体行动问题，这个研究领域正挑战现有国际关系学的理论范式。

关于第一点，西方学者及政策制定者正在努力适应中国迅速崛起为世界第四大国的事实。十年前的世界似乎由美国的单极力量所牢牢掌控，但现在无论从经济稳定到环境保护，乃至发展援助都需要中国的支持和积极参与。此外，十年间，中国和印度的相对经济效益及地缘政治在一定程度上的成功，与布什

---

* 本文选自 Ann Florini，*Rising Asian Powers and Changing Global Governance*：*Report of the Workshop on International Studies in India*，Brooking institution and national university of Singapore，2009。

** 安·弗洛里妮(Ann Florini)，新加坡管理大学社会科学学院教授。本文由华东政法大学政治学研究院研究生张瑞丹编译，华东政法大学政治学研究院助理研究员郝诗楠校对。

政府的治理失效和西方主导下出现的经济崩溃形成了鲜明的对比，已经产生了一种引人注目的“亚洲必胜”信念。这种信念使得亚洲各国政府，尤其是中国和印度，越来越不愿意在国际体系内继续成为规则的接受者。但是没有任何的证据显示它们想要制定什么样规则，或者将带来什么样的概念框架，因此很难确定当权力转移到亚洲时会对世界秩序本身带来什么样的改变。

亚洲巨人的崛起之路是异常复杂的，因为事实上这些国家内部也正在发生着权力更迭的变化，同时全球一体化也对亟待解决的问题本质产生影响。而从民主化到信息技术的发展趋势也使更多的国家参与解决这些问题。本文作者关注的不仅仅是国家内部体系权力的重大变化，而且还需要更多的权力机构以解决激增的复杂的跨境问题，甚至在一定程度上重新定位国家权威。

迄今为止，还没有任何理论或实践印证这些巨大变化所带来的影响。对在这两股浪潮之下世界秩序未来的研究将需要大量的研究议程，包括探索思想的作用、结构因素以及跨区域和跨议题的路径依赖。本文作者借助中印两个新兴大国的案例，旨在阐述理论和实际之间的关联。文章在简要概述西方国际关系学理论发展的同时，探索其与新兴亚洲巨人中知识分子及政策走向之间的相关性（或无关性）。

一、 国际关系理论及全球治理

依据大量传统理论和数量庞大的现象研究的描述，国际关系的研究通常是一个复杂、多面且被错误定义的领域。它们之间唯一的共同点是：都是国与国之间的问题。仅掌握熟悉的国家中心主义已远远不够。以下作者所选取的国际关系学理论为思考有关概念框架奠定了基础，同时也对中印两国知识分子及政策制定者产生了影响。

现实主义

国际关系学者最为熟知的是现实主义（包括新现实主义）。这些围绕着战争和冲突等的议题，假定其内在的无政府主义和完全以国家为中心的国际体系。现实主义者一般假设，各国首要关注权力的相对收益和损失的前景，国家间的合作多为暂时性，并在面临其他国家共同威胁时会改变联盟（如 Waltz 1979；Jervis 1978；Mearsheimer 2001）。这些核心假设导致新兴的中印两国的政策制定者关注现有大国冲突的前景，由此看来，现实主义确实对他们的思想产生了影响。

自由主义

自由主义关注促进共同利益的国家间合作。它分析了互惠合作背后的动机，并研究了不同国家怎样通过制定政策为彼此牟利。自由主义理论家一般接受现实主义者关于潜在冲突和竞争的见解，但不认为所有的游戏都是零和博弈。各个国家在重要的系统中约束自己，通过限制自身短期的行动自由以争取更长远的利益。正如基欧汉(Keohane 1984)所言，自由主义理论家强调对更低交易成本和克服信息不对称结构的需求。

然而，这些基于合作与规则的秩序，很难同英美等霸权国家所建立的开放性的国内机制相分离。本文作者认为，21世纪面临的一个重要问题，即是否有一个国际自由主义秩序可以将实行不同国内政策的主要大国容纳进来，或者这样的秩序系统是否将面临中国模式的挑战(Bremmer 2010)。同时我们仍不清楚拥有庞大下层阶级的印度，会在何种程度上接受会破坏其国内政策、旨在保护穷人的国际规则。

建构主义

建构主义是主流国际关系理论中的新兴理论，它认同现实主义者和自由主义者有关国际体系中国家中心论的观点，但质疑其利益构成问题。建构主义认为，现实主义和自由主义假设的国家利益是如此广泛和含糊不清，以至于它们几乎没有揭示国家在具体案例中是如何运转的。虽然很少有证据表明，建构主义明确有助于中印两国政策制定者理论框架的形成，但在过去的二十年里，这方面的部分著作被翻译为中文，并且一些优秀的中国国际关系学者将自己定位为建构主义者。相反，西方有一些有趣的分析，如江忆恩(Johnston 2007)关于社会化进程的研究指出，参与国际组织的一部分中国官员对维护主权的关注可能较为温和。

全球治理

相对于传统的国际关系理论，全球治理通常从一个特定的跨境议题或集体问题的视角开始进行分析，而不需要对议题作出先验假设，例如在问题中，哪一类型的行为者将发挥有效的或合法作用(Simmons and De Jonge Oudraat 2001; Florini 2005)。大多数的文章关注人类是否可以在众多的跨界威胁中幸存——不仅是战争或经济动荡，也包括传染病和环境破坏等——以及在面临经济和社会发展的新机遇时将如何处理。国际关系理论一般假定，对于这些威胁的应对绝大多数是来自威斯特伐利亚主权国家，全球治理学者们更愿意探讨其他各种权威的来源。

本文作者认为，全球治理研究者们更关注在应对这些威胁和机遇时出现的一系列新问题和新的权力结构。在制度上，世界正形成一个广泛的跨国机制。国家虽然仍占主导地位，但非政府组织的作用也不容忽视。在这些方面，全球治理理论超越了对以下问题的考量：国家之间的“原则、规范、规则和决策程序”(Krasner 1983)、多重复合机制和交叉政体(Raustiala and Victor 2004)、制度互动(Young, Bradnee Chambers, Kim, and ten Have 2008)能否提供超越国界的秩序和治理系统。

不管是国际关系还是全球治理理论都越来越关注权力的来源以及国家主权性质的变化。此外，学者们呼吁对国际关系学理论的反思。近来，德博拉·D.埃文特(Deborah D. Avant)、玛莎·芬尼莫尔(Martha Finnemore)和苏珊·塞尔(Susan Sell)发起一个全球治理者的评估项目——谁在创建议题，设置议程，制定实施规则和程序，以及评估和裁定结果？为什么他们成为了管理者，什么是其权力的基础，这将产生何种结果，以及他们与被管理者之间是何种关系？安玛丽·斯劳特(Anne-Marie Slaughter)对于相关政府部门(监管部门、国会议员和司法部)之间跨境网络的研究引起了学界的广泛关注。大量著作已经探索了权力转向非国家行为者(即国家间组织、市民社会及私营部门的秘书处)这一问题。

全球治理文献的一个重要部分在于它更加关注规制，即从相对自发的国家间规则系统扩展到对等级权利结构的考察。同时，关注确保公平和合法性的措施，正如监管过程的效力问题不足以清晰解释国家政治进程。

但是碎片化的概念对全球治理仍然是一个挑战。全球化增加了全球治理的必要性，但是在全球治理的过程中出现的各参与者和机制之间的不协调，也表明了治理的困难。新的参与者和机制产生了关于合法性和代表性的争议，并且常常无法凝聚成一个和谐的整体。为更好地进行全球治理所提出的丰富多样的观点并没有付诸现实且形成有效的机制。

将不和谐转化为和谐可以有多种途径。霸权稳定理论认为，从国家形式而言，这个世界就像是多种乐器的集合，必须遵循一个评分规则，并且所有人都接受一个指挥者的领导。那些自由主义理论家们认为，政府间组织的角色如同礼堂和工作人员——他们提供会堂以备演奏者会面并准备充足的供暖和照明，但最终是否有美妙的音乐则完全取决于会堂里所邀请的演奏者们。全球治理机制可以被看作是多种类型的爵士乐合奏:允许即兴演奏,但是要在一个商定的共同框架限制下演奏已定的音调。

本文作者认为,当前大多数全球治理正如美国作曲家查尔斯·艾夫斯(Charles Ives)在家乡中心广场上观看行进乐队游行时听到的那样,每个乐团各自演奏了或多或少的连贯曲调,但是他们同时演奏时却十分刺耳。而印度和中国将会给这个全球演唱会带来怎样的合奏和曲调呢?

二、新兴亚洲巨人——将理论与政策相结合

在这一节,本文作者展示了同时召开的全球治理概念工作坊以及"全球化世界的治理:是亚洲还是西方?"学术研讨会中的部分论述,这次工作坊聚集了亚洲、欧洲以及北美的学者和分析家,共同探讨了主权和世界秩序的本质变化、全球治理、众多国家参与中的有效性和合法性以及全球治理的机制等一系列紧迫性议题。

接受西方教育的国际关系学者们提出有关主权、秩序与权威等概念内涵已经发生变化。随着全球化进程加速,这些变化也需要重新定义。他们经常使用和争论诸如治理、全球治理、世界秩序及主权等的含义(Biermann, Pattberg, and Van Asselt 2009)。他们也对联合国这样的重要机构投入了大量关注,研究其在关键的全球治理挑战上如何重塑思想和行动(Weiss and Thakur 2010)。

但是,大国领导人却并不愿接受重新定义,并且似乎不愿意改变自己的思想认识,尤其是当它涉及权力定位这样的基本问题时,他们坚持合法权威和实际权力仍掌握在国家手中。中国和印度关于威斯特伐利亚主权核心概念的话语极力声称这种绝对主义的定义是以互不侵犯、互惠和相互关系为基础的。鉴于外部势力造成的长期屈辱亡国的历史,两国对于任何看起来是破坏它们来之不易的自主权的行为都会深深怀疑。中国的决策者已经高调宣称他们支持以政府为中心,主权为基础的世界秩序,这种世界秩序明确地表示出对主权的任何干涉都会受到谴责。例如在2008年,因为法国总统萨科齐干涉中国的内部事务,中国拒绝参加该届欧盟政府首脑峰会。又如在2010年5月,胡锦涛主席在中美战略经济对话开幕词中重申了主权的基础性作用:"对中国人来说,没有什么比维护国家主权和领土完整更重要。"

但是,强调主权主要是针对有关中国领土完整概念的问题。美国向台湾出

售武器,或是其提出外界应该在如何管理西藏问题上拥有合法发言权等建议经常会引起中国的强烈抗议。中国不断增长的地位增加了官员们的自信,坚决反对各种干涉。然而,与此同时,中国似乎在密切开辟许多自由计划,通过基于规则和秩序的合作来推进国家利益。它将自己纳入这个制度中而不是来挑战它(Ikenberry 2009)。但是,现有规则所支持的相对自由市场的体系,可能会面临来自中国模式的挑战(Bremmer 2010)。此外,中国的国内治理发展更加务实,考虑到除非全球治理的进程显著提高,否则几乎不可能在国内取得成功,所以说要在国家层面和国外意识形态上注重实效是前后矛盾的,也是很难维持的。

在过去二十年,当全球治理一定程度上在西方尚未得到广泛的认可时,中国已经对此开始关注此领域,并卓有成效。数百名中国学者已经在领先的北美和欧洲的大学获得了国际关系博士学位,一大批西方国际关系著作也已被翻译成中文。近年来许多专题研讨会将中西方的国际关系学者汇集在一起,起了搭建桥梁的作用。然而,中国学者所著的英文文章的数量仍然相对较少。目前相对缺乏的英语语言输出使得难以文献进行评价,那么概念辩论在中国的国际关系领域又将如何取得进步?

中国学者认为,中国还没有准备好在全球治理上扮演更重要的角色,无论是在发展理论和新思维上,还是在政策领域。学者们对于中国国际关系研究的看法不一。有人将其描述为没有内部连贯性的"大森林",依赖于西方建立的结构。还有人认为以关系网为基础的中国世界观,是有发展潜力的,但需要承认的是,这种发展还未发生。有人指出,政治学在中国主要集中于研究中国国内的经验。然而,学术界远远超过了政府的意愿去探讨全球治理问题。

在解释为什么认为中国尚未在国际上发挥更大作用时,许多学者指出,中国目前仍专注于促进国内经济发展。最基本的前提似乎是全球治理的责任与国家发展的优先权相分离,并且需假定只有在一个国家只有在达到一定国力后才承担这些责任,他们也倾向于认同按照政府间组织和布雷顿森林体系的安排进行全球治理。而不是依据调节网络或"多方利益相关者"网络。毫无悬念地说,如果说在国际上发挥更大的作用等同于美国自1945年以来一直扮演的角色那样,即作为全球稳定器,在国家间政府组织中居于主导地位,并且投入相当规模的人力与财力,那么像中国这样有着巨大的国内需求且人均收入较低的国家,在发挥更大作用时的确将会面临严峻挑战。

尽管中国的国际关系理论发展以及政府关于主权不可侵犯的防御性宣言尚处于相对初期的阶段,但是本文作者访谈的受访者也明确表示,中国学者及政策制定者有足够的空间通过讨论具体问题来分析中国在全球治理中所扮演的角色。随着中国在世界上的地位发生大幅转变,中国学者面临着知识与实践上的挑战,同时在传统世界秩序观念发生急剧变化之下包含着许多条件。

相对于中国,印度可能处于一个完全不同的情形之中。尽管有大量的著名印度籍国际关系学者在其他国家领先的院系中任职,但是印度国内高等教育存在的主要问题是,国际研究及国际关系研究领域仍然比较匮乏。工作坊(在新加坡举办)的组织者曾用微妙的语言来形容印度的研究现状:"然而,印度的国际研究并未跟上本国国际关系学内容和范围变化的步伐,如今需要更加关注一系列新的挑战、威胁及机遇,包括经济学(贸易、投资、财政)、环境变化、安全问题(传统和非传统的)、地区和全球治理等。尽管在独立后的几十年间,印度的国际研究有了一个很好的开端,但是其研究理论和机构并不能适应国家复杂多变的实际需求。在亚洲,印度的国际研究有很好项目和机构,但是相比较而言,它仍落后于其他国家,尤其是中国。这是一个令人意外的结果,印度拥有许多有利因素,如开放社会、思想和言论自由,以及英语能力等等。"

正如印度著名的国际关系学者坎蒂·巴杰帕伊(Kanti Bajpai)所说,尽管在过去的十年或二十年间,印度的国际关系研究能力有着显著提高,已经超越亚洲的其他大国,但总的来说,印度国际关系的学术共同体并不参与由西方主导的国际关系共同体,出国深造后回国的研究者相对较少,并且很少有国外学者到印度进行政治科学或国际关系学的教学(Bajpai, 2009;同见 1997 年巴杰帕伊关于国际研究在印度的历史发展)。他认为印度在发展国际关系学研究中面临着巨大的障碍。其中一个障碍就是对于吸引学者关注的议题缺乏清晰的定义。另一个关键的障碍就是巴杰帕伊所谓的"忽视理论",这将导致研究往往倾向于丰富的描述,而不是系统的分析。他指出,印度国际关系学理论的缺失,意味着印度更关注于"关系研究",即印度与其他国家的关系,而不是印度整个的对外政策。

对此,巴杰帕伊提出一系列应对措施,如外国学者以及政策制定者制定明确的激励机制,以鼓励印度参与讨论世界秩序及全球事务的管理;考虑加大对学术文化机构繁荣发展的支持,建立专业智库以适应印度日益增长的地位和快速增长需求等。

三、 下一个是什么?

实际上,与国际关系理论有关的每个概念都是有争议的。这并非新的观点，每个学科都会经历试图将概念统一化的阶段。但是争论的性质正在发生变化。在21世纪，正当学者和政策制定者努力寻找有关世界秩序的可行的概念基础时，国际关系作为一门独立学科的地位却被广泛讨论。通过深思熟虑的行动和技术引发的非计划结果以及全球规模的影响，全球化已经明显增加了跨境规则和协调的必要性。这些后果也将导致大量非国家机构和角色的产生，以弥补日益不足的国家中心体系。

中国和印度正在卷入一场模糊的争论中。其中，最为基础的原则和议题遭受了质疑：主权的定义是什么，在何种条件下应该变化？在全球治理中哪一角色是合法的，合法性需要什么？关于国际经济体系的性质有没有达成一致，跨界合作应该得到支持吗，或者我们是否在开放自由体系与国家资本主义模型之间面临一个新的争论？

现在，西方——尤其是美国——知识分子和政策制定者可以对国际关系学及全球事务治理的讨论设置条件的日子已经过去。而他们在中国和印度的同行在想什么以及准备想什么则将对未来世界秩序产生重大影响。本文旨在提供一个加强亚洲和西方之间更广泛讨论的初步动力。

参考文献

Avant, Deborah D., Martha Finnemore, and Susan Sell, (eds.) (2010), *Who Governs the Globe?* Cambridge: Cambridge University Press.

Hall, Rodney Bruce, and Thomas Biersteker (2002), *The Emergence of Private Authority in Global Governance*, Cambridge: Cambridge University Press.

Bajpai, Kanti (1997), "International Studies in India: Bringing Theory (Back) Home," in M. S. Rajan (ed.), *International and Area Studies in India*, New Delhi: Lancer Books 31—51.

Keohane, Robert (1984), *After Hegemony: Cooperation and Discord in the World Political Economy*, Princeton, NJ: Princeton University Press.

Keohane, Robert O. (1990), "International Liberalism Reconsidered," in John Dunn (ed.), *Economic Limits to Modern Politics*, Cambridge: Cambridge University Press.

Bremmer, Ian (2010), *The End of the Free Market: Who Wins the War between States and Corporations?* Portfolio Penguin.

Florini, Ann (2005), *The Coming Democracy: New Rules for Running a New World*, Washington, DC: Brookings Press.

Hu, Jintao (2010), U. S.-China Strategic and Economic Dialogue Opening Session. Available at http://www.cfr.org/publication/22201/uschina_strategic_and_economic_dialogue_opening_session_may_2010.html (Accessed June 16, 2010).

Simmons, P. J., and C. DeJonge Oudraat (eds.) (2001). *Managing Global Issues, Lessons Learned*, Washington, DC: Carnegie Endowment for International Peace.

Weiss, Thomas G., and Ramesh Thakur (2010), *Global Governance and the United Nation: An Unfinished Journey*, Bloomington: Indiana University Press.

Wendt, Alexander (1992), "Anarchy is What States Make of It: The Social Construction of Power Politics," *International Organization* 46(2):391—425.

Young, Oran, W.Bradnee Chambers, Joy A.Kim, and Claudia ten Have(eds.)(2008), *Institutional Interplay: Biosafety and Trade*, Tokyo: United Nations University Press.

全球贸易治理中新力量的挑战*

阿姆里塔·纳利卡著　张佳威编译**

【内容提要】 2008 年金融危机之后，全球的贸易格局发生了剧烈的变化。以中国、印度、巴西以及俄罗斯在内的"新力量"为全球贸易治理的改革和发展带来了机遇和挑战。

【关键词】 全球贸易　贸易治理　金砖国家

本文作者指出，虽然多哈发展议程(DDA)①的谈判陷入了僵局，议程的通过也可能会无限期延长，但世界贸易组织的发展并不会因此停滞。这是因为，由世界贸易组织开创的全球贸易治理体系正无时无刻地发生着变化，而与许多其他国际组织不同的是，世界贸易组织对这些变化的反应异常灵敏。金砖国家等新力量的崛起打破了原有世界经济力量的平衡，由此掀开了现今全球贸易治理体系中最重要变革的序幕。与国际货币基金组织(IMF)、世界银行(World Bank)和联合国安理会(the UN Security Council)等组织和机构不同的是，世界贸易组织欢迎巴西、中国和印度加入其决策核心层。而且，世界贸易组织中许多内部的制度性变革并不只是出于对金融危机的应对，而是早在危机之前就开始了某种程度的调整和改革。因此，正是基于这种对全球贸易治理体系变化

* 本文选自 Amrita Narlikar, "New powers in the club: the challenges of global trade governance International Affairs", *International Affairs*, Vol.83, No.3, 2010, pp.717—728.

** 阿姆里塔·纳利卡(Amrita Narlikar)，是剑桥大学国际问题研究中心讲师、达尔文学院的研究员、牛津大学国际研究中心高级研究助理，教授国际关系学、国际政治经济学。目前主要研究世界经济中的发展中国家问题、多边谈判、世界贸易组织。她发表在《国际事务》杂志 2010 年第 3 期的这篇文章是其对全球贸易治理的前沿研究。本文由华东政法大学政治学研究院研究生张佳威编译，华东政法大学政治学研究院研究生卢梦琳校对。

① 世界贸易组织(WTO)框架下的第一轮谈判，和战后多边贸易体制下的第九次谈判。

的敏锐嗅觉，如今的世界贸易组织与《关税及贸易总协定》(GATT)——那种由发达国家主导的“富人俱乐部”完全不同。然而需要注意的是，世界贸易组织对变化的适应能力产生一种复杂影响。在这篇文章中，作者探讨的核心问题是：作为新兴力量出现的金砖国家将会对世界贸易组织的发展产生何种影响？进一步，这种影响又如何作用于全球贸易治理体系的变化？

文章共由四部分组成。在第一部分，作者简要介绍了世界贸易组织中新力量的角色转变；在第二部分，作者分析了由新力量角色转换而产生的新的发展机遇；第三部分着重介绍这些新力量给全球贸易治理带来的挑战；而在第四部分和结论中，作者探讨包括改革内部组织和发挥平行机构(如G8和G20①)职能的应对方案，以期能够在全球贸易治理中兼得效率和公平。

一、世界贸易组织中的新力量

金砖国家在全球贸易治理中的重要性日益增长，其表现至少可以体现在三个方面：庞大且不断增长的贸易份额、在世界贸易组织中的一致行动以及在世界贸易组织内外部核心决策会议中不断提高的参与度。

首先，根据世界贸易组织的数据显示，尽管中国受到金融危机的影响，经济有所衰退，但仍然是世界第二大商品出口国。②而巴西和印度，虽然在出口贸易中的份额远不如中国，③但仍然是世界重要的出口国。服务贸易方面的情况大致相同。2009年，中国占据了全球5.3%的市场份额，是商业服务的第三大出口国；而印度则占3.7%的市场份额，是世界第五大出口国；巴西虽然仅排名第18位，但仍然占据了全球市场的1%。拿现有的数据与十年前的作一个简单的比较：1997年，中国的商品出口额仅占世界的3.3%，排在第10位；而服务贸易则列第16位，占全球份额的1.9%(这在当时包括欧盟内部贸易)。而巴西和印度甚至都没有进入前25位。换句话说，这三国作为贸易大国崛起的速度是惊人的。并且，这三大经济体在面对金融危机带来的灾难时，比西方市场显示出更强大的自我修复能力。加上它们未被开发出的市场潜力以及其他力量(包括

① 本文所出现的G20均特指世界贸易组织中的二十国贸易联盟，而非传统意义上的二十国国际经济合作论坛。

② 2008年占世界出口量(不包括欧盟内部贸易)的11.3%。

③ 出口排名中只排在16和19的位置，各自仅占1.6%和1.5%的世界出口份额。

军事实力)，它们有望在全球贸易治理中发挥重要作用。

虽然金砖国家在全球出口市场占据较大的份额并且对经济衰退显示出抵御性，但在世界贸易组织中的话语权并不会随之“主动”增加。受惯性和既得利益的影响，大多数国际组织对于外部变化的反应迟缓。而由成员国所驱动的世界贸易组织，比起由组织内部人员控制的这些国际组织来说，虽然更不易产生官僚惰性(bureaucratic inertia)，但即使如此，金砖国家对经济的影响力也不会立即反映在制度权力中。在世界贸易组织中，并不是所有排在前20—25位的贸易国都能够享受在多边谈判或其他小集团会议中的特权。进一步，表达利益需求本身就是国际组织中机构和一些活动所追求的目标，那么金砖国家应该可以在包括发达国家和发展中国家的大多数世界贸易组织成员中脱颖而出。

在关税及贸易总协定和世界贸易组织中，巴西和印度有着悠久的参与历史。两国一般通过组织和领导发展中国家的联盟来展示其影响力。随着经济实力的不断增长、组织内部适应性的提高和对贸易制度学习和认知的深入，这两个国家都表现出更大的意愿去组织和构建良好的贸易协作(通过承担研究和信息共享的费用，并允许联盟中的弱势成员在一定情况下“搭便车”)。中国在2001年加入世界贸易组织后，较巴西和印度而言，为自己设定了一个较低的起点。举例来说，尽管它是G20的创始成员之一，①相比巴西和印度在台前的领导，中国更愿意做一些幕后工作。但在2008年7月的会谈中，中国突破性地发挥了更为突出的作用。总之，这三个国家目前在议题构造方面表现得更为成熟，并在与其盟友和其他各方的谈判中表现出了更强的信心。

世界贸易组织的决策过程为金砖国家而进行的调整和改革被视为新力量在全球贸易治理中地位变化的第三个表现。“旧四国集团(The old Quad)”②逐渐被“新集团”，包括新四国集团(G4)、五方利益集团(FIPs)、G6以及G7所取代。这些组织的决策有很强的影响力，而影响力的前提是组织内部的共识。巴西和印度(以及欧美)被邀请加入了这些组织。在2008年7月的谈判中，最高决策层的成员扩展至包括中国在内的7个国家。并且，这并不是表面文章。正如欧盟和美国自2003年以来反复见证的那样③，金砖国家不论是独自还是联合行动，都在积极地使用自己的否决权。

① 世界贸易组织中的二十国集团。

② 旧集团是指欧盟、美国、日本、加拿大。

③ 多哈发展议程的第一次重大僵局发生在坎昆部长级会议。

作者还注意到，一些与世界贸易组织平行的机构①在贸易问题上对金砖国家崛起的回应。比如，在全球都急于应对金融和经济危机的影响时，金砖国家的重要性必然会增加，而此时也是它们试图加入八国集团以获得更大发言权的机会。再如，巴、印、中三国同时也是二十国集团（区别于世界贸易组织中 G20 的贸易联盟）的主要成员，自 2008 年其试图联合起来共同应对金融危机以来，就已经站在了聚光灯下。因此，在接下来的两节中作者将对金砖国家在全球贸易治理体系（特别是世界贸易组织）中扮演角色的变化及其影响进行讨论。

二、 更大包容性带来的机遇

世界贸易组织吸收新力量进入全球贸易治理决策的核心层，创造了许多利益和发展机遇。首先，也是最为重要的是，世界贸易组织较其他形式的组织来说，它能更准确地反映出全球贸易力量的变化（即使是 G8，新力量至多也是获得观察国的地位，而并非完全的成员）。吸收金砖国家进入决策层表明世界贸易组织愿意为其提供相对真实的话语权，这比另起炉灶、建立较小的精英机构和组织更具有效性和持久性。例如，国际货币基金组织和世界银行在有关问题上的包容性不足致使其治理结构不再反映现有的权力分配，从而削弱了其决策的有效性和合法性。而世界贸易组织试图追随时代的潮流，也许可以帮助其避免这些问题。任何正常运作的政府或治理系统存在的一个必要（但不充分）的条件是要有主要的玩家愿意参与它。而世界贸易组织因其愿意在决策中赋予金砖国家更大的话语权而可能获得它们的支持，进而有利于组织的长远发展。

其次需要注意的是，尽管金砖国家的经济在不断增长，但它们仍然与发展中国家继续保持密切的联系。所以，进入核心决策层的新力量与加拿大、澳大利亚或日本所扮演的角色完全不同。正如安德鲁·赫里尔（Andrew Hurrell）所说，中国、巴西、印度这三个国家，加上俄罗斯，处在“大西方”（Greater West）体系的边缘甚至之外。与澳大利亚、加拿大、日本和欧洲国家相反，它们并没有与美国有紧密的联盟。而且，它们所期待的国际秩序对于西方国家来说也是一个挑战。金砖国家与第三世界的持续联合以及对分配正义和发展的意愿，表明将金砖国家纳入核心决策层就意味着创造了一个更加多元化的贸易治理体系。这样一来，不仅提高了贸易治理的效率（来自改变后的权力平衡），而且也更加

① 八国集团、二十国集团。

公平(来自金砖国家与发展中国家的联合)。

再次,只要金砖国家行动一致,它们在世界贸易组织的崛起就有可能为其较小的联盟伙伴提供更大的发展机会。当然,金砖国家是否能真正"代表"其他发展中国家就尚有争议。不满的声音也时有发生,特别是在 2008 年 7 月的讨论中。同样,近期通过对金砖与发展中国家联盟的动态考察(特别是成员拒绝被通过寻租的方式来进行单边交易)表明,团结是联盟最需要关注的因素。

最后,金砖国家在贸易治理中的分量和声音让贸易谈判中的发展问题变得前所未有的重要。我们很难想象在《关税及贸易总协定》的时代会有一个贸易回合会被命名为"多哈发展议程"。发展将继续成为谈判的主题。这在一定程度上可以被解释为世界贸易组织将主要发展中国家而不是"旧集团" 列为核心决策层的结果。

前述所列出的机遇将表明金砖国家在世界贸易组织的崛起为该组织带来了福音:一个更公平、更高效、更多元化、更友好发展的组织,更可能在其利益相关者之间享受更大的自主权(包括非政府组织)。然而不幸的是,权力的过渡从来不是易事,而金砖国家的兴起也可能为世界贸易组织和其他治理的平行机构提出了新的也是前所未有的挑战。

三、 旧集团中的新力量:挑战和问题

作者认为新的权力平衡所带来的灵活性和适应性可以让世界贸易组织的运作更顺畅。否则,我们只能看到美国和欧盟的脱离(包括拥护它们的国内政治选区),和金砖国家(它们对于妥协强烈不满并且暂缓协定)及其他发展中国家(它们抱怨被边缘化,尽管包容性和透明度得到了改善)的不满。如今一些谈判的僵局表明世界贸易组织运作的困难。例如,多哈发展议程计划于 2005 年完成,但至今仍深陷困境。另外,一些国家出于对多边贸易的失望,转向双边主义和地区主义,试图通过其他渠道寻找未来发展的出路。

世界贸易组织内部的周期性僵局不仅延误了在议程上所承诺的贸易自由化,同时也破坏了自身的信誉,并进一步加剧了在一些国家重返贸易保护主义的风险。作者指出,这实质上是单个国家政府应对全球金融危机及其余波的结果。例如,《全球贸易第三预警报告》(The third Global Trade Alert Report)指出:自 2008 年 11 月召开的首次与金融危机相关的二十国集团峰会以来,世界各国政府共实施了 297 项"以邻为壑"的政策措施;加上之前已经实施了的"破

坏性”措施，总数达到了353项。此外，最近一次的《全球贸易预警报告》发表在2009年9月，指出以邻为壑的措施（105）仍是良性或自由措施的八倍以上（12）。而回顾所有的自2008年11月起实施的措施，公然歧视性措施（blatantly discriminatory measures）与贸易自由化措施（liberalising measures）的比例将近6∶1。可以看出，全球贸易治理的形势不容乐观。紧接着，第四份《全球贸易预警报告》指出，尽管自第三份报告以来情况较为稳定，但贸易保护主义回头的压力还在持续。世界贸易组织想要减缓贸易保护主义、地区主义和双边主义的冲击，却心有余而力不足，原因何在？

世界贸易组织的最大优点是其对于新权力平衡的适应性很强，这种适应性是由其成员驱动的特征所决定的。但这同时也是它的弱点。为什么多边贸易体制曾经在第二次世界大战后确保了自由贸易的公共物品的提供，在今天却正被淘汰？有四个重要原因可以说明。

第一，金砖国家进入核心决策层意味着在领导席位中增添了更多元化的国家集团。“旧四国集团”比其新的化身来说，有更大的同质性，无论是较小的G4还是较大的G7。金砖国家不仅与发达国家处在不同的发展阶段，具有与欧盟和美国非常不同的国内政治经济状况（这使得它们在包括农业在内的某些领域中更难作出让步），而且也为谈判桌带来了非常不同的谈判文化和理念。因此，这个文化多样的新集团肯定会添加额外的多极化因素（而这种因素带来了更多的未知）。毕竟，在今天的世界贸易组织中领航者间的权力分配更均匀，这与《关税及贸易总协定》建立时美国对权力的垄断不同，也与战后欧洲恢复时期出现的两大垄断集团①不同。但是，权力分配越平等，协议往往就越难达成。

如果有适当的体制机制可以帮助克服僵局，那么在多极体系中处于领航者地位的权力就仍然可以充分发挥作用。但是，这给我们带来了第二个与世界贸易组织有关的问题：即使世界贸易组织容纳了金砖国家，但它的运作过程可能仍旧保持不变。首先，“富人俱乐部”中以共识为基础的决策过程，是因为绝大多数《关税及贸易总协定》的缔约方愿意放弃自己的否决权；其次，“主要供应商原则”（principal supplier principle）允许大国先达成协议，然后通过最惠国条款（the Most Favoured Nation Clause），将利益多元化于所有的《关税及贸易总协定》缔约国。但是，以共识为基础的决策在今天的世界贸易组织中却无法达成。即使在几个领航国家中分歧也非常严重，更遑论其他会员国之间了。换句话

① 苏联和美国。

说，世界贸易组织为适应新权力平衡而改变的制度运作流程的局限性阻碍了自身有序的发展。

第三，对于中国，尤其是巴西和印度来说，它们在世界贸易组织中的力量源泉之一就是由它们组成或领导的发展中国家联盟。近期在世界贸易组织中，金砖国家领导发展中国家联盟成功运作的事例时有发生。特别是在2003年坎昆贸易大会中的G20（巴西、中国和印度是创始成员国）和G33（同样在坎昆，也包括了中国和印度）都是金砖国家的盟友，这也是它们在世界贸易组织中的权力来源。在任何国际组织中，无论是建立在多数决还是其他方式的基础上，获得大量的支持都能够在议程设置阶段增强一个国家的话语权。多哈发展中国家的联盟，包括G20和G33，都比过去的分散状态上了一个不小的台阶。因此，这些联盟与以前的发展中国家联盟有着天壤之别。过去，它们只把精力用在如何使自己的要求得到满足上，但最后却又经常事与愿违。因此不但破坏了集体谈判地位，而且破坏了个体成员的谈判立场。就金砖国家和其盟友的谈判地位来说，如此强大联盟的出现是一个很大的进步。因为它产生了一个重要的成本，即在强大联盟中的国家几乎不会妥协。本文作者认为原因有二：第一，盟友们可能会将任何领导国试图作出让步的举措视为一种背叛；第二，联盟外的国家或组织（此处指，欧盟或美国）也可以将任何的让步解释为软弱的表现，尤其是在它事前知道联盟内部的纠纷时。实际上，建立在强大联盟上的多元外交可能会使一些弱小的成员获利，但它也容易导致整个贸易治理过程陷入僵局，由此影响贸易治理的有效性。如今，发展中国家联盟就处于这样一种状态，即使金砖国家停止领导它们，新联盟的其他领导人也将会出现，并对组织的权力平衡产生其他的不可控影响。

最后，金砖国家加入世界贸易组织核心决策层可能在基本的合法性问题上都会存有争议。但由于它们能够间接代表其领导的发展中国家，因此，它们的进入会使核心决策层更具代表性。确切来说，到底什么是合法性问题尚需辩论，但艾伦·布坎南（Allen Buchanan）和罗伯特·基欧汉（Robert Keohane）的研究提供了一个简单而有效的定义，即“制定规则的权力是公正的，并且这种权力试图去维护规则并保证其可以得到遵守。另外，人们遵守规则是出于道德而无关规则的内容，并且这种遵守不具有排他性”。显然，如果一个机构被认为是不公平的，那么对其合法性就会遭受质疑（如发生在西雅图的针对世界贸易组织的示威活动）。但是如果人们认为一个机构是毫无效率的话，也同样会认为该机构不具有合法性。即使它竭力去获得维护程序和结果公正的好名声，但如果在实现目标的过程中投入的时间和资源与得到的利益不成比例，则它的成员也会质疑其合法性。

虽然世界贸易组织在提高透明度和包容性上有所进步，并且纠正了过去长期存在的公平性问题，但它在解决效率性问题上的表现却并不突出。事实上，世界贸易组织最近的变化表明其有对兼顾公平和效率追求的意愿。虽然世界贸易组织比《关税及贸易总协定》更能保证发展中国家享受更公平的程序，但它的谈判和决策过程却变得更费时费力（如前面的段落所强调）。此外，发展中国家在由自己主导的发展问题上，甚至有时还会在由发达国家主导的其他问题上都获得了成功（如新加坡问题），但这却忽视和影响了发达国家在多边贸易体制中的发展问题。不出所料，当面对长时间、低效率的谈判回合，加之缺乏国内的政治支持，政客们更多地会转向民粹主义、双边主义、地区主义和保护主义。

"善花却结出恶果"（No good deed goes unpunished）：世界贸易组织由于将全球贸易发展中的新力量纳入其决策核心层而产生了新的不足，加剧了其陷入僵局的倾向，加速了其他利益受损方的脱离。特别是在经济大危机的背景下，有一个可靠的国际机构来确保自由贸易的持续发展是非常必要的（也是公认的恢复之路）。近日，世界贸易组织内部对于是否针对公共必需品的提供进行记录仍存在争议，未来的路在何方？

四、 改革全球贸易治理

世界贸易组织的问题源起于其组织内部和外部的权力平衡的改变。金融危机将权力从美国和欧盟向新力量进行转移，让"旧四国集团"的权力天平进一步向"新集团"倾斜，而这也让世界贸易组织走向多极化。世界贸易组织作为负责贸易自由化和国际贸易规则制定的核心机构，其问题从整体上来看也是全球贸易治理的问题。在修正权力平衡的问题上，改革能够真正做到的可能是非常有限的。尽管更强调效率问题，但一个更富有成效的改革路线应该建立在世界贸易组织已经实现了公平性和包容性的基础之上。对此作者提出两套建议：一是通过 G20 来进行世界贸易组织的外部改革；二是组织内部系统运作的变革。

G20 不是也不可能成为多边贸易组织或替代世界贸易组织作某些决策的机构。举例来说，通过 G20 级别的小型部长会议初步达成的共识，是不太可能让其他的世界贸易组织成员来享有所有权的。此外，如前所述，当今的世界贸易组织的问题是，它所汇集的多个不同大国之间很难达成共识；试图在一个如

G20一样更大、更多样化的组织中建立共识将更困难。换句话说，绕过世界贸易组织中的一些程序，而依靠G20，是不可能解决效率低下的问题的。依靠G20的策略可能会使世界贸易组织在确保程序公正上取得的重大进步有翻转的危险，这些进步不仅包括在“新集团”中加入金砖国家，还包括通过改进内部透明度机制来允许小国家获得比G20所能给予的更多的参与途径。这并不是说小型部长级会议和其他形式的小团体协商会议不应该运作，恰恰相反，尤其是在遇到僵局时，这样的会议将会是找寻协商之道的重要机制。但在世界贸易组织外的论坛组建这样的会议，该组织的绝大多数成员从体制和制度上被排除在外，这对于多边贸易体制来说，其合法性不会得到提升。

在保存和完善多边贸易体制中，G20可以发挥什么作用？一个特别重要且具有建设性的作用是，G20应当是世界贸易组织的支持者，而非其替代品。当世界贸易组织缺乏领导的时候，世界主要经济体通过G20来承诺维护其规则和规范，从而补组织之所需。在某种程度上，这也是G20所试图要做的。例如《伦敦公报》(The London communiqué)发布消息称：世界贸易增长支撑了全球经济半个世纪以来的持续繁荣。但现在出现了25年来的首次下滑。需求的下降是因日益增长的贸易保护主义的压力和商业信贷撤离而加剧的。重振全球贸易和投资对于恢复世界经济增长来说是必不可少的。我们不会重复过往贸易保护主义时代的历史错误。

为此，G20承诺其能够均衡地实现《多哈协定》，并承诺不增加投资或商品及服务贸易的新壁垒，不对出口施加新的限制，以及不会执行与世界贸易组织不一致的措施来刺激出口。然而在实践中，这些“承诺”已经证明了其和博弈论学者所说的“空话”并无两样。第一，承诺抵制保护主义在现实中并未实施；事实上，第三份报告曾指出，在从2008年11月到2009年12月间实施的297项以邻为壑的政策措施的实施过程中，“G20成员国政府负责了其中的184项贸易保护主义措施”。第二，与世界货币基金组织所注意的不同，杰夫·皮格曼(Geoff Pigman)肯定地认为，“世界贸易组织是这场多边合作和妥协的宴会上的一个幽灵，它根本不同于旨在通过多边谈判来完成多哈发展议程的伦敦G20会议”。

如果G20能够在促进和维持经济复苏中发挥有益的作用，那么它就需要更多的、成本更高的刺激来表现其多边贸易的承诺。这些被保拉·苏巴基(Paola Subacchi)和阿莱克斯·蒙萨拉特(Alexei Monsarrat)概述为对现有措施的反转，包括对新贸易保护主义进行为期12个月的冻结措施，并承诺完成

《多哈协定》，让它不只是空洞的承诺，而是一个特殊的里程碑。在G20中，有约束力的冻结保护主义措施，有助于减缓急速上升的保护主义，但也会让其他世界贸易组织成员付出高额的成本。总的来说，这些步骤不仅是促进经济复苏的直接目的，而且也有助于解决《多哈协定》缺乏领导这一存在已久的问题。本文作者认为，这些问题可能甚至比金融危机还紧急。

五、世界贸易组织内部的改革

如果世界贸易组织仍然保持与新的权力实体不相符的程序，那么G20的支持措施哪怕真的按照上述的路线进行，也仍然会前功尽弃。这个过程中最严重的缺陷是：要求在多极化的背景下达成共识来进行决策。改革这种基于共识的决策机制有几个不同的路径，大致可分为两类：一是赋予执行委员会更多权力；二是改变组织的投票规则。

第一个解决方法，即通过建立一个行政、咨询、顾问委员会的途径，已经取得了一定程度的发展。这可以解决效率问题，但会产生涉及公平的新问题。执行委员会的权力代表，哪怕只有很有限的权力，也会使得大部分的成员产生权力被剥夺感。在某些方面，建立执行委员会的方法将使得世界贸易组织步《关税及贸易总协定》的后尘，让大部分成员被排除的状况变为常态。其他国际组织中的类似例子（世界货币基金组织、世界银行、联合国安理会）和它们受到的关于包容性和代表性问题的批评，都在警告世界贸易组织不要出现类似的错误。

就规范意义及政治可行性来说，第一方案的局限性使得许多学者在近期开始探讨"临界规模"(critical mass)的替代性投票方式。但值得一提的是，这种"临界规模"投票方法最大的问题是，它可以被看作是"主要供应商原则"(principal supplier principle)的回归。这种投票方式引发了关于边缘化和互斥的问题。这就是为什么作者认为，投票系统的修改都必须包含两个条件：一是要承诺主要国家来提高系统效率，一是要确保大多数成员都能在决策过程中拥有话语权。两者结合的产物将会是一个兼顾临界值(a second threshold)和多数决的方法。这样的投票系统将消除在以共识为基础的体系中每个成员都具有否决权而带来的效率低下的问题。它的双重好处在于恢复了对组织作出的主要市场的承诺，同时保证了广大的会员能够在决策中有存在感。改进后的民主组织将被保留，同时效率也会提高。

虽然权力转移对任何国际机构都是一种挑战，但是它也提供了改革和重建的机会。金砖国家作为"否决者"(veto players)加入世界贸易组织确实创造了新的问题，但它也提供了一个新的改革世界贸易组织自身和相关机构的机会，从而有助于创造更公平、高效、合法的全球贸易治理体系。我们可以进一步利用金融危机带来的紧迫环境。如果说需要一个时机来加强多边贸易体系，那么就是现在了！

参考文献

Allen, Buchanan, and Robert Keohane(2006), "The Legitimacy of Global Governance Institutions," *Ethics and International Affairs* 20:4, pp.405—437.

Andrew, Hurrell, and Amrita Narlikar(2006), "The New Politics of Confrontation? Developing Countries at Cancun and Beyond," *Global Society* 20:4, Oct., pp.415—433.

Jeffry, Schott, and Jayashree Watal(2000), "Decision-making in the WTO", International Economic Policy Briefs 00-2, Washington DC: Institute for International Economics, March.

Manfred, Elsig(2010), "Towards Weighted Voting: Can We Get a Little Help from the Secretariat and Critical Mass?" in Debra Stegar, ed., *Redesigning the World Trade Organization for the 21st Century*, Waterloo, Ontario: Wilfred Laurier Press/CIGI/International Development Research Centre.

Narlikar, Amrita(2003), *International Trade and Developing Countries: Bargaining Coalition in the GATT and WTO*, London: Routledge.

Narlikar, Amrita, and Diana Tussie(2004), "The G20 at the Cancun Ministerial: Developing Countries and Their Evolving Coalitions," *The World Economy* 27:7, July 2004, pp.947—966.

Richard, Blackhurst, and David Hartridge(2004), "Improving the capacity of WTO institutions to fulfil their mandate", Journal of International Economic Law 7:3, pp.705—716.

Robert, Lawrence(2006), "Rulemaking Amidst Growing Diversity: A Club-of-clubs Approach to WTO Reform and New Issue Selection," *Journal of International Economic Law* 9:4, 2006, pp.825—833.

Thomas, Cottier, and Satoko Takenoshita(2003), "The balance of power in WTO decision making: towards weighted voting in legislative response", Aussenwirtschaft 58:2, pp.171—214.

Tussie, Diana(ed.)(2009), *The Politics of Trade: the Role of Research in Trade Policy and Negotiation*, Leiden: Martinus Nijhoff.

Warwick, Commission (2007), *The Multilateral Trade Regime: Which Way Forward? Report of the First Warwick Commission*, Coventry: University of Warwick.

新兴大国、全球资本主义与自由主义的全球治理：金砖国家的挑战的历史唯物主义解释*

马修·D.斯蒂芬著　张晨阳编译**

【内容提要】 在全球化时代，国际力量的此消彼长引起人们关注，围绕全球治理主导权的争夺日益激烈。相比传统大国，新兴大国在各种全球治理机制中的地位正在逐步上升，扮演了重要的角色。通过历史唯物主义的视角，本文构建了一个三层次的分析框架来分析新兴大国，即世界秩序的历史结构、政府与社会的综合体和跨国阶级的形成。本文结论认为新兴国家与老牌强国之间在偏好上存在分歧，自由主义的全球治理将会受到挑战。

【关键词】 全球治理　新兴大国　历史唯物主义

本文从历史唯物主义的视角分析了新兴大国这个现象，阐述了世界秩序的历史结构、政府与社会的综合体(state-society complexes)和跨国阶级的形成中的关键概念，并将其应用于巴西、俄罗斯、印度、中国和其他的"新兴大国"中，来解释现存全球治理体系所面临的挑战的性质和程度。本文作者提出了一个双重的观点：首先，新兴大国融入到全球资本主义的历史结构中，这不但减少了大国冲突的传统来源，并使得新兴国家严重依赖于西方自由主义所建立的现有制

* 本文选自 Matthew Stephen，"Rising Power，Global Capitalism and Liberal Global Governance：a Historical Materialist Account of the BRICs Challenge，" *European Journal of International Relations*，May 2014。

** 马修·D.斯蒂芬(Matthew D.Stephen)，德国柏林社会研究中心中全球治理研究部门的高级研究员。本文由华东政法大学政治学研究院研究生张晨阳编译，华东政法大学政治学研究院助理研究员游腾飞校对。

度框架，而且也有助于它们融入到现有的治理秩序中去。然而，在现有的秩序范围内，有两大因素促进了全球治理政治的中心地带竞争者分裂(heart-contender cleavage)：新兴大国相对更加集权，国家的市场导向程度更低，并且它们未被整合到全球跨国资本主义阶级结构中。因此，在新兴大国中产生争论的并不是全球治理秩序本身，而是它最为自由这一特点。结果是，现实主义者的悲观情绪与自由主义者的乐观情绪形成了鲜明的对比，新兴大国的崛起导致了一个跨国整合与不自由的混合治理秩序。

一、引　言

巴西、俄罗斯、印度、中国(金砖国家)等“新兴大国”崛起的权力转换引发了人们对于国际体系的稳定以及西方国家主导的国际秩序的未来的思考。但是新兴大国不仅仅是简单地面对着美国及其盟友主导的国家间关系的威斯特伐利亚体系。新兴大国正处在超越民族国家边界的全球资本主义经济的背景之下，同时也处于有着多层次的机制重叠和分化的制度与行为体的国际秩序之下。全球治理已经成为将这些新进展融入到传统的国家间体系中的一条捷径。与无政府状态下国家间关系中的权力转换相比，它用更广阔的视野来理解权力与权势的转换。从前的权力转化被解读为丛林法则下的生存竞争，而当今多变的权力转换则反思了世界政体的本质以及支撑它的各种制度。

人们普遍认为，新兴大国在全球治理中的作用越来越大，包括在传统上被老牌强国所控制的国际机构中。尽管如此，新兴大国将在何种程度上挑战现有的全球治理制度与实践，并且是什么因素塑造了它们的行为，对此仍然存在分歧。本文认为，如果要从本质和起源上了解新兴大国对全球治理的挑战，就不能仅仅把它们当作是各国通过讨价还价以在制度中争得一席之地来进行分析，而是要把它作为一种社会形态嵌入到世界政治经济中。为此，本文采用历史唯物主义的方法来分析新兴大国在全球治理中的作用。这种方法主要借鉴了葛兰西(Gramsci)的国际关系理论和各种资本主义方法的概念，它强调了全球资本主义的本质的变化、新兴大国政府与社会关系的本质，以及跨国阶级结构在塑造新兴大国参与全球治理的本质中所起的作用。而当代秩序的这些不同特征经常被孤立地分析，它们很少被相互联系在一起来理解。这种方法不仅能从历史和物质的背景来定位当代新兴大国，同时还有助于解释新兴大国对自由的全球治理秩序所构成的挑战的本质和程度。

从理论上来说，本文采用历史唯物主义的方法，提出了围绕新兴大国的三个命题。首先，新兴大国的行为受到全球资本主义的结构特点的影响，这决定了国际体系中普遍存在的竞争的形式。当经济扩张都依赖于领土收益时，与老牌强国之间就发生了地区性冲突。当经济扩张被纳入一个自由的世界经济中，冲突就转移到了全球经济的管理中。其次，在全球资本主义的结构性环境中，新兴大国对全球治理的优先选择与其社会形态——也就是政府与社会的综合体——的本质相关。本文接着提出了政府与社会的综合体的四种类型。最后，历史唯物主义强调社会力量的作用。新兴大国融入全球治理的另一条途径是把来自新兴大国的主要社会力量融入到现有的跨国阶级机制中去。

通过这个框架探究当今金砖国家的崛起，本文作者指出金砖国家在全球治理的系统内形成了挑战：它们挑战它最为自由这一特征，同时却依赖并参与其现有的体制结构。和上一代的"竞争型国家"(contender states)相比，今天的新兴大国通过融入来追求增长，牺牲它们的自主权来获得财富和影响力。因此新兴大国越发依赖于现有全球治理机制(global governance institutions)，这迫使它们不得不与老牌强国达成协作。与此同时，国家资本主义发展模式的重要地位使得新兴大国在全球治理机制的规则上拥有较少的自由选择。此外，跨国阶级形成的断层依然存在，当代新兴大国大多被排除在西方跨国资本主义阶级结构之外，这导致了全球治理的全球政界核心竞争者之间存在分歧(Van der Pijl 1998)。

因此，新兴大国在走向自由的全球治理(liberal global governance)中面临一种进退两难的困境。一方面，新兴大国越来越依赖于现有的全球治理制度框架来监督全球经济一体化。另一方面，国家资本主义模式使得它们陷入与全球治理中市场决策(market-making)和个人主义(自由主义)原则的紧张关系中。因此，新兴大国正在形成一种混合的秩序，其特点是深化了跨国整合，但也侵蚀了全球治理中最为自由这一特征。这一结论至少与两种有关新兴大国在全球治理中的作用的主要方法背道而驰。第一种方法强调新兴大国对霸权国建立的制度秩序先天就存在反对(Gilpin 1981：23—24；Schweller 1999；Van der Pijl 1998：ch.3)。第二种方法指出正是当今全球治理的自由的内容给新兴大国提供了融入的动机，因此它们代表的是自由世界秩序的"最终崛起"(Ikenberry 2011a，2011b)。当新兴大国有了动力来维护支配跨国进程和监管全球经济的现有措施时，它们的国内结构将使得它们与西方支持的制度的自由政策格格不入。

本文分为三个部分。首先,作者解释了当今全球治理的概念、其自由的特征和依据现有方法所提出的新兴大国的作用。其次,作者提出一种运用历史唯物主义来分析新兴大国和全球治理的方法。最后,作者在实证部分将这些概念应用到当代秩序中的金砖国家上。作者认为,新自由主义全球化(neoliberal globalization)的结构环境为金砖国家对外开放以及经济跨国化提供了强大的动力,这就导致了它们对跨国监管的治理框架的依赖性。尽管如此,在国家强有力的引导下,金砖国家的一体化国家资本主义(integrated state capitalism)将成为西方自由治理机制中一个持久的阻碍。这一点也在它们未能融入到现有的跨国资本主义网络中得到反映。由于国际机制有自己的优先选择,全球治理的自由主义的内容正在从内部受到挑战。

二、 新兴国家与自由主义的全球治理

本文作者在政治经济学文献的基础上,在全球资本主义和跨国阶级形成的本质在不断变化的结构环境中,设法寻求金砖国家的唯发展主义(developmentalism)所处的地位,并且把它与国家之间形式上的冲突以及全球治理制度的内容更明确地联系在了一起。作者的出发点是为了理解新兴大国挑战的本质与内容,这必须在全球资本主义的物质结构和跨国阶级整合的本质发生大的变化的背景下来进行理解,也为新兴国家与老牌强国之间的相互作用构建了框架。“主流方法”(以国家为中心)特别倾向于忽略资本主义发展的划时代意义和合力(conjunctural dynamics)。甚至有些对马克思主义不友好的研究者认为,自由主义者尤其不可能在对资本主义所扮演的国际角色缺乏评估的情况下讨论国际体系的未来。整合发展中所面临的挑战通常要用不同的理论方法和层次分析来解决。下文就是把这些变化直接联系起来的一种方法。

三、 历史唯物主义视角下的新兴大国

由于没有受到政策相关性(policy relevance)和智库立场(think-tank posturing)的吸引,历史唯物主义在关于当代新兴大国的争论中并未得到充分利用。作者在现有的历史唯物主义理论上提出了一个概念范围,区分了不同形式的世界秩序的物质结构、国家形式和全球阶级关系中概念变化的框架。

与研究新兴大国的传统方法相比,历史唯物主义解释质疑了国家间体系的

本体论的主导地位(ontological primacy),并且研究了在一个特定时代中构成世界秩序中的行为体、偏好和激励结构的结构性条件(Cox 1996:97—98)。“国家”这一经济实体不断地融入到跨国资本主义中,从而使国际环境从根本上发生了改变,但这种变化却掩盖在无政府状态的影响之下。世界秩序的一个重要历史结构就是在一个特定的时代中当时的生产力和生产关系的物质基础,这源自当时的生产方式(Deudney 2000; Donnelly 2012; Van der Pijl 2007:12—16)。因此国际竞争的本质和全球治理的内容与世界经济组织的主导形式密切相关。

在欧洲古典时代的均势政治中,社会权力与对土地的控制紧密地联系在一起。这是因为生产力增长维持在了一个很低的水平,通常在 0 到 0.2%之间(Maddison 2001:244—265)。在经济“起飞”之前的这样一个传统社会中(Rostow, 1960),主要是通过人口膨胀、社会组织的适度改进或者是特定的技术创新来实现生产力增长的。但这很少或几乎没有累积下来,很容易就因为社会或环境灾害而倒退回去。因此,社会权力与对土地的控制紧密地联系在了一起,使得国际政治中权力扩张几乎为零。

这一切随着 18 世纪以英国为中心的工业资本主义的出现而发生了改变。资本主义迅速发展了被凯恩斯认为是现代经济发展的两个核心原因:技术进步和资本积累的能力(Keynes, 1930: sec.1)。这果断地结束了简单再生产的时代,并且释放了“积累、投资、扩大再生产并不断重复的上升螺旋”(Cox 1987:406, n.7)。这导致了在国家权力行使中的革命性变革:“发展”成为了国际体系中积累权力的主要手段。因此,“大博弈”(great game)的本质发生了变化。土地资源价值的相对下降导致竞争不再发生在领土上,而是在“作为获得更大的财富和更强的经济安全保障的最可靠手段的世界市场份额”上(Strange 1987:564)。这样一来,国家竞争在性质上以一种新的形式出现了:“在帝国的所有其他形式中,霸权的范围直接取决于地缘政治和军事力量。资本主义独自就创造了一种自主经济的统治形式。”(Wood, 2006:13)

从 18 世纪开始的工业资本主义的发展使得大国关系的本质发生了划时代的转变,但是世界资本主义也受到历史变化的影响,这就是一个特定时代中国家间竞争关系有着不同类型的原因。这些变化主要涉及国家与市场间的平衡,以及领土和世界间关系的平衡来实现跨境交流(transboundary exchanges)。从抽象的角度来看,全球资本主义可以被看作是一个世界体系(Arrighi, 2007; Wallerstein 1974)。但是作为世界体系的资本主义在政治边界后被“国有化”

到了何种程度随着现代历史发生了变化。

一个关键的因素是国家的边界到底对经济交换是开放的还是封闭的。伴随着资本主义而发展的生产力增长明显,扩大了经济过程的运行规模,并且导致了社会经济力量的对外扩张(Murphy 1994; Overbeek and Van der Pijl 1993; Zürn 1995)。当这种扩张遇到政治边界的阻挡时,政治紧张局势就会以领土冲突或竞争性重商主义的形式出现。当土地与生产要素和市场准入密切相关时,国家扩张的逻辑终点就是追求殖民地和生存空间的竞争。例如第一次世界大战之前的竞争性帝国主义的权力转移和两次世界大战之间的竞争性重商主义集团。

相比之下,当资本主义对外扩张遇到了开放的边界,政治和经济过程的规模可以发散时,对领土的控制就与市场准入分离开来,并且一个独立的世界资本主义经济可以自由发展。从历史上看,这表现为自由贸易帝国和多边贸易自由化的制度。在这样的条件下,劳动的分工和功能的分化能够与国家权力的积累同步发展(Keohane 2002:47—49),也消除了权力转移带来的临界压力。因此,一个"资本主义和平"的结果可能有其特殊性:资本主义可以导致战争或者和平,这取决于资本主义作为世界秩序的历史结构的性质。社会权力的领土性逻辑和资本主义逻辑之间的互动形成了某一特定时期竞争性帝国主义的性质。这些不同的历史结构和随之而来的一系列大国竞争在表1中作了分类。

表1　世界秩序的历史结构

	开放的	封闭的
资本主义	自由贸易帝国,自由的多边主义	竞争性帝国主义,新重商主义
前资本主义	前现代帝国	重商主义

在一个特定的历史结构中,政府与社会关系的特殊形式体现了清晰的国家利益和国家偏好。这导致了全球治理的不同历史阶段,或者说是监管跨境交流的方式(Murphy 1994; Overbeek 2012)。因此,当与某个国家或者国家集团的统治地位联系在一起时,"霸权"国际秩序的内容一直与国内的和可能跨国的支撑国家权力的社会力量有关,然后成为人们广泛接受的规范和制度(Cox 1987:149—150; 1996:102—107, 135—140)。第二次世界大战中盟军的胜利使得美国及其盟友把全球资本主义的治理从一个高度国有化的新重商主义秩序转变为一个自由多边主义和新自由主义全球化的秩序。

这形成了金砖国家在过去二十年中崛起的物质环境,历史唯物主义解释也聚焦了作为政府与社会的综合体的新兴大国的国家特征的作用。而资本主义及其构成阶级被认为“在抽象意义上是国际性的”,它们在某个政府与社会的综合体的具体状态中变得国有化(Cox 1996:134)。现实主义者们认为国家基本上是千年不变的(Gilpin 1981:7)。与此相反,不同国家形式的国家结合了起来,而这些国家形式是指政府与社会关系的类型(Cox 1996; Van der Pijl 1998)。

因此,“国家”的概念并不被视为一个抽象的、永恒的范畴,而是植根于社会关系之中历史的偶然性,并且可以被列举和区分(Cox 1987:409n)。

鉴别和把国家的具体形式历史化是由来自“多样的资本主义”传统(varieties of capitalism)(Becker 2013; Hall and Soskice 2001; Nölke and Vliegenthart 2009)以及历史唯物主义的研究者们承担的任务(Cox 1987; Van der Pijl 1998:84—87)。在这里,我们可以集中关注两个区别国家形式的特征:调节经济分配和社会关系的市场协调度;经济和社会融入全球资本主义的跨国网络的程度。葛兰西认为国家形式根据国家和国家阶级在行使社会控制和监督社会经济发展中所扮演的角色而变化(Gramsci 1971:238)。在霍布斯的非自由国家形式中,国家阶级保留了社会控制和经济发展的主动权;而在洛克的自由国家形式中,独立自主的资产阶级和市场规则引导着社会经济关系(Cox, 1987; Van der Pijl, 1998:86)。

另外,我们可以考虑这两种国家形式在何种程度上都走上了国家的或跨国的社会经济发展道路。这对于国家间首选的协作形式以及开放社会化的跨国过程有重要意义。对跨国生产结构的介入改变了政府与社会的综合体的阶级基础,导致了阶级关系的空间结构重组以及阶级部分之间功能定义上的新关系。在全球资本主义转型的冲击下,这些社会经济结构趋向于变得更加跨国组织化以及更加相互关联。

国家形式的这两个特征都可以与合适的全球经济和跨境交流的监管模式的不同前景联系起来,并对跨国阶级联系的形成与否有着重要的影响。新兴大国的政府与社会关系的类型表示了它们的发展模式是适合全球治理的现有规则和标准的。而目前的标准就是自由的承诺、多边开放和规则指导下的合作。

表 2　资本主义国家形式

	跨国的	国家的
自由的	新自由主义	自由社团主义
集权的	一体化国家资本主义	民族国家资本主义

把新兴大国置于它们的社会和物质背景之下,作者又再次提出关于跨国阶级形成的问题。对于许多研究者来说,融入国内资本主义核心的关键特征是跨国阶级联合(transnational class linkages)的形成(Cox 1987:358—359; Gill 1990, 2003; Van der Pijl 1998:117—135)。为了应对苏联的威胁,在北大西洋形成了早期的跨国阶级,并促成了许多当代秩序的制度架构(Van der Pijl 1984)。这些阶级调节了世界经济和国际秩序,形成了国家社会背景的联系(Cox 1987:357)。反过来,这些阶级联系成为了融入全球治理的核心特征,凝聚在一个会议、机构、政策规划部门和缺乏权威性国际组织的跨政府网络的星云(nébuleuse)中,但这有利于政策趋同和达成共识(Cox 1996:300—303; Cox with Schechter 2002:30)。

跨国阶级联系有助于发展跨国利益和资本主义团结。企业领导人、政府咨询机构、有影响力的基金会以及政府本身之间的共性将一体化资本主义经济的政治和民间社会的跨国利益紧密联系在一起(Van Apeldoorn and De Graaff, 2012)。这促进了跨越政府与社会划分的精英社会化(elite socialization),为共同框架和政治策略的精华提供了基础,并且导致了多国精英接受和内化支持全球经济治理的现有结构的标准和规则的社会化过程(Johnston 2003b; Wendt 1999:101—102)。对现有治理安排的默认可以成为中等国家领导人社会化的结果(Ikenberry and Kupchan 1990:283;参见 Cox 1996:139)。总之,这样的网络产生了更大的阶级凝聚力、思想局限性和“社会资本”,也反驳了国家间资本主义竞争的离心力。

新兴大国融入了跨国生产结构,这使得它们更可能整合为跨国阶级。重要的是,与资本的跨国分裂相关的社会阶层发挥着重要的作用,它作为民族资本的解决方法,很有可能在新自由主义的国际秩序中赢得胜利,并且被吸收到跨国管理阶级中去——它们将会成为民族内的组成部分(Cox 1987:361)。这表明了新兴大国与老牌强国之间的跨国阶级联合的形成可能增强了精英社会化过程,新兴大国的如此不断融合使得它们能够进一步融入到扩大的跨国阶级霸权中去。

四、 全球资本主义、金砖国家和跨国阶级的形成

新自由主义全球化的历史结构

当今全球资本主义的历史结构可以被称为“新自由主义全球化”(neoliberal

globalization)。新自由主义全球化对当代国家间竞争的类型有着重要的调节作用,并且体现了新兴大国主张现有国际制度的性质和程度。这种结构背景有两个关键的原因。第一个原因是,它构成了新兴大国政府行为的框架,并且确定了“理性选择本身的结构环境”(Cerny, 1995:595)。第二个原因是,在把原因归于单位的因素之前,结构条件仍然在方法论上保持着优势:通过了解世界政治经济的限制,我们能够把普通国际力量的影响和独立民族力量的影响区分开来(Keohane 1984:16)。

新自由主义全球化体现在全球经济特定的子领域中。在贸易领域中,空间传输成本的侵蚀造成名义上的“民族”经济被植入于一个独立的全球贸易网络中(Reyes et al. 2008:13),这个网络本身已经成为一个自发的复杂系统以至于它必须被视为一个整体(Serrano and Boguñá 2003:4)。日益频繁的国际交流已成为了现代资本主义发展的一般特征,从1950年至2007年之间每年平均增长了6.2%(WTO 2007)。全球贸易网络通过越来越多的跨国公司来进行跨国运作,其中包括由纵横交错的全球供应链网络关联起来的交易实体(Safadi and Lattimore 2008:9)。

一体化国家资本:金砖国家新兴的国家形式

新自由主义全球化的历史结构影响了国家对现有治理秩序的取向,并解释了各国在不同历史时期的变化。但它必须与民族因素结合起来,才能解释民族偏好的形成。尽管新兴大国融入了跨国生产结构,但西方核心地带的各种自由资本主义和金砖国家的资本形式之间仍然存在很大的分歧。相对于老牌强国的自由的国家形式,金砖国家可以被理解为一体化政府与社会综合体:它融入全球经济,但却保留了组织经济中国家和准国家实体的决定性作用。本文的研究支持了这一观点。作者主要关注了中国和印度这两个规模最大,并且在未来的世界秩序发展中有着最大影响的金砖国家上。

持久的断层:金砖国家和自由的全球治理

通过描述金砖国家的政治经济特点,我们能够勾勒出跨国的一体化国家资本形式的崛起对于新自由主义全球化的影响。当金砖国家的政治经济开始融入到全球资本中时,它们与自由资本主义的跨国阶级结构有了更多的互动。因此作者认为,这些新兴大国通过在过去三十年中引入市场要素,可能会不由自主地打开空间,使得阶级力量积极融入到西方主导的社交圈子中去(Van der

Pijl, 2012:505)。这表明了,新兴大国正在选择一种发展战略,它可能会削弱新兴大国迄今为止所依赖的统治阶级的控制(Van der Pijl, 1998:79—84)。

五、结　　论

本文运用历史唯物主义方法来分析新兴大国,强调了它们崛起的历史结构环境、政府之间具体的关系,以及它们和跨国阶级形成的现有结构之间的关系。本文作者通过提出对新兴大国偏好更为全面的解释,克服了现有解释存在的一些漏洞,同时也解释了在历史上特定的权力转移中国家间竞争的特殊性质。全球资本主义的物质结构是国际体系的核心结构,对权力过渡期间随后的竞争类型有着重大影响。融入新自由主义全球化的跨国生产和交换结构中是新兴大国对于全球治理的定位的基本决定因素。

尽管新兴大国与国家兴衰的历史故事的周期性理论有关联,但是今天的新兴大国不太可能威胁到全球经济的跨国化特征和全球经济治理的基本特征。与霸权稳定论相反,生产和交换的全球网络并不是基于国际权力的单极分配,而是基于全球经济的物质重组。市场整合和经济非国有化的更广泛的趋势是由于世界资本主义内部的技术和结构趋势而形成。正如印度贸易部长在2009年的世界贸易组织会议上所说,今天的全球经济直接使得贸易保护措施难以实施。这增加了跨国整合的动力,使国家间的竞争国际化,并且把国家联系到了对于全球治理支撑全球经济的功能需求上。因此,金砖国家社会经济发展的跨国整合使得它们在参与治理与全球经济相关的共同框架上有了一致的利益,但它集权的特征凸显了新兴国家与自由主义核心的老牌强国之间在偏好上的分歧。

其结果是,这两条道路显得尤其突出。跨国整合和集权的各种资本主义构成了全球经济的大部分,而全球资本主义的本质作为一种历史结构,其可能倾向于更多的新重商主义色彩、经济再扩张和领土控制。这样的话,自由的全球治理的基础将会受到挑战。另外,随着集权发展之前的更替,新兴大国可能最终会接受新自由主义思想成为它们与全球资本主义交流的基础(Wade 2006)。然而,这两种情况都属于长期性的。与此同时,新兴大国在全球秩序中崛起创建了一个混合国际秩序,这种秩序是跨国整合和不自由的。

参考文献

Abdelal, R., and J.Kirshner(1999), "Strategy, Economic Relations, and the Definition of National Interests," *Security Studies* 9(1—2):119—156.

Amiti, M., and C.Freund(2010), "The Anatomy of China's Export Growth," in Feenstra, R.C., and Jin W.Shang(eds.), *China's Growing Role in World Trade*, Chicago, IL: University of Chicago Press, 35—56.

Arrighi, G.(2007), *Adam Smith in Beijing: Lineages of the 21st Century*, London: Verso.

Barnett, M., and R.Duvall(2005a), "Power in International Politics," *International Organization* 59(1):39—75.

Barnett, M., and R.Duvall(eds.)(2005b), *Power in Global Governance*, Cambridge: Cambridge University Press.

Becker, U.(2013), "Measuring Change of Capitalist Varieties: Reflections on Method, Illustrations from the BRICs," *New Political Economy* 18(4):503—532.

Breslin, S.(2013), "The 'China Model' and the Global Crisis," *International Affairs* 87(6):1323—1343.

Buhr, D., and R. Frankenberger (2013), "Emerging Varieties of Incorporated Capitalism: Theoretical Considerations and Empirical Evidence," Paper presented at the 54th Annual Convention of the International Studies Association, 3—6 April, San Francisco.

Buzan, B., and R.Little(1999), "Beyond Westphalia? Capitalism after the 'Fall'," *Review of International Studies* 25(5):89—104.

Carroll, W.K.(2010a), *Corporate Power in a Globalizing World*, Oxford: Oxford University Press.

Carroll W.K.(2010b), *The Making of a Transnational Capitalist Class: Corporate Power in the 21st Century*, London: Zed Books.

Carroll, W.K., and C.Carson(2003), "The Network of Global Corporations and Elite Policy Groups: A Structure for Transnational Capitalist Class Formation?" *Global Networks* 3(1):29—57.

Cerny P.G.(1995), "Globalization and the Changing Logic of Collective Action," *International Organization* 49(4):595—625.

Cerny, P.G.(1997), "Paradoxes of the Competition State: The Dynamics of Political Globalization," *Government and Opposition* 32(1):251—274.

Cox, R.W.(1987), *Production, Power and World Order*, New York: Columbia University Press.

Cox, R.W.(1996), *Approaches to World Order*, Cambridge: Cambridge University Press.

Cox, R.W., and M.Schechter(2002), *The Political Economy of a Plural World*, London: Routledge.

Crafts, N.(2004), "Globalization and Growth in the Twentieth Century," IMF Working Paper, WP/00/44. Washington, DC: International Monetary Fund.

Cutler, A.C.(2003), *Private Power and Global Authority*, Cambridge: Cambridge University Press.

De Graaff, N.(2012a), "Oil Elite Networks in a Transforming Global Oil Market," International Journal of Comparative Sociology 53(4):275—297.

De Graaff, N.(2012b), "The Hybridization of the State-capital Nexus in the Global Energy Order," *Globalizations* 9(4):531—545.

Deudney, D.(2000), "Geopolitics as Theory: Historical Security Materialism," *European Journal of International Relations* 6(1):77—107.

Dierckx, S.(2013), "After the Crisis and beyond the New Constitutionalism? The Case of the Free Movement of Capital," *Globalizations* 10(6):803—818.

Donnelly, J.(2012), "The Elements of the Structures of International Systems," *International Organization* 66(4):609—643.

Dore, R.(2008), "Financialization of the Global Economy," *Industrial and Corporate Change* 17(6):1097—1112.

Dreher, A.(2006), "Does Globalization Affect Growth? Evidence from a New Index of Globalization," *Applied Economics* 38(10):1091—1110.

Fagiolo, G., J.Reyes, and S.Schiavo(2009), "The Evolution of the World Trade Web: A Weightednetwork Analysis," *Journal of Evolutionary Economics* 20(4):479—514.

Farrell, D., U.A.Gersch, and E.Stephenson(2006), "The Value of China's Emerging Middle Class," *The McKinsey Quarterly*, Special Edition.

Finnemore, M. (2013), "Dynamics of Global Governance: Building on What We Know?" *International Studies Quarterly*, First View, available at: http://onlinelibrary.wiley.com/doi/10.1111/ isqu.12095/abstract.

Frieden, J.A., and R.Rogowski(1996), "The Impact of the International Economy on National Policies: An Analytical Overview," in Keohane, R. and Milner, H.(eds.), *Internationalization and Domestic Politics*, Cambridge: Cambridge University Press, 25—47.

Gale, F.(1998), "Cave 'Cave! Hic Dragones': A Neo-Gramscian Deconstruction and Reconstruction of International Regime Theory," *Review of International Political Economy* 5(2):252—283.

Germain, R.D.(2009), "Financial Order and World Politics: Crisis, Change and Continuity," *International Affairs* 85(4):669—687.

Gill, S.(1990), *American Hegemony and the Trilateral Commission*, Cambridge: Cambridge University Press.

Gill, S.(2003), *Power and Resistance in the New World Order*, Houndmills: Palgrave Macmillan.

Gilpin, R.(1981), *War and Change in World Politics*, Cambridge: Cambridge University Press.

Global Trade Alert(2009), "The Unrelenting Pressure of Protectionism: The 3rd GTA Report," London: Centre for Economic Policy Research.

Gramsci, A.(1971), *Selections from the Prison Notebooks*, Hoare Q(ed.), Smith GN (trans.), New York: International Publishers.

Gray, K., and C.Murphy(2013), "Introduction: Rising Powers and the Future of

Global Governance," *Third World Quarterly* 34(2):183—193.

Guardian(2013), Who is Going to Davos 2013? The Guardian, DataBlog. Available at: http:// www.theguardian.com/news/datablog/2013/jan/22/davos-wef-full-list-of-attendees #data(accessed 10 October 2013).

Hall, P., and D. Soskice (2001), *Varieties of Capitalism: The Institutional Foundations of Comparative Advantage*, Oxford: Oxford University Press.

Harris, J.(2009), "Statist globalization in China, Russia and the Gulf States," *Perspectives on Global Development and Technology* 8(2):139—163.

Harvey, D.(2003), *The New Imperialism*, Oxford: Oxford University Press.

Harvey, D.(2005), *A Brief History of Neoliberalism*, Oxford: Oxford University Press.

Huang, Y.(2010), *Capitalism with Chinese Characteristics: Entrepreneurship and the State*, Cambridge: Cambridge University Press.

Ikenberry, G.J.(2011a), "The Future of the Liberal World Order," *Foreign Affairs* 90:56—62.

Ikenberry, G. J. (2011b), *Liberal Leviathan: The Origins, Crisis, and Transformation of the American World Order*, Princeton, NJ: Princeton University Press.

Ikenberry, G.J., and C.Kupchan(1990), "Socialization and Hegemonic Power," *International Organization* 44(3):283—315.

Ikenberry, G.J., and T.Wright(2008), *Rising Powers and Global Institutions*, New York: The Century Foundation.

IMF(International Monetary Fund)(2010), *The Fund's Role Regarding Cross-Border Capital Flows*, Moghadam R and Hagan S(eds). Washington, DC: International Monetary Fund.

IMF(2013), "International Financial Statistics," Available at: http://elibrary-data.imf.org/Report.aspx? Report=9492639(accessed 10 October 2013).

Johnston, A.I.(2003a). "Is China a Status Quo Power?" *International Security* 27(4): 5—56.

Johnston, A.I.(2003b), "Socialization in International Institutions: The ASEAN Way and International Relations Theory," in Ikenberry, G.J., and M.Mastanduno(eds.), *International Relations Theory and the Asia-Pacific*, Princeton, NJ: Princeton University Press, 107—153.

Kahler, M.(2013), "Rising Powers and Global Governance: Negotiating Change in a Resilient Status Quo," *International Affairs* 89(3):711—729.

Keohane, R.O.(1984), "The World Political Economy and the Crisis of Embedded Liberalism," in Goldthorpe, J.H.(ed.), *Order and Conflict in Contemporary Capitalism*, Oxford: Clarendon Press, 1—30.

Keohane, R.O.(2002), *Power and Governance in a Partially Globalized World*, London: Routledge.

Keohane, R.O., and J.S.Nye(2001), *Power and Interdependence*, 3rd edn. New

York: Longman.

Kharas, H. (2010). "The Emerging Middle Class in Developing Countries," Working Paper No.285. DEV/DOC(2010)2. Paris: OECD Development Centre.

Kohli, A. (2004), *State-directed Development: Political Power and Industrialization in the Global Periphery*, New York: Cambridge University Press.

Kohli, A. (2006a), "Politics of Economic Growth in India, 1980—2005. Part I: The 1980s," *Economic and Political Weekly* 41(13):1251—1259.

Kohli, A. (2006b), "Politics of Economic Growth in India, 1980—2005. Part II: The 1990s and beyond," *Economic and Political Weekly* 41(14):1361—1370.

Laïdi, Z. (2012), "BRICS: Sovereignty, Power and Weakness," *International Politics* 49(5):614—632.

Legro, J. W. (2007), "What China will Want: The Future Intentions of a Rising Power," *Perspectives on Politics* 5(3):515—534.

Leipziger, D., and W. O'Boyle (2009), "The New Economic Powers (NEPs): Leadership Opportunities Post-crisis," *World Economics* 10(3):43—80.

Lemke, D., and R.L. Tammen (2003), "Power Transition Theory and the Rise of China," *International Interactions* 29(4):269—271.

Levi-Faur, D. (2005), "The Global Diffusion of Regulatory Capitalism," *Annals of the American Academy of Political and Social Science* 598(1):12—32.

Li, X., and X. Liu (2005), "Foreign Direct Investment and Economic Growth: An Increasingly Endogenous Relationship," *World Development* 33(3):393—407.

McCann, P. (2008a), "Globalization, Multinationals and the BRIICS," in Safadi, R. and Lattimore, R. (eds.), *Globalization and Emerging Economies*, Geneva: OECD, 71—117.

McCann, P. (2008b), "Globalization and Economic Geography: The World is Curved, not Flat," *Cambridge Journal of Regions, Economy, and Society* 1(3):351—370.

McNally, C. A. (2012), "Sino-capitalism: China's Reemergence and the International Political Economy," *World Politics* 64(4):741—776.

McNally, C.A. (2013), "The Challenge of Refurbished State Capitalism: Implications for the Global Political Economic Order," DMS-Der moderne Staat 6(1):33—48.

Maddison, A. (2001), *The World Economy: A Millennial Perspective*, Geneva: OECD.

Maurer, A., and C. Degain (2010), "Globalization and Trade Flows: What You See Is Not What You Get!" WTO Staff Working Paper, ERSD-2010-12. Geneva: World Trade Organization.

May, C., and A. Nölke (2013a), "Capitalism in Large Emerging Economies and the New Global Trade Order," Paper presented at the 54th Annual Convention of the International Studies Association, 3—6 April, San Francisco.

May, C., and A. Nölke (2013b), "Staatlich durchdrungener Kapitalismus in Indiens metropolitanen Zentren," DMS-Der moderne Staat 6(1):85—104.

Mearsheimer, J.J.(1994), "The False Promise of International Institutions," *International Security* 19(3):5—49.

Mizruchi, M.S.(1996), "What do Interlocks Do? An Analysis, Critique, and Assessment of Research on Interlocking Directorates," *Annual Review of Sociology* 22(1): 271—298.

Moravcsik, A. (1997), "Taking Preferences Seriously: A Liberal Theory of International Politics," *International Organization* 51(4):513—553.

Murphy, C. N. (1994), *International Organization and Industrial Change: Global Governance since 1850*, London: Polity Press.

Murphy, C.N.(2000), "Global Governance: Poorly Done and Poorly Understood," *International Affairs* 76(4):789—803.

Murphy, C.N., and E.Augelli(1993), "International Institutions, Decolonization, and Development," *International Political Science Review* 14(1):71—85.

Narlikar, A.(2010), "New Powers in the Club: The Challenges of Global Trade Governance," *International Affairs* 86(3):717—728.

Nölke, A.(2012), "The Rise of the 'B(R)IC variety of capitalism': Towards a New Phase of Organized Capitalism?" in Overbeek, H. and Apeldoorn B.V.(eds.), *Neoliberalism in Crisis*, Houndmills: Palgrave Macmillan, 117—137.

Nölke, A., and A. Vliegenthart(2009), "Enlarging the Varieties of Capitalism: The Emergence of Dependent Market Economies in East Central Europe," *World Politics* 61 (4):670.

Overbeek, H.(2004), "Transnational Class Formation and Concepts of Control: Towards a Genealogy of the Amsterdam Project in International Political Economy," *Journal of International Relations and Development* 7(2):113—141.

Overbeek, H.(2012), "Sovereign Wealth Funds in the Global Political Economy: The Case of China," in Overbeek, H., and B.Van Apeldoorn(eds.), *Neoliberalism in Crisis*, Houndmills: Palgrave Macmillan, 138—160.

Overbeek, H., and K.Van der Pijl(1993), "Restructuring Capital and Restructuring Hegemony: Neoliberalism and the Unmaking of the Post-war Order," in Overbeek, H. (ed.), *Restructuring Hegemony in the Global Political Economy: The Rise of Transnational Neo-liberalism in the 1980s*, London: Routledge, 1—27.

Overbeek, H., K.Dingwerth, and P.Pattberg et al.(2010), "Forum: Global Governance: Decline or Maturation of an Academic Concept?" *International Studies Review* 12(4): 696—719.

Patibandla, M., and B.Petersen(2002), "Role of Transnational Corporations in the Evolution of a Hightech Industry: The Case of India's Software Industry," *World Development* 30(9):1561—1577.

Rapkin, D., and W. Thompson(2003), "Power transition, Challenge and the(re) Emergence of China," *International Interactions* 29(4):315—342.

Reyes, J., M.Garcia, and R.Lattimore(2008), "The International Economic Order and

Trade Architecture," in Safadi, R., and R.Lattimore(eds.) *Globalization and Emerging Economies*, Geneva: OECD, 13—38.

Reyes, J., M.Garcia, and R.Lattimore(2009), "The International Economic Order and Trade Architecture," *Spatial Economic Analysis* 4(1):73—102.

Robinson, W.I.(2004), *A Theory of Global Capitalism: Production, Class and State in a Transnational World*, Baltimore, MD: Johns Hopkins University Press.

Robinson, W. I. (2005), "Gramsci and Globalization: From Nation-state to Transnational Hegemony," *Critical Review of International Social and Political Philosophy* 8(4):559—574.

Robinson, W.I., and J.Harris(2000), "Towards a Global Ruling Class? Globalization and the Transnational Capitalist Class," *Science & Society* 64(1):11—54.

Rodrik, D.(2011), "The Future of Economic Convergence," NBER Working Paper, 17400. Available at: http://www.nber.org/papers/w17400(accessed 29 November 2013).

Rogowski, R. (1987), "Political Cleavages and Changing Exposure to Trade," *American Political Science Review* 81(4):1121—1137.

Rosenau, J.N., and E.O.Czempiel(eds.)(1992), *Governance without Government*, Cambridge: Cambridge University Press.

Rostow, W.W.(1960), *The Stages of Economic Growth: A Non-Communist Manifesto*, Cambridge: Cambridge University Press.

Safadi, R., and R.Lattimore(2008), "Introduction," in Safadi, R. and Lattimore, R. (eds.), *Globalization and Emerging Economies*, Geneva: OECD, 9—12.

Saull, R.(2012), "Rethinking Hegemony: Uneven Development, Historical Blocs, and the World Economic Crisis," *International Studies Quarterly* 56(2):323—338.

Schmalz, S., and M.Ebenau(2012), "After Neoliberalism? Brazil, India, and China in the Global Economic Crisis," *Globalizations* 9(4):487—501.

Schweller, R.L.(1999), "Managing the Rise of Great Powers," in Johnston A.I. and Ross R.S.(eds.), *Engaging China: The Management of an Emerging Power*, London: Routledge, 1—31.

Serrano, M.A., and M.Boguñá(2003), "Topology of the World Trade Web," *Physical Review* 68(1):1—4.

Sklair, L.(1997), "Social Movements for Global Capitalism: The Transnational Capitalist Class in Action," *Review of International Political Economy* 4(3):514—538.

Sklair, L.(2001), *The Transnational Capitalist Class*, Oxford: Blackwell.

Snyder, Q.(2013), "The Illiberal Trading State: Liberal Systemic Theory and the Mechanism of Socialization," *Journal of Peace Research* 50(1):33—45.

Spruyt, H.(1994), "Institutional Selection in International Relations: State Anarchy as Order," *International Organization* 48(4):527—557.

Stephen, M.D.(2012), "Rising Regional Powers and International Institutions: The Foreign Policy Orientations of India, Brazil and South Africa," *Global Society* 26(3):289—309.

Stockhammer, E.(2004), "Financialization and the Slowdown of Accumulation," *Cambridge Journal of Economics* 28(5):719—741.

Strange, G.(2011), "China's Post-Listian Rise: Beyond Radical Globalization Theory and the Political Economy of Neoliberal Hegemony," *New Political Economy* 16(5): 539—559.

Strange, S.(1987), "The Persistent Myth of Lost Hegemony," *International Organization* 41(4):551—574.

Stuenkel, O.(2013), "Rising Powers and the Future of Democracy Promotion: The Case of Brazil and India," *Third World Quarterly* 34(2):339—355.

Tammen, R.L., J.Kugler, and D.Lemke et al.(2000), *Power Transitions: Strategies for the 21st Century*, Washington, DC: C.Q. Press.

Ten Brink, T.(2010), "Strukturmerkmale des Chinesischen Kapitalismus," Max-Planck-Institut Für Gesellschaftsforschung Discussion Paper, 10(1). Cologne: Max Planck Institute for the Study of Societies.

Ten Brink, T.(2011), "Institutional Change in Market-Liberal State Capitalism: An Integrative Perspective on the Development of the Private Business Sector in China," Max-Planck-Institut Für Gesellschaftsforschung Discussion Paper, 11(2). Cologne: Max Planck Institute for the Study of Societies.

Ten Brink, T., and A.Nölke(2013), Staatskapitalismus 3.0. DMS-Der moderne Staat 6 (1):21—32.

Teschke, B., and H. Lacher (2007), "The Changing 'Logics' of Capitalist Competition," *Cambridge Review of International Affairs* 20(4):565—580.

UNCTAD(2009), World Investment Report 2009: Transnational Corporations, Agricultural Production and Development. New York: UNCTAD.

UNCTAD(2011), World Investment Report 2011. New York: United Nations.

Van Apeldoorn, B.(2000), "Transnational Class Agency and European Governance: The Case of the European Round Table of Industrialists," *New Political Economy* 5(2): 157—181.

Van Apeldoorn, B., and N.De Graaff(2012), "Corporate Elite Networks and US Post-Cold War Grand Strategy from Clinton to Obama," *European Journal of International Relations*, OnlineFirst. DOI:10.1177/1354066111433895.

Van Apeldoorn, B., N.De Graaff, and H.Overbeek(2012), "The Reconfiguration of the Global State-capital Nexus," *Globalizations* 9(4):471—486.

Van der Pijl, K.(1984), *The Making of an Atlantic Ruling Class*, London: Verso.

Van der Pijl, K.(1998), *Transnational Classes and International Relations*, London: Routledge.

Van der Pijl, K.(2007), *Nomads, Empires, States: Modes of Foreign Relations and Political Economy*, Vol. I. London: Pluto.

Van der Pijl, K.(2012), "Is the East still Red? The Contender State and Class Struggles in China," *Globalizations* 9(4):503—516.

Wade，R.H.(2006)，"Review Essay：Questions of Fairness in Search of a Just International Economic Order，" *Foreign Affairs* 85(5)：136—143.

Wade，R.H.(2010)，"After the Crisis：Industrial Policy and the Developmental State in Low-income Countries，" *Global Policy* 1(2)：150—161.

Wade，R.H.(2011)，"Emerging World Order? From Multipolarity to Multilateralism in the G20，the World Bank，and the IMF，" *Politics & Society* 39(3)：347—378.

Wallerstein，I.(1974)，"The Rise and Future Demise of the World Capitalist System：Concepts for Comparative Analysis，" *Comparative Studies in Society and History* 16(4)：387—415.

Wendt，A.(1999)，*Social Theory of International Politics*，Cambridge：Cambridge University Press.

Wood，E. M.(2006)，"Logics of Power：A Conversation with David Harvey，" *Historical Materialism* 14(1)：9—34.

World Bank(2013a)，"World Development Indicators，" Available at：http://data.worldbank.org/datacatalog/world-development-indicators(accessed 11 March 2013).

World Bank(2013b)，"World Governance Indicators，" Available at：http://info.worldbank.org/governance/wgi/index.aspx#home(accessed 10 October 2013).

WTO(World Trade Organization)(2007)，World Trade Report 2007. Geneva：WTO.

WTO(2009)，Statement by HE Mr Anand Sharma，WTO Document WT/MIN(09)/ST/35.

WTO(2011)，Report on G20 trade measures. Available at：www.wto.org/english/news_e/...e/ g20_wto_report_may11_e.doc(accessed 16 April 2013).

WTO(2013)，Trade profiles. WTO Statistics Database. Available at：http://www.wto.org/english/ res_e/statis_e/statis_e.htm(accessed 10 October 2013).

Yianni，A. and De Vera，C.(2010) The return of capital controls? Law and Contemporary Problems 73(4)：357—371.

Zürn，M.(1995)，"The Challenge of Globalization and Individualization：A View from Europe，" in Holm，H. H. and Sorenson，G.(eds.) *Whose World Order?* Boulder，CO：Westview Press，43—68.

Zürn，M.(2003)，"Globalization and Global Governance：From Societal to Political Denationalization，" *European Review* 11(3)：341—364.

Zürn，M.(2010)，"Global Governance as Multi-level Governance，" in Enderlein，H.，Wälti，S. and Zürn，M.(eds.)，*Handbook on Multi-level Governance*，Cheltenham：Edward Elgar，80—99.

新兴国家重塑全球气候治理：以卢拉执政时期的巴西为例*

安娜·弗拉·巴罗斯-普兰提著　王子帅编译**

【内容提要】 通常，大多数研究者都会将巴西、中国、印度、俄罗斯等国视为新兴国家。在此基础上，研究者会探讨如何将这一国际地位转置到某些特定领域，如核不扩散、全球市场、维护和平以及环境治理事务等。然而，一个正在崛起的国家并不会自然而然地成为新兴国家。一国要成为新兴国家，则它必须将自身置于国际谈判之中，借此提高本国在国际上的公信力，获得国际认可的合法性以及争取国际事务中的话语权。塑造环境治理机制的动力与形成经济政治体系的动力有所不同。巴西能成为全球环境治理机制的重要参与者，既有赖于经济上的发展，也得益于其国内的自然资源状况以及国际社会对巴西的政治认同。通过应用国际关系理论中自由主义、现实主义和建构主义理论范式，本文对巴西等新兴国家重塑全球气候治理机制的过程进行分析。其中，作者认为建构主义理论对于新兴国家的案例具有更强的解释能力。

【关键词】 新兴国家　巴西　全球治理　气候治理　国家关系

---

* 本文选自“When Emergent Countries Reform Global Governance of Climate Change: Brazil under Lula,” Revista Brasileira de Política Internacional，2010 年第 53 期特刊，第 73—90 页。

** 安娜·弗拉·巴罗斯-普兰提（Ana Flávia Barros-Platiau），巴西利亚大学（UnB, Brazil）教授，巴西国家科学技术发展委员会（National Council for Scientific and Technological Development）研究员。本文由华东政法大学政治学研究院研究生王子帅编译，华东政法大学政治学研究院助理研究员严行健校对。

一、导　言

本文旨在研究自20世纪80年代末期以来，巴西在全球环境治理领域所起到的作用，并且以此评估巴西是否为新兴国家。本文重点关注了巴西参与的国际机制，特别是气候变化领域的相关国际机制。文章第一部分从整体上讨论了国际环境治理机制，鉴于巴西在淡水资源治理的相关机制中并未发挥明显作用，因此本文对其不予探讨。文章第二部分则从伊恩·罗兰兹(Ian Rowlands)的国际关系理论(IR theory)切入，探究在何种条件之下，巴西才有可能在环境治理领域成为新兴国家。理论层面，本文主要以伊恩·罗兰兹、安德鲁·赫里尔(Andrew Hurrell)、约亨·普兰特(Jochen Prantl)、罗伯特·基欧汉(Robert Keohane)、约瑟夫·奈(Joseph Nye)、爱德华多·维奥拉(Eduardo Viola)、马克·莱西(Mark Lacy)、阿迪尔·纳吉姆(Adil Najam)、马克·达菲尔德(Mark Duffield)等人的研究成果为基础。

巴西的自然环境特征是其成为新兴国家的重要条件。巴西境内的淡水资源占世界总量的12%，生物种类占世界总量的15%—20%。巴西因此被称为自成一类的特殊国家。巴西参与全球环境治理机制也与其自然环境的客观情况直接相关。尽管巴西还未能成为全部环境治理机制的关键参与者，但由于国际上将巴西定位为新兴国家，这一判断仍然强化了巴西作为国际环境治理机制参与者的地位。

2008年金融危机之后，对于新兴国家而言，国际秩序变得更为开放。金融危机导致欧盟和美国内部出现了严重的问题。因此，欧盟与美国在环境治理等领域的领导能力受到限制。在此情况之下，新兴国家成为世界经济增长的重要动力。仅巴西、俄罗斯、印度、中国等四国的经济增长就占世界经济增长的22%，其人口占世界总人口的三分之一。另外，新兴国家的国内市场是最具潜力的市场。但是，新兴国家仍明显地依赖着欧美市场。巴西、中国等金砖国家(the BRICs)内部尚未形成就环境治理等问题进行谈判的意愿。俄罗斯经常疏远其他三国，特别是涉及关于气候变化的议题时，这一倾向更加明显。

新兴国家很可能改变南北半球贫富差距巨大的传统格局。因为新兴国家既有最大的消费市场，也有强大的工业实力，甚至温室气体(greenhouse gas，GHG)排放量巨大。同时，新兴国家也是重要的科技应用和科技创新群体，因此，各新兴国家之间将有可能强化南南合作。国际社会期望新兴国家在未来承担更多的责任,分担其他国家发展的经济负担。其中,一个主要的转变是,传统上,全球环境治理的制度、国际法律和规则都是由发达国家推动创立的;当今的新兴国家,特别是巴西与印度,都努力争取在环境治理领域中发挥更为突出的作用。

巴西对于环境治理的态度经历了由反对、阻碍向支持、推进的重大转变。同时,巴西的国内外政策存在较大分歧,从而削弱了巴西在某些多边谈判中坚持立场的能力。比如,巴西尚未取得基因资源的使用权和收益权,而巴西国内关于森林资源的法律仍与过去的法律相同。另外,巴西关于财富的分配制度、基础设施建设以及科技水平仍处于世界较低水平。

二、 主要国际环境治理机制

与巴西有关的环境治理机制包括:森林资源、生物多样性保护机制、生物安全机制以及基因资源的利用机制等。首先,对于巴西而言,森林资源是极为重要的自然资源之一。尽管对于大多数国家来说,森林资源都是处于核心地位的重要自然资源,然而,对森林资源的治理与保护却非常脆弱和碎片化,甚至尚未形成稳定的治理机制。全球森林资源治理的相关机制,只有 1992 年签署的原则性宣言。但由于巴西和其他一些国家的反对,该宣言并不具备法律约束力。巴西希望制定一项关于各类森林资源的宣言,而不仅仅是针对热带雨林;并且反对其他国家干涉巴西内政。

本文作者指出,未来创设森林资源保护与治理机制的过程中,巴西将是最重要的国家之一。2009 年 12 月,巴西环境部部长卡洛斯・明克(Carlos Minc)宣布,巴西将实行全国性计划。到 2020 年,巴西将与国际社会一道,减少 80%的森林采伐。届时,温室气体减排量将从 36.1%提高到 38.9%。从这一意义上来说,森林资源议题在很大程度上被转化为气候变化的议题。森林可以消耗温室气体,而政府间气候变化专门委员会(IPCC)2007 年的数据表明,由于森林采伐造成的温室气体排放占其总量的 18%。因此,降低森林采伐率、防止森林退化、减少温室气体排放等相关议题成为谈判桌上的绊脚石。

第二个与巴西紧密相关的环保机制是生物多样性保护机制。生物多样性保护机制始于 1992 年《联合国生物多样性公约》(United Nations Convention on Biological Diversity, CBD),其缔约国数量达 193 个,公约的主要目标是保证可持续发展。以《联合国生物多样性公约》为开端,生物多样性保护机制不断扩大。森林资源、生物安全、荒漠化、可持续发展等议题都与《联合国生物多样性公约》存在关联。然而,1992 年之前,新兴国家一直被视为阻碍环境治理机制创设的国家。在环境治理机制的创设过程中,巴西一度对北半球发达国家持否定态度,原因是发达国家不顾发展中国家的反对,制定有关生物多样性议题的规则。发达国家与发展中国家之间最重要的分歧是,发达国家主张制定环境方面的协议,而发展中国家则努力争取社会与环境之间的妥协。换言之,对于发展中国家而言,消除贫困,对发展权利的维护,是发展中国家实现有效环保的前提。

近年来巴西正在逐步转变以往的否定策略,并且成为提倡政策革新的国家之一。巴西的改革建议,是基于其本国的成功经验和举措而提出的。因此,本文作者将巴西作为新兴国家的“典范”。国际保护巴西雨林试点项目(PPG7)是最引人关注的环境治理机制改革之一,同时也是当时最大的合作环保项目。在卢拉的任期之内,还出台了一些其他政策。因此,2003—2008 年间,巴西境内有 2 400 万公顷土地被划为保护区域。此外,巴西还创立了“亚马孙深处”(Fundo Amazônia)合作组织,以减少那些有国际金融背景的森林砍伐。巴西在设立森林资源保护机制方面,具有首创精神。因此,巴西也被视为这一方面的典范,其治理经验也具有推广至其他国家的可能。本文作者指出,巴西不仅是生物多样性保护机制的重要参与者,而且也是相关政治解决方案的提供者,并且巴西想要成为南半球国家模式的塑造者。

关于环境治理机制,未来的两个主要问题是:第一,创建新的联合国环境治理组织,替代现有的联合国环境规划署(UN Environment Program, UNEP);第二,环境治理事务涉及发达国家的国际义务问题。对于第一个问题而言,德国与法国曾计划创建新的联合国环境治理机构,但是巴西反对德法两国的计划。而现在巴西已经拥有足够实力重启相关谈判,并且能够在谈判过程中维护本国的主要利益。巴西依然要求发达国家履行技术转移义务,同时承担相应的经济负担,以促进世界发展。生物安全是环境治理领域的另一个重要议题。生物安全保障机制的建设开始得较为顺利,《卡塔赫纳生物安全议定书》(Cartagena Protocol)也于 2000 年签署。该议定书主要解决改性活生物体(living modified organisms, LMOs)即转基因生物的跨境运输和交易等问题。然而,《卡塔赫纳生物安全议定书》事实上并未对相关交易产生实质性的影响。

巴西在生物安全问题多边谈判中的表现极为犹豫,在生物安全议题上,缺乏相关的国际政策;此外,巴西国内各部门的强烈分歧也是导致这种局面的重要原因,并且,其部门间的分歧至今仍然存在。总之,可以说巴西在参与生物安全保障机制创设的过程中,缺乏明确的战略。当下的主要问题是,巴西是否继续支持和强化《卡塔赫纳生物安全议定书》中所强调的国际义务。本文作者指出,尽管巴西是一个转基因作物生产大国,但由于缺乏清晰的定位,因此评估巴西在现有国际对话中的作用变得非常困难。如果巴西支持国际义务的相关条款,则其会受到损失,因为巴西是参与《卡塔赫纳生物安全议定书》的众多国家中唯一的转基因作物出口国。因此,巴西可能阻碍生物安全保障机制的建设。

最后,基因资源的利用机制对于评估巴西的国家能力也非常关键。生物多样性高的国家与进行转基因生物研发的国家或公司之间存在着重大而复杂的分歧。不同的国际组织在对这一议题进行谈判时,其关注的重点也有很大差异。比如,粮农组织(Food and Agriculture Organization, FAO)关注粮食问题,联合国环境规划署(UNEP)关注环境与生物安全问题,世界贸易组织(WTO)则关注贸易与经济问题。此外,各国由于自然禀赋的差异,以及国家出于自身利益的考虑,也会对基因资源利用的问题持不同的态度。

需要着重强调的是,巴西和其他相关国家一道,创建了生物多样性国家组织(MegadiverseLike-Minded Countries Group)。该组织内部生物种类总数占全球生物种类总数的 70%,人口占世界人口总数的 45%。巴西现已接替印度,成为该组织的主席国。自 20 世纪 90 年代中期开始,该组织就努力创造一种新的生物安全保障机制,其目的在于获得基因资源的使用权。然而,在生物资源利用方面,巴西明显的弱点之一是,其并未对国内的生物资源种类作出详细的统计。据估计,巴西境内的生物种类多达 180 万种,而登记在册的则只有约 20 万种。显然,对于创建新的基因资源利用体制,巴西乐见其成。然而,相关谈判极其艰难,其结果难以预见。因此,就这一领域而言,巴西是一个比较弱势的参与者,甚至尚未具备成为新兴国家的条件。

三、 气候变化与国际关系理论

1992 年以来,巴西对于气候变化治理机制的认知并未发生重大变化。巴西强调,北半球的发达国家自工业革命时期就已经开始排放温室气体,因此当今人类才受到全球气候变化的威胁。对此,巴西方面表示,发达国家是温室气体的主要排放者,对现在的环境问题负有历史责任。发达国家应负担环境治理所需的支出。此外,巴西将始终等待北半球发达国家履行其道德层面与法律层面的相关义务,巴西本国在温室气体减排等问题上则只接受自愿性政策。巴西的政治战略从20世纪90年代相关谈判开始之初,就已经发生了重大转变。1992年里约地球峰会期间,南半球的发展中国家之中,仅有一小部分技术精英了解峰会所讨论的议题,并且这些议题并不在这些国家的政治议题之中。自里约地球峰会之后,各国的政策开始发生转变。到1997年《京都议定书》(Kyoto Protocol)早期谈判之时,一些国家如巴西与阿根廷,开始更积极地参与其中。现在,巴西仍在全球层面的环境治理机制中发挥着积极作用,但在区域环境治理中的作用则并不明显。同时,全球气候治理的国际秩序也发生了变化。在20世纪90年代期间,全球最大的温室气体排放国家是发达国家,因此,发达国家对于《京都议定书》所制定的减排目标负有责任和义务。现在,中国成为最大的温室气体排放国,巴西的温室气体排放量则居世界第六位。因而新兴国家正在成为全球气候治理体制中的新兴力量。新兴国家的温室气体排放总量很大,这既是气候问题的重要根源,同时新兴国家也是解决气候问题的关键。对此,一个有力的证明是,中国、印度和巴西三国在清洁发展机制项目(Clean Development Mechanisms projects, CDM)中所占份额的比例高达72%。

巴西成为全球气候治理机制的重要参与者,主要有以下几点原因。第一,政治方面,巴西是气候治理机制的推进者,并且多次在国际对话中提供政策和问题的解决方案。在《联合国气候变化框架公约》第15次缔约方会议暨《京都议定书》第5次缔约方会议(哥本哈根世界气候大会)上,巴西宣布了其国家气候计划,时任巴西总统卢拉宣称,巴西已经作好准备,为打破气候治理领域的政治僵局而作出贡献。巴西宣布将自愿减少温室气体排放,大量减少森林采伐,并表示出了资助国际基金的政治意愿,以此对抗全球气候变化的问题。此外,卢拉参加了峰会期间所有的重要会议,并力求达成国际协议。第二,科技方面,巴西一直致力于生物燃料和双燃料引擎技术的开发,并且致力于生物技术的应用以及寻求清洁的能源替代品。第三,经济方面,巴西的国内市场似乎已经作好了向低碳经济转型的准备。巴西正在建设大量的基础设施,并且有能力引进和适应与此相关的新技术。

本文作者主要通过国际关系的相关理论对巴西成为新兴国家的相关问题进行评估。其分析过程以对伊万·罗兰兹国际关系理论的批判分析为起点,并且应用罗兰兹的主要结论,将巴西作为案例进行验证和论述。

罗兰兹主要应用国际关系理论分析各范式对于气候治理体制形成过程及其作用的解释能力。第一种理论范式是现实主义与新现实主义。现实主义理论的前提是，国家是国际关系中的主要行为体。为了达到政治协调的目的，强权国家或霸权国家有可能善意地或恶意地改变国际结构。针对现实主义的理论范式，一个基础性的重要问题是，如何定义国家权力。罗兰兹对此的回答是，军队与经济实力是极为重要的两个因素。一旦因为自然资源而发生武装冲突，军队就变得至关重要；经济实力则可以在特定条件下(例如违背国际法律)，实现对某些国家的经济制裁。从这层意义上说，美国可能是唯一的"气候霸权国家"。

因此，现实主义理论范式可以对全球气候治理机制的现状及其成因进行有效的解释。美国深刻地影响了现有气候治理机制的形成过程。美国坚持实行碳交易机制，即通过市场工具与科学技术替代常规的碳排放减排义务，并形成所谓的清洁发展机制(the clean development mechanism)。欧盟制定的标准之中包含三种温室气体，而清洁发展机制中则包含了六种温室气体。同时，现实主义也可解释另一种现象，即一旦美国退出，则全球治理机制就会变得极为脆弱。1997年，当美国总统小布什宣布美国退出《京都议定书》时，就发生了这种情况。

本文作者指出，过度关注国际关系中的霸权国家，在某种程度上造成了研究者无法分析团体组织以及非政府治理的作用。同时，现实主义路径不能为定义新兴国家提供理论依据。在某种情况下，霸权国家之外的其他国家同样可以起到重要作用，比如德国、丹麦、荷兰等发达国家。在谈判过程中，许多传统国际组织的内部出现严重分裂，并且形成了许多新国际组织。石油输出国组织(OPEC)内部较为团结，而七十七国集团(G77)则并非如此。同时，也有许多新的国际组织在这一过程中产生。例如，《联合国气候变化框架公约》第一次缔约方会议期间，日美加澳新联盟(the JUSCANZ)起到了重要作用；而"保护伞组织"(the Umbrella Group)则又在日美加澳新的基础上加入了俄罗斯、挪威等国。

因此，全球气候治理机制具有一些现实主义者未曾关注的内涵，比如，小国、新兴国家和非政府组织(NGO)所起的作用。另一方面，现实主义者也难以解释美国最终所接受的谈判结果。美国将履行7%的减排义务，不得减免；并且美国推崇的碳交易机制和技术解决方案同样受到了限制。因此，尽管美国试图对全球气候变化治理机制施加最大的影响，但美国并不能达到这一目的。各国在这一机制中所产生的作用，并不完全是由其经济实力决定的。比如，小岛屿国家联盟的成员国、巴西以及阿根廷也都发挥了重要作用。

本文作者强调，气候变化问题从来都不仅仅是环境问题，更是社会、经济和国家安全问题。巴里·布赞(Barry Buzan)表明，在安全问题上，传统主义者与现代主义者同时存在。传统主义者放大了安全的概念(Buzan et al. 1998)。现代主义者群体中,有许多极具影响力的精英,例如联合国安理会前任秘书长安南(Kofi Annan)、美国前总统比尔·克林顿(Bill Clinton)等人。安南一再强调,在现代社会中,安全问题不再仅仅是军队问题,而是与跨国犯罪、洗钱、贫困以及环境退化等因素密切相关的复杂问题。本文作者表明,现实主义的另一个局限是无法解释新兴国家在国际多边谈判中的作用,特别是当新兴国家并非军事强国或其并不能威胁现有国际秩序的时候。

第二种理论范式为历史唯物主义。尽管有关国际关系理论中,历史唯物主义的研究分为许多不同的流派,但其大致的观点较为统一。在历史唯物主义的分析中,北半球的发达国家较为富有,而南半球较为贫穷;北半球的发达国家主导世界秩序,并且对南半球国家进行统治和剥削。依附论(the dependency theory)就是其中的典型代表。换言之,在资本主义世界经济中,对强势行为主体的分析更好地解释了国际合作的模式。当今的国际合作中,北半球的发达国家往往居于优势地位。罗兰兹表示,在1997年《京都议定书》谈判期间,世界顶尖的五家企业中,有两大汽车制造商(福特和通用)与两大石油集团(壳牌和艾克森)。这可能解释了全球气候联盟(Global Climate Coalition)的成因。该联盟的目的在于披露企业的经济成本和技术上的不确定性,从而拒绝承担减排温室气体的法律义务。经济利益至上的原则也可以解释为何在政治话语与政治行为之间总是存在巨大的差异,而国家层面的国际义务履行变得极其艰难。这一原则同样能够解释为何气候治理机制聚焦于南半球发展中国家未来模式的塑造而非对北半球发达国家现有的消费模式进行改革。

历史唯物主义的分析路径同样存在明显的局限性。第一,历史唯物主义并未考虑经济发展的机遇和前景。壳牌石油公司支持《京都议定书》,但随后与英国石油公司以及福特汽车公司一道退出了全球气候联盟。第二,气候治理的相关组织和联盟促成了南北半球共同减排的局面,即温室气体减排目标由南北半球的发达国家与发展中国家共同执行。第三,新兴国家并不是发达国家,但是新兴国家与欠发达国家的条件相去甚远,因此,新兴国家需要符合其自身客观条件的分析框架。最后,历史唯物主义并未对工业利益进行充分的分析。

为补充上述结论,本文作者作出以下论述。第一,企业可能受到市场和消费者选择的制约,因此有时企业会在短期内作出妥协,以此保有长期的客户。这可能是美国汽车制造商联盟(Alliance of Automobile Manufacturers)选择不因清洁汽车法案(the clean car act)而起诉加利福尼亚州的原因之一。各汽车制造商也会为了保护企业形象而表现出较为关心气候变化问题,以此制造有利的公共舆论。

第三大理论范式为新自由制度主义。它由不同的理论组成,其中包括基欧汉、奈、拜尔斯与克拉斯纳等人的研究成果。罗兰兹利用奥兰·扬(Oran Young)的契约论及要素等定义展开论述。契约论者认为,不同的行为主体有不同的身份与利益需求,因此他们期望开展国际层面的合作并从中获益,这一论断与无政府状态下的合作理论相似。罗兰兹将国家视为效用最大化的追求者,且共同利益能令合作更加顺利地进行(Rowlands 1995)。罗兰兹确信,气候变化并不会导致公地悲剧(the tragedy of the commons),原因是气候变化带来的影响、收益以及成本在全球范围内都各不相同。因此,行为主体不同的行为会导致不同的认知与策略选择。以全球变暖为例,37 个小岛屿联盟国家将为了自身生存而抗争,而俄罗斯则有可能从全球变暖中获益。

然而,本文作者强调,这一观点并不适用于巴西的案例。首先,巴西对于其自身的地位缺乏明确的认知。即使在 2007 年政府间气候变化专门委员会报告之后,巴西仍然认为自身是不公平机制的受害者。巴西宣称自身曾是规则的接受者(rule-takers),现在正在努力成为规则的制定者(rule-makers)。对此,证据之一是 2007 年 4 月 17 日在联合国安理会展开的有关气候变化的辩论,以及 2005 年和 2007 年的八国集团峰会。从这层意义上说,巴西根本没有意识到,它自身极易受到全球变暖的影响。一旦全球变暖,亚马孙地区将更加干旱,热带草原气候特征将更加明显;其东北部大陆将更加炎热和干燥,土地荒漠化更加严重,耕地也将流失。由于巴西农业潜力较大,因此气候变化造成的社会经济方面的损失将会是巨大的。

巴西尚未意识到自身可能是未来全球变暖的潜在受害者,却只认为自身是正在形成的全球环境治理机制的受害者。巴西的战略与小岛屿国家的战略大不相同,因为巴西还没有意识到其将来可能面对的环境风险和社会风险。巴西仍然坚称,对于温室气体的排放,巴西并不负有历史责任;由于数以百万计的国民仍生活在贫困线以下水平,而且巴西国内的工业化程度并不高,因此巴西拥有发展的权利。本文作者的观点与罗兰兹的观点相反。作者强调,并非发展的权利或科学的认知塑造着新兴国家的战略。事实上,错误的认知很可能阻碍了合作与发展。巴西出于理性选择,想要在环境治理机制中获得最大收益,保有发展工业的权利,而且其他新兴国家在这一点上也支持巴西。这也是令巴西、印度、中国等国家保持团结的原因。然而,这种联盟是短暂的。巴西、印度等国家在气候变化的议题上并没有清晰的战略。巴西当局甚至认为,环境治理机制的相关组织并非正式组织。

罗兰兹表示,一项事务在国际谈判的议程中停留的时间越长,则有越多的国家倾向于合作。而本文作者则表示这一论断也是有待讨论的。作者认为,许多事务由于搁置时间过长而被遗忘,或者谈判的国家会因为时间太长而感到失望和失败,从而将其注意力转移到新的议题之上。全球气候变化的议题符合上述特征。第一,全球气候变化的治理机制是在臭氧保护机制的基础上,由美国和欧盟领导建立的。但是,由于阿富汗问题、巴尔干半岛问题和伊拉克战争的出现,建立全球气候治理机制的议题被搁置。此后,这一议题又被反复讨论。在讨论过程中,针对该议题,至少有两种谈判的方式,一种是正式的政治性质的谈判,而另一种则是非正式的科学技术性谈判。对于气候变化议题而言,长时间并不意味着将产生更多的谈判。由于缺乏典范和参考对象,新兴国家仍然不了解气候变化究竟会对它们自身产生什么影响。因此,有关气候变化的谈判仅限于原则而难以确定义务,这导致谈判无法促成稳固的团体组织的建立。

本文作者强调,值得注意的是,各国往往更关注短期的经济与技术利益,而非长远的社会和环境效益。契约论可以解释谈判成果为何极其有限。由于有近 200 个国家参与谈判,其中的公共利益极少,因此很少能够达成各国一致认可的谈判结果。

罗兰兹也尝试以建构主义范式进行理论分析,其核心观点是组织塑造身份和利益,欧盟是建构效应(formative effects)的典型案例之一。利维、基欧汉等人认为,国际组织可以促进治理行为的发生,强化环境治理的相关合作,并且可以提升国家能力;同时,国际组织为各国谈判与协商提供平台,降低跨国行为的成本,促进各国互相监督,提升国家环境治理与国家政策的绩效,并且可促进国际义务的履行。然而,这一理论范式并不适用于气候变化领域的现实状况。事实上,现有环境治理领域中的国际组织非常脆弱。

本文作者强调,国际组织在气候治理机制中的作用显然是非常有限的。因此,建构主义理论不能对气候治理机制的相关问题进行有效解释。强权国家的利益弱化了国际组织的作用,而新兴国家中也出现了相同的情况。肯尼思·阿博特(Kenneth W.Abbot)与邓肯·斯奈德尔(Duncan Snidal)等学者表明,组织内部标准清晰,并且代表水平较高的国际组织能够更加稳固。否则,国际组织将无法独立运作。由于现有国际组织标准并不清晰,代表全水平也不高,因此新兴国家很难改变现有的局面。

另一学派的学者基于认知途径进行分析。气候治理机制极其复杂,并且充满了不确定性。20世纪70年代以来,科学界已多次描述了气候变化的情况。然而,科学家在气候治理体制中是否拥有话语权,以及新兴国家是否信任发达国家发出的信息都还有待论证。这一分析方式同样面临着诸多挑战,其中较有代表性的两方面是:其一,认知途径分析与历史唯物主义的边界模糊不清(Cox, 1977);其二,国家权力的概念又使其与现实主义及新现实主义相联系(Patterson, 1996)。罗兰兹因此认为,许多研究者同时应用多种理论范式进行研究,因而难以得出明确的结论。

在国际关系的相关理论中,同样存在过高估计知识与信息作用的问题。近期全球气候变化的信息并未明显影响新兴国家中政治行为者的决策,而这种情况在巴西表现得更加明显。出现这种情况的原因,可能是其国内政治原则极其稳固,而外交官员虽然容易获取新的信息,但并未对新的信息立即加以处理和应用。巴西仍然坚持发展优先的原则,从而增加了《京都议定书》框架下达成国际共识的难度。有关全球气候变化的信息极为复杂,因此决策者需要时间对其进行理解,并且将有关信息转达给公众。对以上理论的另一个补充是,环境政治并非是由霸权结构或均势结构所决定的。不同的行为主体同时发挥着重要作用,这些行为主体包括私营企业、政客、科学家、宗教领导以及非政府组织等。

罗兰兹将南北半球的对立归结为两个方面的争论与冲突。第一是关于环境问题治理方式的争论。发达国家主张以经济自由化与科学技术促进全球气候治理。这一主张是大多数发达国家处理环境问题的方式,但并非所有发达国家都同意这一观点。例如,由于富国与新兴国家中的富裕家庭并不能保证一直继续其生产与消费方式,因此德国和北欧国家并不认为技术是解决全球气候变化问题的最佳选择。现代主义者与激进的环境主义者之间同样存在争议。前者主张以科学技术解决环境问题,后者主张改变生活方式,控制人口数量。第二个冲突围绕着核心国家与边缘国家展开。这种冲突造成许多国际组织不再适合新兴国家的状况。总之,由于联合国的相关机构构成了环境治理机制的主要部分,造成历史唯物主义与建构主义两种范式的边界更加模糊。

四、结　　语

经济方面,巴西无疑是一个新兴国家;而早在卢拉当选总统之前,巴西在环境治理方面就已经成为一个新兴力量。这一情况的形成主要有以下三个原因。第一,早在20世纪80年代末90年代初,巴西就有参与全球环境治理的政治意愿。事实上,参与全球环境治理的政治意愿贯穿了卡多佐与卢拉两届总统的任期。制度上的延续性使巴西能够在过去的二十多年中一直积极参与全球环境治理。其他两个原因都与20世纪90年代以来的国际秩序有关。一方面,全球秩序正处于多极化的时代,而且尚未形成更为有效的多边机制。因此,巴西作为一个新兴国家,在可持续发展、全球气候变化等问题上,有着更大的参与空间。另一方面,新兴国家正在努力通过国际对话来确立自身与发达国家的平等地位,并创立了许多新兴国家的组织,如金砖国家、印—巴—南对话论坛等。这些由新兴国家组成的国际组织在国际上的影响力日益扩大,并且逐渐缩小着南北半球发达国家与发展中国家之间的差距。

然而,在某些环境治理机制中,巴西无法被认定为新兴国家。例如,巴西并未有效地参与淡水资源治理、海洋法以及生物安全保障等机制。尽管巴西在农业和环境等方面都有资格成为这些机制的重要参与者,但这一情况并未真正出现。在有关森林资源议题中,巴西始终是个重要的参与者,但是巴西却出于自身国家利益的考虑,一直阻碍国际森林治理新机制的建立。如今,森林资源的治理被纳入到环境治理机制之中。早在80年代末期,巴西就已经作为一个新兴国家参与到庞大的生物多样性治理机制当中。然而,巴西的国家权力尚不足以推动与之相关的其他机制变革。尽管巴西在此前作出了许多政治上的努力,同时也拥有丰富的生物资源,但巴西仍然不是一个强力的行为主体,同样地,印度也不是环境治理机制中强力的行为主体。

在气候治理机制中,巴西被认为是一个关键的参与者。考虑到能源、森林资源、生物技术以及近期的农业政策,巴西可谓参与气候治理机制的“典范”。巴西巨大的国内市场使其在寻求应对气候变化解决方案的谈判中拥有发言权。特别是涉及资金和技术转移的议题时,巴西的话语权更为突出。巴西需要更新对于自身地位的认知,在发达国家拒绝履行减排义务的情况下,主动承担更多的义务。换言之,巴西应该意识到,单纯地与发达国家对抗,并不能促使其履行减排温室气体的义务。

所有国际关系的理论范式在分析有关新兴国家问题的过程中都表现出了明显的局限性。对于现实主义和新现实主义理论范式而言,新兴国家逐渐变得富裕,但其国家权力尚不够强大,并且新兴国家高度依赖于美国和欧盟等强权国家或国际组织。历史唯物主义同样存在类似的问题。由于新兴国家处于转型时期,其国际地位往往是易于变化的。新兴国家不是发达国家,但其客观状况与欠发达国家也相去甚远。因此,在研究新兴国家的过程中,历史唯物主义相关理论范畴变得模糊。对于自由主义学派而言,解释有关环境治理合作的问题一直是个挑战,而新兴国家的出现使其分析结构更加复杂。最后,建构主义的分析范式似乎更适合被应用于针对新兴国家的研究之中。因为,要分析新兴国家在全球环境治理中所起的作用,关键是要研究新兴国家对于全球环境治理的认知以及其获取信息的能力。

参考文献

Altemani, H., and A.C.Lessa(2007), *As Relaes Internacionais do Brasil*, Belo Horizonte: Saraiva.

Amorimc, Rezendes Silvam(2006), Amazônia n.o est. à venda. *Folha de Sao Paulo*, 17 de outubro.

Abbott, Snidald K.(2000), "Hard and Soft Law in International Governance," *International Organization*, 54, 3, summer, pp.421—456.

Barros-Platiau, A.F.(2006) "A Política Externa Ambiental: do Desenvolvimentismo ao Desenvolvimento Sustentável," In Altemani, H., Lessa, A. C. (orgs.), *Relaes Internacionais do Brasil*, *Temas e Agendas*, S.o Paulo: Saraiva, p. vol.2, pp.251—282.

Barros-Platiau, A.F.(2008), "Atores, Interesses e Prospectivas das Negociaç. es Multilaterais sobre Aquecimento Global: que Governança?" Daibert, A.(org.), Direito Ambiental Comparado, Belo Horizonte: Fórum, pp.189—206.

Bodansky, D.(1999), "The Legitimacy of International Governance: A Coming Challenge for International Environmental Law?"*American Journal of International Law* 93(3), pp.596—624.

Bodansky, D.(2001), "The history of the Global Environmental Regime," in Luterbacher, Urs and Sprinz, Detlef(eds.), *International Relations and Global Climate Change*, Cambridge, Massachusetts: MIT, pp.23—40.

Dodds, F., and T.Pippard(ed.)(2005), *Environment and Human Security—An Agenda for Change*, London Earthscan.

Duffield, M.(2001), *Global Governance and New Wars.The Merging of Development and Security*, London: Zed Books.

Elliott, L.(1998), *The Global Politics of The Environment*. New York: New York University Press.

Grubb, M., and F.Yamin(2001), "Climatic Collapse at the Hague: What Happened, Why, and Where do We Go from Here?" *International Affairs* 77(2), pp.261—276.

Haas, Peter(2006), "Do Regimes Matter? Epistemic Communities and Mediterranean Pollution Control," *International Organization* 43(3): Summer, pp.377—403.

Intergovernmental Panel on Climate Change (2007), *Fourth Assessment Report. Climate Change 2007: Climate Change Impacts, Adaptation and Vulnerability*. www.ipcc.org.

Jaffrelot, C.(2008), *The Emerging States. The Wellspring of a New World Order*, United Kingdom: HURST Publishers.

Keohane, R., and J. Nye(2000), *Governance in a Globalizing World*, Cambridge, Mass, Washington D.C.: Brookings Institution Press.

Krasner, S.(ed.)(1995), *International Regimes*, Ithaca: Cornell University Press.

Klare, M.(2008) *Rising Powers Shrinking Planet. The New Geopolitics of Energy*, New York: Metropolitan Books.

Lago, A.C.(2006), do "Estocolmo, Rio, Joanesburgo—O Brasil e as Três Conferências Ambientais". Brasília: FUNAG, p.276.

Laidi, Z.(2008), *Norms over Force: The Enigma of European Power*, Palgrave Macmillan, p.179.

Le Prestre, P., Martimort-Asso, B.(2009) "A reforma da governança internacional do meio ambiente: os elementos do debate" in Varella, M., Barros-Platiau, A. F.(orgs.), *Proteo Internacional do Meio Ambiente*, disponível na internet.

Le Prestre, P.(2005), *Protection de l'environnement et relations internationales. Les défis de l'écopolitique mondiale*. Paris: Armand Collin.

Mueller, B.(2010), *Copenhagen 2009: Failure or Final Wake-up Call for Our Leaders?* Oxford Institute for Energy Studies, EV 49, February, http://www.oxfordenergy.org/pdfs/EV49.pdf, p.35.

Muxagato, B.(2010), "La montée en puissance du Brésil de Lula". *Questions Internationales*, n.41, Paris: La Documentation Française, janvier-février, pp.103—109.

Prins, G. et al.(2010), *A New Direction for Climate Policy after the Crash of 2009*. the Hartwell Paper, LSE McKinder Programme e Institute for Sciences, Innovation and Society, University of Oxford.

Stern, N.(2008), *Key Elements of a Global Deal on Climate Change*, http://www.lse.ac.uk/collections/granthamInstitute/publications/KeyElementsOfAGlobalDeal_30Apr08.pdf.

Victor, D.(2010), *Global Warming Policy After Copenhagen*, Willard W.Cochrane Lecture in Public Policy, Univ. of Minnesota, mimeo, p.15.

Viola, E.(2009), "O Brasil na Arena Internacional da Mitigaç. o da Mudança Climática," Rio, *Cadernos do CINDES*. www.cindesbrasil.org.

Viola, E.(2010), "Impasses e perspectivas da negociaç.o clim.tica global e mudanças na posiç.o brasileira". *Cadernos do CINDES*. www.cindesbrasil.org.

Vogler, John(2000), *The Global Commons: Environmental and Technological Governance*, 2nd Edition. Chichester: Wiley & Sons.

Yamin, F., and J. Depledge(2004), *The International Climate Change Regime: A Guide to Institutions and Procedures*, Cambridge: Cambridge University Press.

Young, O.(1992), "The Effectiveness of International Institutions," in Rosenau, James N. and Czempiel, Ernst-Otto, *Governance without Government*, Cambridge: Cambridge University Press.

中国参与全球治理转型

中国如何参与全球治理——蔡拓教授访谈

蔡　拓　王金良*

中国正处于全球化进程中的一个新阶段，当前也是中国参与全球治理的重大转折时期。2010 年中国的国内生产总值为 58 786 亿美元，超过日本正式成为第二大经济体。随着经济实力的增强，中国在全球政治尤其是亚洲地区扮演着越来越重要的角色。这不仅表现在中国的战略定位和布局方面，而且还表现在主导并参与区域性治理方面。建立亚洲外汇储备库、金砖国家开发银行、上合组织开发银行、亚洲基础设施投资银行（亚投行）等金融合作机制和组织，都彰显了中国积极参与全球治理的意图和决心。中国日益走向国际舞台的中心，然而更多的风险、挑战、质疑，以及新的问题、压力、困惑也接踵而至。为使人们对中国的国际定位以及如何参与全球治理有更全面的认识，华东政法大学政治学研究院讲师王金良（简称“王”）对中国政法大学全球化与全球问题研究院蔡拓（简称“蔡”）教授进行了访谈。以下是访谈的主要内容。

一、 全球治理的价值和理念——全球主义与国家主义

王：您刚才谈到中国的国际定位和角色，以及中国的国际责任问题。从当前中国在全球政治中的影响和地位来说，中国是当之无愧的新兴大国。然而，从新兴大国走向真正意义上的大国还存在不确定性。显然，国际社会对于中国现代化进程的态度是复杂多样的，有肯定和赞扬的，有批判和疑虑的，也有持中立态度的。更为重要的是，在全球化时代，如何塑造更为开放、成熟和理性的对外战略，对于中华民族的伟大复兴具有重要意义。

* 蔡拓，中国政法大学教授。王金良，华东政法大学政治学研究院讲师。

蔡：从全球治理的价值和理念来看，同样也可以指导国家参与全球治理的实践。多年来，在学界我一直倡导两个基本的价值和理念。一是坚持全球主义观照下的国家主义，抵制当下国家主义的诱惑；二是倡导有效、合理的国家利益观，反思国家利益最大化的理念。全球主义观照下的国家主义，指的是当代人类社会生活的全球相互依存，已经开始把全球现象、全球问题、全球关系、全球价值等等新元素融入世界历史，人类已不可能再局限于在领土国家之内应对生存挑战，推动社会进步，实现可持续发展。在实践上，在推进全球治理的过程中要立足国家主义的现实，努力寻求全球主义与国家主义之间的平衡。同时，我们必须对国家利益最大化的思维进行反思。

全球主义是全球治理的一个基本逻辑。由于全球性的出现，以及全球问题带来的全球意识，仅仅根据国家主义的视角看待问题已显得不合时宜。近十年来，全球政治出现了一系列强化国家主义思潮的实践，比如“9·11”事件以及2008年国际金融危机等等。结果是美国加强了全球的反恐行动，国家间政治似乎又呈现出明显的国家主义回潮。在这种背景下，我们更需要反思国家主义至上的消极作用。反思国家主义以及传统国际秩序，具有十分重大而急迫的意义。

全球主义是一个历史过程，它绝不只是一个空间概念，而是一个综合性概念。全球主义是对全球性事物的抽象，涉及主体、空间、制度、价值。与之相对应的是国家主义和本土主义，历史形成的政治共同体和社会共同体大多体现这种情怀，实际上可以称之为国家主义、民族主义、地方主义、本土主义。自20世纪70年代以来，全球性问题日益恶化，国家、国际组织以及其他组织的政治动员和政治参与越来越多，尤其是众多非政府组织更是全球主义的实践者和推动者。同时，由于全球互联网和信息交换技术的发展，不同国家和地区的人们之间能够及时共享信息和资源，这也推动了全球主义意识的形成。在全球主义的影响下，超国家、超国界的力量，无论是物质的、制度的，还是价值与理念的力量都大大增强了。

从某种程度上说，全球主义能够弥补国家主义带来的偏误，防止过度强调国家主义带来的危害。在现代国家的构建过程中，国家主义的作用是不可替代的。然而，在世界历史中发生的大悲剧如两次世界大战，泛滥的国家主义是问题的关键所在。我们正处于全球化日益深化的时期，以全球主义的视角看待全球政治是一个时代的要求。以人类本位、全球价值、全球意识、全球伦理为特征，从而形成与国家主义迥然不同的全球主义，这应当成为观察我们所处时代的一个视角。显然，目前全球政治的实践中，占主导地位的仍然是国家主义。在打破以国家为基本单元的原子式社会的过程中，全球主义应该发挥更多的影响。不管怎么说，仅仅根据国家主义作适当调整、修正，是难以认识和应对全球化所彰显的诸多超国家现象与问题的。全球主义与国家主义之间需要达成某种平衡，这样才能为国家参与全球治理提供理论、观念和价值方面的支撑与思考。

我们知道，在国际关系理论研究中，现实主义一直强调国家间关系就是权力之间的争斗，国家利益是国家间交往遵循的最高原则。不可否认，国家利益最大化是至今为止各国在处理国际事务时所信奉与遵循的原则。作为一种基本的治理单元，国家仍然是最重要最有效的分配者，是社会生产和生活的主要管理者，是社会秩序的主要保障者。同时，在国际事务中，主权国家仍然是最基本的行为体，决定了国际政治的基本性质和特征。目前，国家仍然是最强大的国际关系行为体，它可以独立开展各种对外活动，并承担国际法所赋予的责任和义务。

全球主义与国家主义之间存在着对立统一的辩证关系，根据这两种不同的理念，国家参与全球治理也有两种不同的态度。一种是片面性地排斥或否认国家在全球治理中的作用，至少是对国家参与全球治理的重要性认识不足。由于全球治理是针对国家和国际治理失灵或失效提出的，其理论基点是全球主义，是对非政府组织参与全球治理的强调，所以容易导致走向否定国家作用的极端。另一种是片面性地夸大国家在全球治理中的主导作用，迷恋甚至迷信国家，主张回归传统的国家主义。这种倾向正是当下全球治理中的隐患。国家在21世纪头十年应对全球性危机中的突出作用，在某种程度上导致国家主义的强势回归，这种倾向是极为危险的，应当高度警惕。在全球治理中，要给国家以正确的定位，有两种理论观点值得重视。

我们之所以倡导有效、合理的国家利益观，就是要反对不顾正当国家利益，片面地强调全球主义的价值理念。二战结束后，占世界人口四分之三的广大发展中国家获得了独立。发展中国家有着深厚的国家主义情结，这些国家对于主权有一种特殊的政治情感。一方面它们把国家主权视为争取民族独立的政治成果；另一方面，又希望通过国家主权摆脱西方强国的干涉和控制。这些国家对于西方国家抱有戒心和抵触情绪，这种心理和情感可以理解。同时，由西方国家主导的国际机制更有利于其本身的利益，广大发展中国家很可能成为这种不合理、不公正的国际秩序的受害者。这就需要倡导有效、合理的国家利益观，将维护本国合理利益与人类共同利益结合起来。

在全球主义与国家主义之间,具有某种平衡。我们需要以全球主义观照下的国家主义为指导性理念,才能更好地处理全球治理与主权国家之间的利益协调关系。正如我前面指出的那样,国家仍然是国际社会的细胞,是国际关系最基本的主体,所以国家认同、国家利益仍然是国家参与全球治理的基础。然而,在全球化时代,国家之间不一定就是"零和"关系,全球相互依赖也会增进国家间的合作以及形成共同利益,这也是一个基本事实。

二、 中国的国际定位问题

王:改革开放 30 年来,伴随全球化以及中国的现代化的进程,国际社会出现了许多对于中国国际定位和角色问题的研究和讨论,其中有乐观的判断,也有批判甚至诋毁的观点,您对此有什么看法?

蔡:第一种观点就是所谓的"中国崩溃论"。进入 21 世纪以来,西方社会就出现了"中国崩溃论"的论调。这种观点对中国改革开放大肆抵毁,对中国所取得的成绩深怀恐惧,对中国发展中面临的问题极力夸大,甚至幸灾乐祸。"中国崩溃论"主要依据是夸大中国经济面临的问题,认为中国经济增长是虚假的,中国的经济和金融市场是不稳定的,也就是说在短时期内中国的经济将走向崩溃。显然,这种观点越来越没有市场。第二种观点与之相反,可以称为"中国世纪论"、"中国模式论"。这种观点对中国改革开放持肯定、赞扬的态度,认为中国进行现代化建设的模式与经验有普遍性意义。从这个角度说,中国模式可能成为发展中国家走向现代化的可效仿的模式。也就是说,与中国国情更为接近的发展中国家,可以借鉴中国模式的成功经验。应当说这种观点对于中国国际定位具有很高的理论和实践价值。第三种观点就是"中国背离论"。一些西方新马克思主义者以及第三世界的学者持有这种观点,他们认为中国背离了马克思主义、背离了第三世界。其理由是,中国的市场经济导致贫富差距加大,忽视了国际社会不公正问题,这些都有悖于社会主义的宗旨和马克思主义的原则。然而,中国实行改革开放以及社会转型,顺应了全球化的发展趋势,从更根本、更长远的角度来说,这有利于发展社会主义的生产关系,也对发展中国家起到了示范和带动作用,因此"中国背离论"的观点有些片面、落伍。第四种观点是"中国责任论"。随着中国经济实力的增加,国际上突然出现了多种"中国责任论"的观点。一方面,国际社会希望中国在全球政治经济等重大事务方面,拥有更多的发言权，从而可以有效地平衡西方欧美国家主导的全球治理体系。另一方面，有人也认为中国是经济全球化的受益者和“搭便车”者。他们认为中国应当承担“顺差国责任”、“债权国责任”、“能源消费大国责任”、“二氧化碳排放大国责任”等等。这一切都提出了中国的责任问题，是一种复杂的观点，对此我们应该有所区别地看待。

随着全球政治的转型和深化发展，中国面临着日益严峻的结构性压力与挑战。在这种背景下，国际社会出现了一些关于中国问题的观点和看法，不足为奇。如果要全面明确地认识当代中国的国际定位，需要从以下四个维度进行理解，即中国实力的现状与评估、中国与现有国际体系和国际秩序的关系、中国自身的特质与价值追求、中国在对外关系中可挖掘的优势与着力点。从这四个维度出发，我们可以看出中国是一个正在崛起的新兴大国，是国际共同体中理性且负责任的成员。中国是国际秩序的参与者和合作者，是现存国际法体系的遵循者，是高举改革开放旗帜的社会主义国家，也是注重并拥有软实力的文明古国。然而，新兴大国并非就是经济强国和发达国家，从大国走向强国，还有相当长的路，而且充满着不确定性。

与发达国家相比，我国在经济结构、产品科技含量、人均收入、国民教育、管理水平、社会成熟程度、法治状况等诸多方面具有不小的差距。然而，这并不是说中国的定位就是发展中国家。当前，我国是一个正在崛起的新兴大国，这种定位是比较准确的。关于中国身份的定位，我们必须坚持客观的态度。一方面，避免不切实际地把中国当成是发达国家，这既违背客观事实也不利于中国更好地参与全球政治。另一方面，我们也不能用发展中国家的定位来替代或忽视新兴大国的定位。因此，承认并更好地诠释我国作为新兴大国的权利与责任，避免在参与全球治理时错误的身份定位，具有特别重要的意义。

三、 中国如何参与全球治理

王：中国已成为全球第二大经济体、第一大贸易国和第一大外汇储备国，可以说当前全球政治中许多重大问题的解决离不开中国的参与。然而，无论是在理论和新思维上，还是在战略实践层面，中国似乎还没有作好在全球治理中扮演更重要角色的准备。中国是积极参与到现有由欧美国家主导的全球治理体系中，还是另辟蹊径建构另一个更加合理高效的版本？面对这些新环境与新问题，中国应以何种新的理念、对策与行动参与全球治理呢？

蔡:中国如何参与全球治理,这一问题至关重要,不仅关系到中国的国家利益和国家战略,也影响了21世纪全球政治的格局。从理论支撑来说,中国参与全球治理需要新的理论视角,中国需要从阶级、意识形态、国家的视野转向整体、全球的视野,认同人类日益增多的共同性。实际上,21世纪以来召开的第十六至十八届中国共产党全国代表大会上一再强调:“我们主张顺应历史潮流,维护全人类的共同利益”;“当代中国同世界的关系发生了历史性变化,中国的前途命运日益紧密地同世界的前途命运联系在一起”;“人类只有一个地球,各国共处一个世界”;“合作共赢,就是要倡导人类命运共同体意识,在追求共同利益时兼顾他国合理关切,在谋求本国发展中促进各国共同发展,建立更加平等均衡的新型全球发展伙伴关系,同舟共济,权责共担,增进人类共同利益”。不难发现,强调共同性、认同整体性已成为一个标示性理念,这可以成为我国参与全球治理的理论导向。

由于发展阶段、国际地位和历史传统不同,中国还处于参与全球治理的学习、适应和调整阶段。对于许多全球领域的机制、规则都处于学习、理解和运用的阶段,这是我们的问题所在。然而,近年来在全球经济治理中,中国已经发挥了越来越重要的作用。比如在应对2008年国际金融危机中,中国发挥了举世公认的作用。之后,中国在二十国集团的历次会议上都发出自己的声音,强调加强协调、密切合作、共渡难关、实现共同发展。此外,中国还努力凝聚新兴大国力量,推动“金砖国家”合作机制的形成和不断发展。在2013年第五次金砖峰会上,中国为筹建金砖国家开发银行和金砖国家外汇储备库作出重要努力。金砖国家的经济发展对全球金融治理体制的改革有着巨大的影响。金砖发展银行的现实意义和历史影响,未来将会愈加凸显。自2013年9月开始,中国国家主席习近平先后提出共建“丝绸之路经济带”和“21世纪海上丝绸之路”(“一带一路”)的重大倡议,这实际上是中国参与全球治理的重大举措。加快“一带一路”建设,有利于促进区域经济合作和区域一体化的进程,也有利于加强不同国家和地区之间的全方位交流,从而推动全球治理的深入发展。此外2014年10月,包括中国、印度、新加坡等在内的21个首批意向创始成员国代表在北京签约,成立了亚洲基础设施投资银行。亚投行的成立代表了全球经济治理开始转型,新兴经济体在新的国际金融机构发挥了更为重要的作用。这也意味着由欧美国家主导的世界金融格局开始转型,新兴国家在全球治理中有了更多的话语权、主导权。

不可否认,现有全球治理体系的确主要体现的是欧美国家的利益和诉求。

从根本上改变这一局面，建立一种不同的全球治理框架实非易事。然而，如果中国能加大提供全球公共物品，承担相应的国际责任，那么就能够更好地参与全球治理。中国作为经济总量居世界第二的新兴大国，也需要为全球治理贡献自己的政治经济影响力。所以，无论从全球政治的运行，还是回应国际社会对中国的期待，以及中国自身的利益来说，都应该更积极参与全球公共物品的管理与使用中去。在这一过程中，不仅可以塑造中国作为负责任大国的文明形象，而且还能够让全人类在共存共赢、共同繁荣的转型中受益。

"和谐世界"是中国参与全球治理的理想版本。所谓和谐世界，就是讲法治，重公平正义、平等宽容，不断增强人类共同体意识的全球治理。全球治理涉及全人类公共生活，不是某一国家、某一民族或某一团体的事务。当代各类全球问题诸如战争与和平、南北关系、生态失衡、环境污染、人口爆炸、资源短缺、国际恐怖主义、跨国犯罪等等，需要在全球层面，通过对话、协商、合作确立一系列有效治理的机制、条约和规范，才能得以有效的解决。全球问题是全球人类共同面临的重大挑战，它涉及人类的共同利益。这就需要在全球层面达成合作的共识，形成有约束力的机制。文明多样性是人类社会的基本特征，坚持包容精神，共建和谐世界才符合全球治理的基本精神。然而，所谓"和谐"并不意味着没有矛盾、冲突与抗争，而是强调在各国国情的基础上达成治理的状态，从而可以避免主权国家之间的冲突。只有在平等参与、相互尊重、恪守公平正义、认同宽容的基础上才能实现和谐全球治理。这的确是一种理想状态，但并非只是一种空想。中共十六大明确提出"我们主张顺应历史潮流，维护全人类的共同利益"以来，中国最高决策层反复强调世界的整体性与共同性。十七大指出："当代中国同世界的关系发生了历史性变化，中国的前途命运日益紧密地同世界的前途命运联系在一起。"十八大指出："人类只有一个地球，各国共处一个世界"，"合作共赢，就是要倡导人类命运共同体意识……同舟共济，权责共担，增进人类共同利益"。

四、 全球治理的转型

王：当前以欧美国家主导的全球治理框架，并没有达到人们预想的效果，其本身所固有的问题也日益严重起来。二战以来，传统地理意义上富国与穷国之间的差距越来越大，而全球资本带来的全球两极分化更为明显。显然，全球治理并没有很好地解决其所面对的全球问题，甚至加剧了这些问题。同时，群体性崛起的新兴国家已经成为全球政治中的重要力量，它们必然要求在全球治理中发挥更为重要的作用，要在全球政治经济规则的制定和执行中获得与实力相称的影响力。这些事实，是否意味着全球治理的转型已经迫在眉睫？

蔡：的确如此，当今全球治理体系是由西方世界所垄断和主导的。这种局面是由多种因素造成的，其中历史原因是不可忽视的。二战结束后，为了通过国际合作和集体安全来维护和平，在大国尤其是欧美国家的主导下成立了联合国。而在全球经济领域中，由美国主导的布雷顿森林体系奠定了国际金融秩序。应当承认，当前全球治理体系依然由欧美尤其是美国所主导。全球治理的机制设立在"华盛顿共识"基础之上，以新自由主义为导向，这显然仅仅反映了欧美国家的价值观和利益需求。在这种治理框架下，大多数发展中国家处于非常尴尬的地位。这些国家急需发达国家的投资和技术支持，然而它们又必须接受新自由主义的"结构调整计划"。然而令人欣慰的是，新兴国家的崛起逐渐改变了这一局面。根据国际货币基金组织的数据，发达国家的经济总量占世界经济总量的比重以汇率计算，已从1992年的83.6%下降至2012年的61.9%，而非西方世界在同期则从16.4%提升到38.1%。如果按购买力平价计算，发达国家的经济总量占世界经济总量的比重从同期64%下降至49.8%，而非西方国家则从35.9%上升至49.9%，历史性地在经济总量上超过了西方世界。这充分表明，在全球治理的框架设计中，必须尊重和重视非西方国家尤其是新兴国家的利益和价值诉求。这就需要打破西方国家主导全球治理话语权、设置议程和规制制定的状况，以中国为代表的新兴经济体应在全球治理中发挥更大的作用。

从全球经济格局来看，现阶段全球治理体系已经具备转型的基础。然而，这一体系的历史性转型仅仅处于起始阶段，我们不可过高估计。新兴经济体群体性崛起，能够改变原有的全球政治结构。然而，美国仍然是世界第一大经济体，它在全球政治、经济以及军事领域中的影响仍然是非常重要的。自2013年以来，美国经济已开始复苏，在强力救市措施以及"制造业振兴战略"和"页岩气革命"的推动下，美国经济呈现出增长持续、就业改善和通胀较低的良好态势。在未来几十年中，美国在全球治理中会继续发挥持久和深远的影响，这是我们应该承认的一个基本事实。美国在西太平洋以"跨太平洋伙伴关系"(TPP)为依托，在大西洋以"跨大西洋贸易与投资伙伴协议"(TTIP)为平台，力争继续保持世界经济的霸主地位。在美国"重返亚洲"的战略布局下，亚洲局势紧张，全球治理也正在遭受重大挑战。与20世纪90年代相比，国家主义压过了全球主义,全球治理受到了国家实力和国家利益的冲击,遭受了不同集团与国家的政治较量的压力。在全球治理的转型过程中,妥协和对话的弹性日益缩小,达成大多数国家之间相互对话和妥协的治理新框架不断遭受挫折,其前景不容乐观。

由于全球问题超越了领土边界,单个主权国家难以独自有效解决此类问题。同时,自20世纪70年代以来,非国家行为体的数量急剧增多,一些非国家行为体甚至具有了国际法主体资格。在全球政治舞台上,国际组织、宗教组织、非政府组织、政党及其他政治组织甚至包括个人都能够起到重要的作用。显然,以主权国家为主的传统国际治理并不能适应这种现实需要,所以多主体、多层次、网络状的平等协商的全球治理应运而生。当然,今天的全球治理远未成熟,在民主参与、制度规范、运行效率、责任、监督、可持续性等诸多方面都有待改进和完善。

在全球治理转型方面,人们更关心的是新兴经济体、特别是金砖国家集团与传统的欧美国家集团之间的较量。显然,这种思考方式仍然是立足于国家主义,认为全球治理不过是国家之间的权力关系问题。2011年,美国普林斯顿大学教授约翰·伊肯伯里在其著作《美国世界秩序的缘起、危机与转型》中,认为全球治理体系已进入一个转折点,原因之一是新兴国家的实力上升,从而需要争取全球治理中的领导权;原因之二是全球相互依存的加深,全球治理成为一个合理的需要。全球政治具有超国家化和非领土化的特征,这使得传统的等级式的、民族国家之内政治的统治模式表现出很大的局限性。全球治理要求国家之间,以及国家与非国家行为体之间达成基本的共识和规范,因而在处理全球公共事务的议题、程序的安排方面,具有传统政治不可比拟的优势。当前,全球政治在主体、利益与价值导向、运行机制上突出全球主义的理念,这也是全球治理转型的一个基本动力。

全球化的确加大了世界的贫富差距,深化了全球不平等,全球治理成为一个合适的选择。然而,选择哪一种全球治理模式是问题的关键。随着应对危机紧迫性的减弱,美国和西方逐渐摆脱金融危机、欧债危机的困扰,然而却无法更好地处理与新兴大国之间的关系。实践证明,建立在新自由主义意识形态基础上的西方全球治理遭遇了重大困境。从这一角度来说,"和谐世界"为全球治理提供了另一种选择。欧盟国家只有在贫困、气候变暖、国际贸易与金融等等迫切而现实的问题上切实向发展中国家给予政策、技术、资金的倾斜与援助,才能使全球治理更人性化,从而实现真正的"和谐世界"。

在理论界，关于全球治理的探讨和研究已有二十余年的历史，这具有重要的意义。全球治理不仅仍是当代全球政治的主题，而且从长期来看，也将最终影响全人类的命运。因此，对于现阶段全球治理实践的讨论、批评、反思以及建议，有助于形成一种更加完善的全球治理理论。

五、 全球学学科的研究

王：全球化进程的深入和全球问题的日益严峻，以及对全球治理的关注与呼唤，都要求国内学术界对其进行广泛而深入的研究。无论在现实层面还是在理论层面，对于全球化性质及其影响的研究都被提上了重要研究议程。只有这样，才能更好地理解全球化时代政治、经济、文化以及社会关系，以及相应的制度与观念。我们知道，中国政法大学全球化与全球问题研究所及其前身在全球化与全球问题研究领域已取得了显著成绩，出版了多部学术专著和多篇高水平学术论文。这些研究成果集中研究全球化与全球问题对当代人类社会生活带来的新挑战和新问题，已经得到国内学术界广泛认同与肯定。2011 年，中国政法大学获得教育部批准设立全球学专业博士点，标志着该学科的发展已经进入一个新阶段。目前，全球学这一学科在本体论、方法论和认识论方面，有什么特征呢？

蔡：作为一门正在构建中的新兴学科，全球学经历了一种不同的发展过程。从研究对象来看，全球学是以全球化为时代和学科背景，以全球化和全球问题所催生的全球现象、全球关系为研究对象的新兴综合性学科，它的四个核心范畴是全球化、全球问题、全球治理、全球性。从方法论来说，全球学的主要研究方法是方法论全球主义、复杂性科学方法、哲学方法、跨学科方法、比较方法，其中方法论全球主义又具有特殊的重要地位。全球学立足于全球主义整体主义的方法，探究全球化的经济、政治、法律、文化现象与关系，以及如何处理这些新现象与关系所带来的问题，如何应对人类社会的整体性、结构性变迁等等。

从学科发展史来看，全球学起源于 20 世纪 70 年代的全球问题研究，罗马俱乐部的系列研究报告，特别是早期的《增长的极限》和《人类处于转折点》两个报告，体现了鲜明的全球视角、全球意识和全球关怀，奠定了全球学的基本向度。20 世纪 90 年代，全球学迎来了自己的勃兴时期。欧美国家相继开设以全球学为研究方向的本科、硕士、博士专业，全球学学术组织纷纷成立，学术刊物也陆续问世。据不完全考察和统计，目前，在全世界至少已有 100 余所大学招收本科学生从事全球学的学习，有 40 多所大学开展全球学学科的硕士和博士生培养等等。

从学科体系来说，它的逻辑起点是全球化和全球问题，它的一级学科平台是全球经济、全球政治、全球法律、全球文化。在全球学的第二级平台中，主要包括全球体系、全球秩序、全球治理、全球公民社会、全球进程五个范畴，主要探究的是全球化与全球问题在各个领域、层面所导致的新变化、新问题，从直观的现象层面阐述了全球学的基本内涵和研究内容，并初步分析了这些新现象、新关系的可能后果与影响。全球利益、全球伦理、全球性三个范畴形成了全球学的第三级平台。

从研究方法来说，方法论全球主义是全球学学科的基本方法和视角。所谓方法论全球主义，就是要超越方法论民族主义的基本方法和视角，即超越国家领土和国家疆界，超越内外有别、国内与国际对立等基本理论视角，以全球化和全球问题作为解释和分析问题的基本视角。乌尔里希·贝克所主张的方法论世界主义就是一种宏观的研究方法和视角，这一研究视角对于全球学学科研究具有重要的启示意义。显然，贝克所讲的世界主义的真谛，就是从本体论上强调自我与他者的共存性。正如他所言："世界主义是一副从左右两个方面对付种族中心论和民族主义的解毒剂。"

中国作为国家在全球治理中的一个案例

——兼论中国官方对待“全球治理”的态度转变*

庞中英**

【内容提要】 中国与全球治理之间的关系不同于其他国家与全球治理之间的关系。首先，文章对“全球化”和“全球治理”这些概念进入中国的过程进行了讨论。然后从中国官方对待全球治理的态度变化来了解、理解、解释中国与全球治理之间的关系。从20世纪90年代至今，虽然中国学者在全球化研究上的全球话语权仍然有限，但是中国官方却仍然接受和拥抱了“全球治理”。最后，基于比较政治研究的视角可以看出，中国与其他国家在对待全球治理时，存在着较大的差异性，中国需要对全球问题的解决贡献中国方案的政治意愿和中国能否提供不同于西方的和其他的全球治理方案之间存在着巨大的缺口。

【关键词】 中国　全球治理　态度

一、 单个国家与全球治理之间的关系：比较政治研究的任务

国家仍然是全球治理的主要行为体。当然，这是一个悖论，因为国家同时也是世界体系性的全球问题的一部分。例如，美国是我们这个世界的全球问题体系的一部分，而许多人一度理想化、天真地以为美国是我们这个世界的问题的解决方案的一部分，甚至认为这个世界的问题主要可以依靠美国来治理，因为据说现有的以解决全球问题为使命的国际框架都是美国建立起来的。其他

---

* 本文是为华东政法大学研究院《比较政治与全球治理》(第一辑)所作的专稿。

** 庞中英，浙江师范大学外国语学院全球治理研究中心特聘教授。

国家，即使不是总体上的“霸权”（the hegemon）[①]，也一样具有这样的双重属性：一方面，这些国家都是全球问题体系的一部分，生产（“贡献”）全球问题，另一方面，这些国家也（程度和方式不同地）生产全球问题的解决方案，参与集体的全球问题的解决（即全球治理）。但是，国家生产的全球问题，无论规模和程度，往往远远大于其对全球问题的解决。

在国际体系中，每个国家都是独特的。中国与全球治理之间的关系不同于其他国家与全球治理之间的关系。20世纪70年代末，中国是在与世界的互动中开始“改革开放”的。而这一“改革开放”的过程，实际上是参加美国和欧洲主导的全球治理的过程。这种参加的主要含义是中国执政者以及广大的中国社会试图在外部世界寻求中国自身问题的解决方案（如世界银行的贷款和经济改革建议，世界贸易组织通过建立国内“自贸区”和“丝路”计划“进一步扩大对外开放”等等），而外部世界（主要是欧美日）则以全球治理的名义介入中国的改革开放过程。但历史演变到21世纪初，中国不再满足于、也不能仅限于参加全球治理，而是试图塑造、影响，甚至期望主导全球治理。

关于一个个的国家与全球治理之间的关系，已经有不少研究，比如，意大利与全球治理、俄罗斯与全球治理、印度与全球治理、巴西与全球治理、美国与全球治理，甚至作为国家集团（不管这个国家集团是否已经形成新的国家）的欧盟与全球治理，当然，还有中国与全球治理，这些主题下已经有了不少研究（多数是“政策研究”性质的）。而华东政法大学政治学研究院则进行了国家参与全球治理的一般学术研究，设计了国家参与全球治理的指标体系。这个指标体系的建立是一个独家贡献。

中国与全球治理之间的关系，是近几年世界范围的全球治理研究的一个焦点论题。本文是作者对这一题目的独立研究的一部分，主要是通过一个角度分析中国官方对待全球治理的态度变化来了解、理解、解释中国与全球治理之间的关系。本文首先讨论“全球化”和“全球治理”这些概念进入中国的过程，然后讨论中国官方是如何对待全球治理的。我的此种讨论，在全球治理研究以及关于全球治理与中国之间的关系的研究中，以前并没有人做过。所以，本文的讨论属于原创性的，希望引起同行的兴趣和评论。

---

① “hegemon”一词在中国一般译为“霸权”，我认为这是一个误解。其实，hegemon应该翻译为“帝权”，一个拥有“帝权”的国家在世界上占据的地位（作用）是hegemony。hegemony并非中文的“霸道”，而正是“王道”的意思。中国的翻译正好反了。

二、"全球治理"在中国

"全球治理"这个最初的欧洲概念、观念、知识也有一个"全球化"的过程。我没有研究过"全球治理"到底是如何"全球化"的(这是一个很有意思的命题,建议有兴趣和有精力者对此加以研究)。作为我指出的"全球治理的全球化"这一命题的一个重要方面,"全球治理"在中国的情况是我最感兴趣的。"全球治理"到底是如何到了中国?除了学者外,"全球治理"为什么、何时、如何被中国官方接受和拥抱?对于"全球治理"源头地区的欧洲和美国来说,一讲到"全球",不会不想到(提到)中国。因为没有中国,对欧美来说,任何全球化与对全球化的治理(全球治理)只是局部的全球而非全部的全球。

现在已是伦敦经济学院荣誉教授莱斯利·斯克莱尔(Leslie Sklair)在他1988年的著作中就已使用"全球化"的说法。但他也指出,当时,无论学术界还是非学术界,尚未使用这个词。[①]我的记忆是,在1989年以前,中文中没有也不可能有"全球化"一词,但中文中却开始使用"国际化"的术语。20世纪80年代末开始担任我的硕士研究生导师、已故著名经济学家与社会活动家罗元铮教授在中国最早使用"国际化"一词。[②]20世纪80年代末,中国学术界,尤其是经济学界与西方的交流已经越来越多。西方制造的"全球化"概念很快就传入中国。不知何时,通过何人、何刊物(包括内部出版物),"全球化"越来越取代了"国际化",或者与"国际化"并存,进入了中国学术,尤其是中国经济学。其中,中国社会科学院等主办的《国外社会科学动态》等译介西方社会科学(以及意识形态)的刊物以及一些"内部出版物"(内参)最先介绍了"全球化"。到了20世纪90年代初,"全球化"一词已经在中国大行其道,但是,真正知道这个词并感兴趣的中国学者还相对不多。当时还是属于研究世界经济学的青年学者庞中英写的《全球化:21世纪经济发展的趋势》一文发表在中国社会科学院主办的《经济学动态》1994年第1期上。

在20世纪80年代,一些中国的世界经济和国际问题研究者对联邦德国总

---

① 转引自曹俊汉:《全球化与全球治理:理论发展的建构与诠释》,台北:韦伯文化出版公司2009年版,第4页。

② 参见罗元铮:《经济生活国际化是对外开放的客观依据》,《财经问题研究》1987年第1期。笔者在20世纪90年代曾担任罗元铮教授的私人学术助手。

理维利·勃兰特主张的重建世界经济秩序、南北合作十分注意。勃兰特最早主张建立一个"全球治理委员会",面对全球共同的危机,求得全球共同的生存。勃兰特关于南北关系的真知灼见、远见卓识在中国广受赞扬和介绍,他是全球治理最早的主张者和实践者。

20世纪90年代初,也许注定在全球治理思想史上留下一笔的"全球治理委员会"成立,并于1995年发表了该委员会的主要成果——《天涯成比邻——全球治理委员会的报告》(英国牛津大学出版社)。该报告的两位主编,分别来自瑞典和圭亚那。提及这份报告当然要提到德国前总理勃兰特在全球治理上的开创性贡献。正是勃兰特提名一位瑞典人和一位圭亚那人出任全球治理委员会主席,分别代表"全球的北方"和"全球的南方"。

这份南北合作的全球治理报告与中国也有关。中国高级外交官钱嘉栋大使是全球治理委员会的中方委员。在"外交无小事"(纪律和规则十分严格)的情况下,相信他当时接受邀请出任委员一职也是中国有关部门批准的,说明当时的中国外交系统甚至中国外交决策高层至少不排斥由欧洲社会民主党势力主张的改进南北关系的全球治理主张。中国对外翻译出版公司几乎与该报告的英文版同步出版了其中文版。

在20世纪90年代末到21世纪初,在欧美,"全球化"开始遭到来自各方面的政治上的批评和社会上的抵抗,这一抵抗一直持续到今天。这是全球经济中的重大现象和因素,可惜许多经济学家漠视此种"抵抗政治"。在官方层面,中国等后来被华尔街投资银行的分析家或者英国《经济学人》称为"新兴经济体"的行为体却越来越重视"全球化"和喜欢这个概念,有关学者则乐此不疲地介绍、翻译原产地为英美欧的"全球化"论文和著作(当然,这些被翻译为中文的全球化文献与铺天盖地、汗牛充栋的没有被翻译为中文的全球化文献相比,直到现在也只是很少一部分)。不过,欧美关于"全球化"讨论、辩论的一些核心文献居然被勤奋不已的中国学者都介绍过来了。

中国对于全球化的研究,从20世纪90年代初算起到现在,已有20多年。20多年中,没有改变的一点是,中国学者在全球化研究上的全球话语权有限(在关于全球化的辩论和出版中,欧美学者主导,非洲和印度学者都参与其中,但中国学者顶多是过程的目睹者,并非真正的参加者,因为他们没有进入欧美学者主导的辩论体系中并发表观点,西方学者也不会因为一个中国学者的提法而产生争论),因为总的处在学习者的位置上——介绍主要来自英语世界的全球化研究著作,基本上缺少独家的、基于全球化的中国体验和事实的研究。这个局面一直到今天基本没有改变。①

有的在美国学习“政治科学”获得政治学博士学位的中国学者(如香港中文大学的王绍光),奉行“拿来主义”,回国后不仅更加勤奋地介绍美国的政治科学,尤其是其研究方法,而且还进一步,主张对来自美国的政治科学在中国“本土化”。

姑且不管是否具有关于“本土化”主张和行动的批评,如果用政治学在中国的“本土化”的标准(任务)来衡量,说在中国的政治学已经提出“本土化”的任务并开始“本土化”,那么,全球化和全球治理研究(全球化和全球治理研究并不仅仅属于政治学领域,而是一个多学科、跨学科研究领域)既没有提出“本土化”的任务,也根本没有开始“本土化”。

中国一开始对全球化存在着不少疑问,甚至持反对态度。但奇怪的是,这种质疑和反对,没有持续多长时间或者很快就被淹没而忽略不计。很快地,现在想起来,似乎是咄咄怪事,大多数的学者居然一边倒地肯定、赞扬全球化,甚至有不少论者缺少实证研究,居然不断说出并强调“中国是全球化的受益者”的绝对化却不靠谱的观点。一句话,与欧美在过去20年对全球化的尖锐批评相比,不少中国学者不仅严重缺少对全球化的批评,而且居然情绪式地、意识形态地、莫名其妙地为全球化唱赞歌。这样给人的错觉是,中国没有多少理性的“反全球化”,而大多数居然是拥护、欢呼、肯定、期待全球化的,因为“中国从全球化中总的是受益的”,且是“最大的受益者”。

这样的情况,显然是不对的。中国也存在着全球化的受害者,而且全球化给中国带来的问题与全球化给欧洲带来的问题有许多是相似的、相同的。但为什么欧洲人会客观地看待全球化,中国人却因害怕被扣上“不开放”、“反对‘对外开放的基本国策’”等的帽子,即使看到全球化的阴暗面,也不敢批评全球化?

三、 为什么中国官方最终接受和拥抱了“全球治理”?

研究一些国际行为体(行动者),尤其是政府对待某一重大的全球治理问题的态度的演化,一直是一个重要的研究任务和研究方法。笔者在2005年发表在国际学术期刊《国际维和学报》上的《中国对待联合国维和的态度变化》一文就是这类全球治理问题研究。此文发表前,国外对中国在联合国维和问题上的

① 徐进、刘畅:《中国学者关于全球治理研究》,载《国际政治科学》2013年第1期。

态度变化不是很了解。此文发表后10年来广泛被国际学术界引用，由此可见中国的国际态度和行为被“外界”了解和理解的程度其实很低。①

与“市场经济”、“自由贸易”、“永续（可持续）发展”等外来的概念一样，“治理”和“全球治理”的概念在中国的旅行是一种独特的国际知识过程：在20世纪90年代，本土学者就开始从西方主导的国际知识体系引进这类概念。已故全球治理研究大师、美国世界政治学教授罗西瑙（James N. Rosenau）和德国著名学者、法兰克福国际和平研究所的创始人切皮尔（Ernst-Otto Czempiel）合编的《没有统治的治理：世界政治中的秩序与变迁》（*Governance without Government*：*Order and Change in World Politics*，Cambridge：Cambridge University Press，1992）一书被很快翻译为中文出版，可惜该译本却把government仅译为通常的“政府”，而不是西方治理学者真正的意思——“统治”。这是一个很大的缺憾，说明中国学者还是没有真正了解西方学术界为什么要强调governance及其对government的“革命”。本地社会（如媒体）事实上经常和频繁使用（包括滥用）governance一词，最终，执政党对“全球治理”态度的转变从一开始（非正式）怀疑、警惕、拒绝到最后谨慎研究、判断、接受，而且大力提倡和主张这类概念。这个过程是非常有意思、值得研究的演变。

2012年11月8日，时任中共中央总书记胡锦涛在十八大上做的报告中提到了全球治理：“推动全球治理变革”，“积极参与全球经济治理”。而在2013年3月5日举行的第12届全国人民代表大会第1次会议上，前总理温家宝所做的《政府工作报告》，尽管没有用“全球治理”一词，却说在过去5年（2007—2012年），中国“积极参与应对国际金融危机、气候变化等全球性问题的国际合作”。这些官方文件说明，在中国外交政策中，原则上和实践上，全球治理已经占据了一个重要位置。

此前，一些重要的中国政府文件中包括了全球治理。例如，2011年3月16日发布的《中华人民共和国国民经济和社会发展第十二个五年规划纲要》的第53章是《积极参与全球经济治理和区域合作》。

根据笔者的观察，中国官方第一次正式使用“全球经济治理”的概念是在最后一次“8+5”峰会（在意大利拉奎拉）的2009年7月9日。在这次特别峰会上，国务委员戴秉国在发言中“分别就全球治理的目标、治理的主体、治理的方

① Pang, Zhongying, “China's Changing Attitude to UN Peacekeeping,” *International Peacekeeping*, 12:1, 2005, pp.87—104.

式和治理的机制等方面进行了阐述”[①]。顺便一提的是，此前的2009年6月17日，中国外交部政策研究司在北京华风宾馆举行了内部小型研讨会，邀请包括笔者在内的一些学者就全球治理问题进行研讨。从上述戴秉国在拉奎拉的讲话中可以看出，那次研讨会上学者关于中国对待全球治理的态度的一些建言得到采纳。

与“国际治理”(international governance)相比，“全球治理”本身就是一个不小的改变。不同于国际治理，全球治理强调非西方国家、发展中国家、小而穷(这个世界的小国分为两种，一种是小而穷，一种是小而富，或者小而强)的国家在解决全球问题的国际机制和制度中的代表性，要求不要忽视它们的声音、利益；同时，全球治理主张并接受更多的非政府行为体和公共(私人部门等市场、社会)力量的介入。尽管如此，人们容易忽视的是，20世纪后期的全球治理本质上是一个非激进(non-radical)的概念(如果我们不愿意说它是保守概念的话)，因为全球治理并非要挑战国内和国际“现状”(status quo)，而仅是协助改善“现状”，即面对“现状”中存在的问题和危机。全球治理并不面对政府组织和非政府组织(如跨国公司)带来的全球问题，不讨论对政府的治理，不讨论对跨国公司的治理，[②]这自然反映了全球治理的局限性。[③]

“现状”是什么？从不同的角度(包括不同的世界观)、不同的处境(包括生存条件)以及不同的利益出发，对“现状”的理解会不一样，而且差别很大。对于英国控制下的阿根廷马尔维纳斯群岛(英国叫福克兰群岛)的“现状”，阿根廷和拉美多数力量的理解与英国官方和那个群岛上的英国居民的理解是不一样的。美国主流国际关系学者基欧汉(Robert O. Keohane)和奈(Joseph S. Nye, Jr.)共同指出：全球治理“与民族国家作为根本政治组织形式并不矛盾”。全球治理“如果它不取代国家治理，如果它侵入国家和社会自主权的目的仅在于推动合作，那么全球层次的治理就可能是可以接受的”。为解决全球治理中的“信任问题”——“民主正当(合法)性”问题，他们提出了“网络性

① 新华网意大利拉奎拉2009年7月9日电(记者王星桥刘东凯)：《戴秉国出席八国集团同发展中国家领导人对话会议》。

② 联合国有关机构曾在20世纪70年代和80年代研究跨国公司问题，考虑如何治理跨国公司带来的问题。但后来，随着市场化和资本至上，联合国的跨国公司研究不了了之。

③ 至于关于全球治理的各种各样的局限性，学者们见仁见智。其中，英国学者吉姆·惠特曼(Jim Whitman)以此为题有专门著述：Jim Whitman, *The Limits of Global Governance*, London: Routledge, 2005。

的最低纲领”(最小化主义)。①

受基欧汉和奈的启发,笔者认为,所谓“现状”可能代表了如下三点:

- 民族国家在形式上和内容上的继续。主权等现存国际体系的原则及其存在和实践——即“国内治理”仍然是基本的——并不因为全球治理而取代国内治理,这就是为什么“全球治理不是世界政府”,尽管“世界政府”的思想在全球范围的危机年代一再被人们想起和呼吁落实。②
- 西方主导现存的国际秩序和国际机制(规范、制度),而不管那些机制(如联合国安理会和国际金融机构)是否起作用(工作),尤其是不管在解决当下的问题和危机中这些机制和机构是无所作为或者无能为力。正因为如此,在“改革”联合国安理会(UNSC)和国际货币基金组织(IMF)和世界银行(WB),以及世界贸易组织(WTO)上,尽管同意让出一些权力(主要来自欧洲一些中小国家),但美欧不会放弃对这些机构的绝对控制。
- 如同中国国内的改革,从一开始就是为了完善中国的体制和制度,而非其他。从 20 世纪 70 年代以来开始的被叫做“新自由主义”的全球运动或者“全球生活”(global life)③,即“全球化”,因为全球治理(例如二十国集团)而更加完善,而非中断。这如同上面提到的奈等人主编的书名所提示的,全球治理是对“全球化世界的治理”。

2008 年美国和欧洲先后陷入金融危机,出现了诸如“管控全球化”、向“金融和资本交易征税”等“反(当代的)全球化”的激进观点、主张和实践(法国担任 2011 年二十国集团轮值主席国时,就推动过这样的倡议)。这类观点和主张其实与上述“原教旨”的、非激进的全球治理(对全球化只作一些必要的、最低限度的管理)已经不同。在几乎主要是以华尔街和伦敦金融城等金融势力为核心的

---

① 罗伯特·O.基欧汉和约瑟夫·S.奈:《导言》,载约瑟夫·奈和约翰·D.唐纳胡等主编:《全球化世界的治理》,王勇等译,世界知识出版社 2003 年版,第 12—13 页。

② 参见庞中英:《全球政府:一种根本而有效的全球治理手段?》,载《国际观察》2011 年第 6 期。

③ “全球生活”一词出自 James Rosenau。见 James N.Rosenau, “Governance, Order, and Change in World Politics”, in James N. Rosenau and Ernst-Otto Czempiel, eds., Governance without Government: Order and Change in World Politics, Cambridge: Cambridge University Press, 1992, p.28.在这本已经成为“经典”的论文集中,全球生活是(关于)全球治理讨论的出发点。

全球化下，全球化一旦真的被管控起来，甚至停顿下来，就完全不符合“新自由主义”的初衷。这就是为什么在诸如二十国集团的进程中，新自由主义的基本力量和支持者拒绝和抵制这类全球治理变革。

当然，现存全球治理在形式上没有直接挑战国家的主体权威，但在实质上，全球化早已深刻地影响和改变了国家主权和国家治理。有关这一主题，非常复杂，需要另文讨论。

中国在 20 世纪 70 年代末和 80 年代初进行改革开放，其中的一个外部“有利”因素正是英美先于中国改革开放而推出的“新自由主义”的政策。全球治理是新自由主义为管理其产生的“外部性”(externality)而引进的必要元素(类似古典自由主义的“守夜人”)。这一点解释了中国最终接受和拥抱全球治理的一个主要原因。

除了这个大的因素外，中国接受和拥抱全球治理还有其他原因。这里，我仅指出如下两条。

第一，2008 年金融危机后，许多国家，尤其是美国、欧洲和日本竞相推出诸如新的凯恩斯主义的政府干预措施(如超大量印刷货币，欧洲央行 2012 年 9 月作出无限量购买公债的决定，发动被巴西等国指责的“货币战争”)。而二十国集团“危机管理”的国际政府间合作的地位似乎上升，这意味着，在全球治理中国家的作用不是减弱了，而是更大了。这一点正与中国的治国理念甚为契合。因为，在中国，市场化趋向的改革尽管进行了很长时间，但是，政府对经济活动的控制和介入不是减少了，而是不断加强。

第二，全球治理是关于国际合作和国际贡献等“看上去美好”的东西的。当中国接受和拥抱全球治理时(2009—2012 年)，外界当时正好认为整体的中国外交(政策)变得“咄咄逼人”(assertive)而在国内多数公众则认为中国外交(政策)很“软弱”，这两种差别很大的论调同时出现。而中国政府认为中国在国际上并没有谋求改变“现状”，并非要打破东亚和太平洋地区的“现状”。正在这个时候，全球治理概念为中国提供了改善国际形象的契机。

附带一提的是，中国其实目前的实际(真实)状态是：并不在全球治理，而是刚进入国际治理，距离全球治理实际还远得很。不巧的是，中国却用了“全球治理”这一概念。中国官方在讲目前以欧美为中心的金融危机时，从来使用的是“国际金融危机”，一般官方文件和媒体中找不到“全球金融危机”的说法。这正好是中国仍然在世界观和外交实践上处在国际治理阶段的最好注脚。

但是，西方，尤其是欧洲，却欲实现“从国际治理到全球治理的转变”①。尽管如此，考虑到中国思维方式和生活方式中天然地具有某种模糊性和灵活性，这种不区分国际治理与全球治理，即把国际治理说成是全球治理的“公共”话语，为中国有朝一日最终重新理解全球治理提供了某种方便条件。

“全球治理向何处去?”这是笔者 2011 年 11 月 15 日在北京举办的国际研讨会的题目，当然，那次研讨会的与会者(主要是来自中国和加拿大的学者)并未正面触及和回答这个问题。其实，这个问题即使放到世界其他角落，不同的人对此也将有不同的回应，大多数回答者可能都不会有明确的答案，因为人们对全球治理的理解、接纳和态度并不同。

美国和欧盟在 2013 年 6 月正式启动建立美欧(跨大西洋)的自由贸易(TTIP)的谈判。向来主张全球的多边主义(多边体制)的欧盟也因为急功近利要退而其求次，即便是非激进的现存全球治理也肯定将进一步倒退或者陷入更多困难中，而不是稳定前行。当然，有的欧洲学者认为，欧洲如此追求流行的双边和小多边安排会伤害全球的多边主义，不符合欧洲的根本利益。②

中国在现存全球治理消退时刻却“加入”或者“参与”全球治理，对于全球治理的未来来说，到底意味着什么? 是意味着由于中国的加入而使既存的全球治理继续和向前，还是，中国的加入和增加的贡献(如对联合国和国际金融机构)并不能让这些机构焕发活力、脱胎换骨或者起死回生? 如果是这样的话，接下来无论理论还是实践要面对的巨大问题是：中国到底如何理解和对待全球治理? 中国在全球治理中的作用到底是什么?

四、 中国与全球治理之间的关系

这一关系的实际情况要比学者观察到的情况复杂得多。

最近两年的情况似乎表明，中国不再满足于在现存世界秩序下的全球治理，而是要在全球治理中发挥更大作用了。

---

① Tanja Bruhl and Volker Rittberger, “From International to Global Governance: Actors, Collective Decision-making, and the United Nations in the World of the Twenty-first Century,” in Volker Rittberger(ed.), *Global Governance and the United Nations System*, United Nations University Press, 2002.

② 柏林德国经济研究所(DIW Berlin)所长马塞尔·弗拉泽:《欧美自贸协定弊大于利》，参见英国《金融时报》中文网文章，http://www.ftchinese.com/story/001049120。

2014年3月28日，应德国科尔伯基金会邀请，中国国家主席习近平在德国柏林发表重要演讲："我们将从世界和平与发展的大义出发，贡献处理当代国际关系的中国智慧，贡献完善全球治理的中国方案，为人类社会应对21世纪的各种挑战作出自己的贡献。"2014年7月14日，习近平在接受拉美四国媒体联合采访时说："我们将更加积极有为地参与国际事务，致力于推动完善国际治理体系，积极推动扩大发展中国家在国际事务中的代表性和发言权。我们将更多提出中国方案、贡献中国智慧，为国际社会提供更多公共产品。"

早在国家领导人提出要贡献全球治理的中国方案之前，中国学者就已围绕着中国要不要承担更大的国际责任、到底承担什么样的责任，以及不仅贡献"硬"的国际公共产品，而且贡献"软"的国际公共产品进行了讨论。早在2009年12月，笔者就指出："在思想危机的情况下，寻求新的世界问题解决和替代方案显得更加必要。目前关于世界发展模式的讨论，即'美国模式'和'中国模式'的讨论，除了人为地制造'中国模式'及其鼓吹所谓'中国模式'要威胁、挑战'美国模式'，在能够解决世界面对的长期挑战上，这类争论并无真正的思想意义。正确的思考方式不是思考什么'北京共识'取代'华盛顿共识'，因为那是一种'新冷战'的思考，而是思考为什么目前主导的发展模式导致了如此巨大而持续的危机？到底当今时代的世界主导模式应该是什么？"①2011年6月26日，笔者在北京举行的"全球智库峰会"上表示，"中国智库应当出口全球问题的解决方案"。而在清华大学主办的《中国与世界观察》2011年第2期中，笔者发表了题为《中国崛起必须向世界提供问题解决方案》的文章。2011年《中国与世界观察》第3—4期中，笔者在《中国应该提供一套解决世界危机的知识价值》中指出："中国人不能继续等着西方提供解决危机的方案，而要靠建设中国自主的知识体系、生产西方等知识体系没有的解决问题的价值。也就是说，解决问题的方案将成为当下世界最为珍视的价值。"2014年，笔者在《人民论坛》的"学术前沿"栏目发表了题为《要有不同于西方的全球治理方案：金砖合作、全球治理与世界秩序》的文章。

习近平在2014年二十国集团布里斯班峰会上指出："今年是布雷顿森林会议70周年，各方都在总结布雷顿森林体系的经验，进一步完善全球经济治理。我们要以此为契机，建设公平公正、包容有序的国际金融体系，提高新兴市场国家和发展中国家的代表性和发言权，确保各国在国际经济合作中权利平等、机

① 庞中英：《思想危机是全球问题的根源》，北京：《环球时报》，2009年12月19日。

会平等、规则平等。要加快并切实落实国际货币基金组织改革方案,加强全球金融安全网。金砖国家宣布成立开发银行和应急储备安排,亚洲二十多个国家发起建立的亚洲基础设施投资银行,这是对国际金融体系的有益补充。"

有人可能以为中国真的到了提供全球问题的解决方案的阶段。实际上,中国需要对全球问题的解决贡献中国方案的政治意愿和中国能否提供不同于西方的和其他的全球治理方案之间存在着巨大的缺口。

中国加强在全球治理中的作用,不是如一些西方学者,以及一些国内评论者解读的那样,要挑战现存的美国主导的世界秩序(有的美国人更毫不掩饰地把"现存的世界秩序"干脆叫做"美国秩序")。①"挑战"论在实践上很难成立。第一,中国仍然在主张对现有的国际金融机构(世界银行和国际货币基金组织)进行改革。"改革"论更正确。第二,最近两年中国发起的一系列国际经济机构(发展或者开放银行),并不是与现存的国际金融机构分庭抗礼的。中国支持二十国集团成立"全球基础设施中心",该中心设在澳大利亚,由世界银行协调。中国同意,"一带一路"及其基金、亚洲基础设施投资银行等均纳入这些全球基础设施机构中。

中国在国内治理方面仍然需要见贤思齐,进一步接受现存的国际标准。事实上,中国政府的实践正继续这样的进程。2014 年二十国集团布里斯班峰会上,中国国家主席习近平宣布,继 2002 年中国加入国际货币基金组织(IMF)的数据公布通用标准(GDDS)之后,"中国将采纳 IMF 数据公布特殊标准(SDDS)",这一接纳标志着中国的经济数据透明度提高、国际可比性上升。之后,IMF 总裁克里斯蒂娜·拉加德(Christine Lagarde)女士在布里斯班发表欢迎声明:"我对中国接受 SDDS 的意向表示欢迎,这将极大地促进及时和全面的经济与金融数据的提供。中国致力于改善统计数据的发布,我对此表示赞赏,并注意到近年来取得的进展。中国计划从数据公布通用系统(GDDS)提升到 SDDS,是这一进程中的下一个重要步骤。基金组织已经在与中国政府密切合作,基金代表团将于 2014 年 12 月初访问北京,对中国接受 SDDS 进行正式评估。"②2015 年 11 月 30 日,国际货币基金组织正式宣布人民币于 2016 年 10 月 1 日加入该组织的特别提款权(SDR)货币体系。

---

① 参见约翰·伊肯伯里:《自由主义利维坦:美利坚世界秩序的起源、危机和转型》,赵明昊译,上海:上海人民出版社 2013 年版。

② 参见 http://www.imf.org/external/chinese/np/sec/pr/2014/pr14520c.pdf。

五、结　论

在全球治理中，各国的态度、政策和实践是很不同的，比较政治研究需要分析其差异性。中国为什么与别的国家在全球治理中不同？

中国对待全球治理的立场和态度的演化是一个很重要的研究议题。对作为研究者的我来说，一系列的问题可以由此提出，并定位我下一步的研究日程。这个研究议题非常复杂，并不太容易进行。这里试图举出如下一些例子说明这一研究的必要性和难度。

第一，中国与多边（不管是否正式）机构（制度）之间的关系。美国是通过建立和运作一些多边机构（制度）来控制、管理这个世界的。有人把这个叫做霸权的全球治理，其实，霸权治理世界并不是全球治理。美国吸引、诱惑、压迫、说服中国参加美国主导的这些多边机构，为的是把中国纳入国际体系，即纳入美国主导的世界秩序。有美国人希望中国作为美国秩序的参加者帮助维持和延续这一秩序，为这一秩序贡献国际公共产品，即"负责的利害攸关方"（responsible stakeholder）。[①]霸权国建立和运作多边机构（制度）不是为了自己也受多边的约束，但却要求中国一定要遵守美国控制的多边规则。目前，出现了中国也建立和运作越来越多的多边机构的情况，但显然，与美国不同，中国不是霸权国，中国不想也不可能逃避自己建立和运作的多边机构的约束。

第二，中国是否有作为外交政策一部分的"对全球治理的政策"？笔者的观点是，这一政策在中国官方正式使用"全球治理"的概念前也是存在的，只是不这样称呼。20世纪70年代末起中国实行了持续到今天的"对外开放的基本国策"和中国在全球治理中的作用到底是什么关系？对外开放的基本国策的长期实行使中国与美国、欧洲主导的现存全球治理实际上已经融合，即中国变成了现存世界秩序的一部分，但是，这种融合到底到了何种程度？

第三，如何实证分析中国国内治理（尤其是经济治理）的演变与中国对待全

① 从2005年美国时任副国务卿佐利克要求中国做负责的利害攸关方（Robert B. Zoellick, "Whither China: From Membership to Responsibility?" Remarks to National Committee on U.S.-China Relations, New York City, September 21, 2005）以后，有关这个主题的讨论很多。至于中国在该讲话10年后的当下越来越做到了"负责的利害攸关方"，如建立亚洲基础设施投资银行（AIIB），美国却反对中国的这些作为的反常行为，则是中美关系的另一个话题。

球治理的态度的变化之间的关系？一些官方公开出版物有助于开展这一研究。中国 2001 年加入世界贸易组织（WTO）的文件，以及有关负责领导的讲话（如朱镕基）才是研究这一问题的权威文献。通过对这些官方出版物，甚至档案的研究，我们也许可以首先看到中国对待全球治理态度和政策的改变，以及由此折射的全球治理的变化（包括全球治理的转型）。

全球化与中国国家的“再社会化”*

郝诗楠**

【内容提要】 本文使用“国际社会”、“国家社会化”或“再社会化”的概念对中国在改革开放之后参与全球化的动力与过程进行了分析。1978 年以来中国主动选择参与第二次全球化，启动了国家的“再社会化”进程。这一次的“再社会化”过程对于中国国家建设意义显著。在国家能力的维度上，中国因应全球化以及经济改革的浪潮，进行了基于法制建设的制度重建，并实现了治理体系的转型。而在代表性维度上，第一，由内而外地，中国努力将社会各阶层纳入到政权体系中，扩大了包容性；第二，中国转变了以往对待国际社会的态度，以经济思维取代军事化思维，重新融入国际社会，并将“民族复兴”话语与这一融入的过程相联系。

【关键词】 全球化　国家的“再社会化”　中国

经验证明，关起门来搞建设是不能成功的，中国的发展离不开世界。

——邓小平

一般认为“全球化”指的是肇始于 20 世纪 70 年代的全球各国联系——尤其是经济贸易方面的联系——日益紧密的现象。但如果我们从宽泛的意义上来理解的话，“全球化”并不是一个新鲜的概念。而改革开放后的中国也并非首次参与到全球化的浪潮之中。19 世纪中后期，中国被列强强行拉入西方国际

* 本文为中国博士后科学基金(第 57 批面上资助)项目(2015M571531)；华东政法大学校级科研项目(14HZK027)；华东政法大学政治学研究所“华与罗世界文明与比较政治研究项目”。

** 郝诗楠，华东政法大学政治学研究院助理研究员。

体系便可视作中国所参与的第一次全球化。当然，这里若使用“卷入”(involvement)而非“参与”一词则更为恰当。因为当时中国是被西方的坚船利炮裹挟进入西方国家主导的国际社会，并由此学习如何做一个“文明”(civilized)的主权国家。但不论如何，中国确实在当时逐渐打开自己的国门，并睁开紧闭已久的眼睛认真地审视陌生的全球体系，更重要的是可以在国际层面的行动与对外交往中和其他国家有更多的“共同语言”。也就是在那时起，中国人不仅有了“国际观”而且在思维中形成了“国家利益”的概念，并逐步学习如何利用国际体系实现“国家/民族利益”——尽管这个过程并不顺利。

简言之，近代中国被卷入国际体系的第一次“全球化”启动了中国的现代国家建设。运行了千年的王朝国家寿终正寝，中国走上了国家的系统性改造道路。不论是清末的立宪实验、1911年的“共和革命”，还是国民党的“党国体制”都是对建设现代国家的试验。在这个过程中，有的模式迅速破产，有的方案则成为现实并持续了不短的时间。而中国共产党的建立则标志着一种全新的建国方案加入了建设现代国家的试验过程。最终，中国共产党成功地建立并巩固了中国的现代国家结构。

这就是中国首次卷入全球化的故事，第一次全球化为中国带来了现代国家。而始于20世纪末的第二次全球化对于中国来说似乎更为熟悉，但它为中国带来了什么？更多论者可能会从经济的视角切入告诉我们第二次全球化很大程度上是一个经济现象，或者我们可以直接把它称为“经济全球化”，它为中国带来了经济上的增长，让中国在国内生产总值方面一跃成为如今仅次于美国的“二当家”。但这并非故事的全部。中国参与第二次全球化也可以从政治方面切入来理解——尤其是从国家建设的层面来理解。中国为什么会参与第二次全球化？这一轮的全球化浪潮在中国的现代国家建设方面带来了什么？本文便试图对上述问题作出一定的解答与分析。本文主要分为三大部分：第一部分基于“国家社会化”的概念提供了一个分析中国与国际社会关系的理论框架；第二部分回顾了中国自1949年由共产党建立现代国家之后脱离国际社会与重回国际社会的历程；第三部分主要从第一部分提出的现代国家建设的两大维度出发，检视全球化对于中国现代国家建设的意义所在。

一、概念与分析框架：国际社会、国家社会化与现代国家建设

本文之后的分析在很大程度上需要依靠“国际社会”与“国家社会化”这两

个概念来进行。因此有必要对其作一澄清。

首先,“国际社会”(international society)可以被视为一个建构主义式的概念。尽管我们常听到这个词,但对于“国际社会”的最著名的概念化定义无疑来自赫德利·布尔(Hedley Bull)。布尔认为,国际关系不能仅被理解为一个简单的“体系”(system),相反国家间所形成的是一个“社会”(society)。因为在国与国关系之中也存在着共同利益(common interests)、规则(rules)与制度(institutions)。①而这一概念之中,“规则”无疑处在中心地位,因为一方面它源自一种对共同利益的理解;而在另一方面,国际社会中的一切制度都是为了实现规则而产生的。不过这里需要指出的是:布尔的这一概念特指“欧洲国际社会”,所以在本文中应用这一概念的时候需要对其定义作一定的放松——特别是用来描述传统东亚社会的时候。

基于“国际社会”,本文中另一个重要概念是“社会化”(socialization)或者“国家社会化”(state socialization)。不过很遗憾的是,这一概念缺乏精准定义,②甚至没有在布尔等一些“国际社会学者”的著作中出现。本文在此根据布尔“国际社会”的概念,将“国家社会化”定义为“国家成为国际社会‘公民’的过程”,这一过程的核心是“学习国际社会的规则”。因此,不难理解在19世纪中后期欧洲国际社会向外扩展至全球(global)层面的过程中无疑会在原本不属于该社会的一些国家成员中引发“国家社会化”问题。这对中国来说,尤其如此。英国布里斯托大学张勇进(Yongjin Zhang)就曾在格利特·龚(Gerrit W. Gong)研究③的基础上试图将“中国国内变革”置于与“国际社会”概念框架中

① 参见赫德利·布尔:《无政府社会——世界政治秩序研究》,张小明译,北京:世界知识出版社2003年版;关于“国际社会”观念历史的论述也可参见 Hedley Bull, “The Grotian Concept of International Society,” in Herbert Butterfield and Martin Wight (eds.), *Diplomatic Investigations: Essays in the Theory of International Politics*(London: George Allen and Unwin, 1981)。

② 关于学界对于“国家社会化”的一些定义可参见 Kai Alderson, “Making Sense of State Socialization,” *Review of International Studies*, Vol.27, 2001, pp.415—433; Ewan Harrison, “State Socialization, International Norm Dynamics and the Liberal Peace,” *International Politics*, Vol.41, 2004, pp.521—542; EvanLuard, *International Society*(Basingstoke: Macmillan, 1989); Alistair Iain Johnston, *Social States: China in International Institutions, 1980—2000*(Princeton, NJ: Princeton University Press, 2008)。

③ Gerrit W. Gong, “China's Entry into International Society,” in Hedley Bull and Adam Watson(eds.), *The Expansion of International Society*(Oxford: Clarendon Press, 1984).

进行阐述。虽然他认为自帝制末期启动的包括军事、教育、组织、商业与司法等一系列改革并非最终决定中国被“接纳”进入“国际社会”，但是他还是肯定了这些努力对缩小中国与西方国家差距的贡献。[①]综合来看，尽管格利特·龚与张勇进的研究中都没有明确提出“国家社会化”的概念，但在两人的论述中似乎都暗含了这样一个逻辑：中国接受欧洲国际社会规则的意愿是中国努力成为“现代”（欧洲式）国家的动力。

换言之，中国始于19世纪末的“国家社会化”实际上就是现代国家建设的源动力甚至可以等同于后者本身。而若将“国家社会化”（或“现代国家建设”）概念进一步具体化，则可分为两大维度。第一个维度是国家能力。根据欧洲的国际社会规则，作为“国家社会化”的现代国家建设过程的首要任务就是要建立“主权”，它是与国家能力紧密相连的。首先，向主权国家转变的过程就是依照新的国际社会规则重新匹配国家能力与统治意愿的过程。东亚国际社会的朝贡制度是一种“意念之治”，它是统治能力与统治意愿不相协调的产物。而欧洲国际社会则依循的是“实力之治”原则，其统治意愿的边界与国家的统治能力相对来说是一致的。[②]由此看来，建立真实有效的统治边界是从“意念之治”转向“实力之治”的题中之义。基于此，中国要成为一个合格的国际社会“公民”首先应缩小统治意愿，然后增强对已有领土的管制能力。此外，国家能力与平等问题不可分割。相比东亚，欧洲的国际社会规则确实更加强调“平等”，但是这种“平等”只是法律上的。在实质能力不对等的情况下强调这种法律或程序上的平等是没有意义的，其实质依然是不平等。举例来说，中国相对羸弱的国家能力成为了外国纷纷在国内设立“治外法权”蚕食中国主权的理由。在外国人看来，清政府甚至是之后成立的民国政府都无法保障本国移民的生命、自由和财产，[③]也无法依据现代“文明”的法律制度来对案件进行有效且公正的审理。因

① Yongjin Zhang, “China's Entry into International Society: Beyond the Standard of ‘Civilization’,” *Review of International Studies* Vol.17, 1991, pp.3—16.

② 换言之，欧洲国际社会规则的总体要求是：国家能力所及之处才有“主权”，否则那些“管不到”的地方就要独立或者被纳入到一个有能力统治的国家之中。有关“主权”不同面向的讨论，可参见 Stephen Krasner, “Globalization, Power and Authority,” in Edward D. Mansfieldand Richard Sisson, *The Evolution of Political Knowledge: Democracy, Autonomy and Conflict in Comparative and International Politics* (Columbus: Ohio State University Press, 2004), pp.60—80。

③ 参见 Gerrit W.Gong, “China's Entry into International Society”。

此，建立“实力之治”不仅要“威斯特伐利亚”式的“法律主权”，而且要“事实主权”——国家在能力上的相对平等。

由此观之，提升国家能力是中国成为“主权”国家进而成为“国际社会公民”的第一要件。而国家能力这一维度又可再细分为两个面向：第一是“向上”的中央集权面向，亦即中央政府或全国性政府能够拥有相对于地方当局的优势地位以及终局权力（尤其是要垄断暴力的使用权）。强固的中央政府是提升国家能力应对西方列强挑战的应有之义。第二则是“向下”的渗透与贯彻面向。尽管在前一个面向上，传统中国的中央集权程度相比于封建时期的欧洲是比较高的，但是在帝制时期，中国的“皇权”是“不下县”的，也就是说国家政权对于基层的直接渗透程度相比于现代欧洲国家来说仍是较低的。而另一方面，“向下”的渗透也是对“向上”集权的配合；因为只有将政治权力“直通”基层并让底层民众感受到“国家”的存在，才能使得认同有效地从家庭、宗族转移到国家（state）之上。①换言之，国家能力维度的两个面向之间是一体两面的关系。

“国家社会化”的第二个维度则是代表性。欧洲国际社会中的诸国不仅拥有主权，而且多数也完成了“民族国家化”这一过程。所以“建立民族国家”也是中国“国家社会化”的重要维度。“民族国家”的含义首先就是“国家要代表民族”而不是皇帝。正如徐勇所言，传统的帝国并不是民族国家：

> 王朝国家实际是家庭所有制的扩大，即将家庭对财产的占有扩大到国家，形成家—国体制。家是国的缩小，国是家的放大；皇帝大家长，家长小皇帝，国家成为某一个家庭的私有财产，即“家天下”。②

东亚国际社会的崩溃冲击了皇帝作为“普遍王权”执掌者的形象。相应地，在欧洲国际社会中逐步建立起来的“民族”观也冲击着传统中国“家族政治”的观念。出于“社会化”的需要，中国人亟须学习西方国际社会的规则，有关民族国家的观念与相关文献在海通之后纷纷传入。这使得中国人第一次意识到：国家并不是某一家族的“私产”，而是全社会的“公器”。③至此，“国民/人民”（nation/people）的概念取代了“皇家”成为了政治合法性的来源，任何妄图倒退

---

① 如斯特雷耶在分析英国的现代国家建设过程的时候指出，正是国王在基层建立了法庭并以此渗透至社会最底层之后，对于国家（state）的认知才由此出现。参见约瑟夫·斯特雷耶：《现代国家的起源》，华佳等译，上海：上海人民出版社2010年版。

②③ 徐勇：《家族政治：亚洲政治的魔咒》，载《学术月刊》2010年12月。

回“家族政治”或寡头政治的行为均会被判定为“反动”。[①]与此同时，由于中国是被迫接受欧洲国际社会规则的，因此国家对全民族利益的代表体现在“维护民族尊严”之上。换言之，统治者若无法维护民族尊严（至少要保证中国在列国间的平等地位），便会失去统治的正当性。

此外，从某种意义上来说，“代表性”维度与“国家能力”维度之间也是相互联系的。增强国家能力以及提升中央的能力需要对社会（资源）的广泛动员，而这种动员需要通过一个诸如“民族利益”的观念来进行。因为该观念能够在毫无血缘关系的个体之间建立一种“虚拟的联系”。而国家能力对于基层的渗透也是在全体国人中建立“民族”观念的核心要件。

综上所述，国家“代表性”维度也有两个面向。第一是“对内”面向。它所要求的国家要在民众间建立共同体感，其核心在于将各个社会群体尽可能地吸纳进政治过程之内，通过扩大统治的代表性以增强横向的社会联系。第二则是“对外”面向。该面向要求国家在面对外部威胁的时候有足够能力维护前述“共同体”的完整与尊严。“代表性”维度中的两个面向亦是相互联系的，两者均“代表中华民族”。

二、第二次全球化与中国国家的“再社会化”

1949年，新中国成立。在国内，中国共产党很快否弃了“总路线”提出的时间表，只用了三年便完成了“社会主义过渡”，随后迅速“左转”，国家与中央政府开始上收权力，在政治方面强调“阶级斗争”，在经济方面逐步建立起计划体制，并在各重大行业建立起了国有企业的控制地位。[②]而在国际层面上，第二次世界大战结束后美苏两个超级大国的分歧所造成的“冷战”格局撕裂了国际社会。在这样一种非此即彼的环境中，刚刚成立的中华人民共和国不得不站在岔路口作出自己的选择。而对于中国来说，摆在面前的问题不是“要不要进入国际社会”，而是“到底应该进入哪一个国际社会”。最终，毛泽东出于对意识形态以及实际情况的考量，选择进入了由苏联主导的国际社会之中。而这样“一边倒”的

① “民族国家”在一定程度上与“民主”是相联系的。当然，需要说明的是：“代表性”并不一定必然需要废除君主制，但是一定需要废除皇（王）权专制。

② 参见董志凯：《中国经济分析1949—1952》，北京：中国社会科学出版社1996年版，第44—70页。

选择，事实上预示着从此开始中国脱离了西方主导的主权国家体系。后来，中苏之间关系破裂，中国又在事实上脱离了苏联主导的国际社会。

因此从20世纪60年代初起，中国对于国际社会——不论是西方的还是东方的——来说都属于“游离分子”。实际上，对于毛泽东来说，不论进入哪一个国际社会，实质上都是对于中国的主权侵蚀，最终危害到的则是中国人的民族主义情感。而这种情感背后正是百年前中国被强制纳入欧洲国际社会，并被迫进行国家改造的“屈辱”历史。因此，“自力更生为主，争取外援为辅”，游离在两个大国——实际上是两种国际社会——之外，对于新中国尤其是毛泽东来说不能不是一个最优选择。

然而，新中国成立之后对于国际社会的自我隔离并不意味着现代国家建设或“国家社会化”的进程也随之停止。相反，在1949年之后，中国共产党基于在革命时期的经验通过建立强大的国家机器并动员开展各类政治运动，促使现代国家建设的步伐不断加快。一方面，尊奉列宁主义的中国共产党通过其严密并且极强的组织系统，完成了对国家机构的控制，并且建立起了一套从中央到地方的金字塔等级体系，同时通过人格化的、基于忠诚的以及“高度制度化的上下互惠关系网”①，实现了自上而下的严密控制。另一方面，中国共产党通过更为灵活和动态的方法不定期地对社会和基层进行“政治刺激”——如政治学习、动员选举以及动员参与政治运动，以将社会各阶层以及全国几乎每一个人都纳入到了其主导的政治过程之中，并以此增强国家权力的存在(presence)。例如，我们可以从新中国成立初期“土改”及其他政治运动中的“下派工作队”机制中窥见这种现代国家建设的过程。

中共早在江西苏维埃时期便发动了其史上第一次土地改革计划，建立了合作组织。②这种对农民的动员所依赖的是政治对乡村的“侵入”，通过党的组织机构和人员对农村传统结构一定程度上的“破坏”而建立新组织机构，③以动员农民参与革命。新中国成立之后，为了尽快在民众中建立起新政权的合法性，并考虑到基层——尤其是农村——的实际情况，中国共产党在初期的“土改”运

① 这种人际关系网并非是基于个人情感的，而是通过政治激励被强化的，是一种工具主义的。可参见华尔德：《共产党社会的新传统主义：中国工业中的工作环境和权力结构》，龚小夏译，香港：牛津大学出版社1996年版，第7页。

② Franz Schurmann, *Ideology and Organization in Communist China* (CA: University of California Press, 1969), pp.414—415.

③ Ibid., p.431.

动中以向基层直接派出工作队的方式，直接动员群众参与到土改以及各类有关的政治活动中，以提高群众对新政权的认识以及认同度。有农民在回忆起那段日子的时候是这样说的：

> 村里几乎每天都开会，通过各种会议，工作队向村民宣讲政治形势和国家政策。村里办起了夜校……青年人被组织起来，成立宣传队，歌颂翻身……许多老人都说，刚解放那会儿，事情特别多……从此，国家大事和世界风云，也开始成为村里所关心的问题。①

这样，工作队作为党直接动员群众的载体不仅成功地完成了土改运动本身的目标，而且有效地“通过党的组织机构和人员对农村传统结构的渗入”实现了将国家权力下沉至基层的现代国家建设过程。②除了“土改”运动外，中国共产党在新中国成立初期还直接将党和国家的干部派至基层帮助群众的生产与生活；与此同时，党和国家的各级领导干部也通过建立一种“蹲点”的机制，来直接开展群众工作。而在20世纪50年代末直至“文革”的历次政治运动中，都可以看到“工作队”及其各类变种形式。这些组织在完成特定任务的同时，也实现了在国家能力维度上对现代国家建设的推进。其结果是国家的权力触角不断下探，基本覆盖到了每一个基层单位；民众对于国家的认知逐步取代传统的对于家庭、宗族和地域本位的认同，并上升到了一个重要的地位。

“文革”很大程度上中止了国家建设的努力。在“打倒一切当权派”的政治语境中，一切常规的政治机构都悉数崩溃。但说中国新生的现代国家由此被消解却是夸大其词。尽管前述的自上而下的正式政治组织不复存在或停摆，但是以下两点仍意味着中国在现代国家建设的道路上并未发生倒退：第一，“文化大革命”的发动尽管意在打碎所谓的“官僚机构”，但是诸如农村中的人民公社和运动前期所存在过的“工作队”机制仍在运作。而在经历了一小段的真空期后，事实上的县级政权组织——“革命委员会”——也很快便建立了起来。第二，在“文化大革命”的政权真空期中，军队奉命履行了“填补真空”的作用。

而在“文革”硝烟稍散之际，毛泽东似乎也转变了以往的思维。出乎意料地开始主动与西方国家接触。以接近美国为起点，中国逐步获得了恢复联合国合

① 江苏省委党校课题组：《关于正确处理党与人民群众关系的调查和思考》，载中央党校科研部编：《全国党校系统第二轮新形势下党建调研报告集：2001—2002》（上册），2003年3月，第556—557页，转引自祝灵君：《一致与冲突——政党与群众关系的再思考》，北京：人民出版社2006年版，第173—174页。

② Franz Schurmann, *Ideology and Organization in Communist China*, p.431.

法席位、尼克松访华等一系列外交上的进展,为日后重回国际社会奠定了良好的基础。

“文革”之后,邓小平掀起“第二次革命”,①中国进一步对外开放并抛弃了以往国际社会秩序“颠覆者”(revisionist)的形象,参与到了全球化的进程之中。参照历史,我们把中国在20世纪70年代末的改革开放历程定义为“中国参与第二次全球化”以及“中国国家的再社会化(state re-socialization)”。与“国家社会化”不同,国家的“再社会化”意味着当时中国所面临的并非接受“主权”和“民族主义”话语问题,而是在民族国家或曰现代国家已经建立的基础上实现国家的转型。我们会在下一节详述这一过程,现在先让我们来比较一下中国对于两次全球化参与状况的异同。

与参与的第一次全球化相比较,中国在参与第二次全球化的动机方面所基于的是成本与收益计算。换言之,参与全球化或曰国家“再社会化”的成本小于自我隔离(抵制)的成本。如果说对于第一次全球化的参与是出于中国的“无力”,那么参与第二次全球化则是因为中国“无暇”。十一届三中全会以后,中国把工作重心转到经济建设上来,着眼点实际上是向内的。换言之,中国政府希望通过经济的发展以及人民生活水平的提高来维护中国共产党的合法性。因此,在当时,国际事务并不具有政治上的绝对优先性。相应地,邓小平一方面在外交上提出了“韬光养晦”方针,另一方面则在经济上提出“对外开放”。实际上,这两点是紧密相连的。“韬光养晦”意味着接受国家的“(再)社会化”——亦即接受现有的国际社会规则,并学习做一个“负责任的国际社会成员”。②而这种“(再)社会化”可以反过来保证国际社会——尤其是东亚诸国——不会对中国强加敌意,进而为经济上的“对外开放”提供一个稳定的条件。由此观之,其最终的落脚点仍然是国内的经济发展与中国共产党执政地位的巩固。

而中国两次参与全球化的差异之处则更加清晰一些:前文提到,严格地说中国在第一次全球化面前不能算作“参与”而是“卷入”,因为这一过程是被动的。在百余年前,中国在全球化和欧洲国际社会面前所面临的选择并不多,换言之,中国并没有多少“自由”。而在20世纪70年代末开始的对第二

① Arif Dirlik, “Socialism and Capitalism in Chinese Thinking: The Origin,” *Studies in Comparative Communism* Vol.21, No.2, 1988, pp.131—152.

② Xiaoming Zhang, “The Rise Of China And Community Building In East Asia,” *Asian Perspective*, Vol.30, No.3, 2006, pp.129—148.

次全球化的参与则更加主动。可以说,这是中国政治精英们的选择。因为在当时中国并没有遭遇列强强制打开中国大门的情况,相反,国际环境已经得到很大程度上的缓和。因此,从理论上来说,继续保持对国际社会的隔离状态仍旧是可行的。

三、国家的"再社会化"与中国现代国家建设

众所周知,对于第二次全球化的参与使得中国在经济上实现了巨大的飞跃,中国俨然成为了世界经济的增长极之一。但仅仅讨论中国参与全球化的经济维度是不够的,因为一方面全球化不仅仅意味着世界各国在经济上的一体化,还有文化与政治等面向需要考虑;另一方面,中国对于全球化——尤其是自1978年始对于第二次全球化——的参与本身很大程度上是一个政治上的决策,充满了诸多政治考量。因此,本节我们将着重讨论全球化的政治方面,放在我们面前的问题是:第二次全球化对当代中国的国家建设有何影响?本节将套用第一节提出的"国家社会化"两个维度对此进行分析。

国家能力维度

在第一次全球化的过程中,中国面临的问题是如何将自身"社会化"为一个"合格"的"国际社会公民"。因此,根据欧洲的国际社会规则,在当时从国家能力维度出发,中国现代国家建设的首要任务就是要建立基于"主权"规则的统治机器。相比之下,中国肇始于20世纪70年代末的对第二次全球化的参与则是一种"再社会化":基于"主权"规则的统治机器早已建立——尽管遭到了一定程度的破坏——并获得了合法性。因此,这一次全球化对于中国在国家能力维度上的国家建设过程的意义并不在于吸收主权话语,而是在于通过民主法治话语改造国家机器,提升在新的条件下国家对社会的规制能力。

首先,我们有必要简单地考察一下中国国家"再社会化"的主要动力。前面已经提到,中国对于第二次全球化的参与是主动的,其主要出于以邓小平为代表的中国改革者们的政治考量。因此,许多国家、政治与行政层面上的改革都是邓小平等领导人出于对"文革"的反思主动为之的。然而,除了政治家们的主观意愿,客观的现实情况也同样推动了国家政权的转型与改革。一方面,实行对外开放与市场经济需要法治与民主政治的发展,需要做好改革的"提前量";另一方面,国际压力——当然主要是经济方面的压力——的引入不得不反过来

“倒逼”国内市场经济的发展。[①]当然,我们不能割裂政治领导人的主观意愿和社会经济的客观情况,两者是交织在一起的。

接下来,我们将从国家能力的视角讨论第二次全球化对于中国现代国家建设的影响。我们认为中国在国家能力维度上的“再社会化”可以通过“两个(与国际)接轨过程”来概括。一个“接轨”是基于法制建设的制度重建过程;另一个“接轨”则是治理体系的转型过程。

1. 基于法制建设的制度重建

毛泽东时代是一个理想主义的时代。毛泽东终其一生都在思考如何超越西方的经验,实现“大治”。他虽然领导了新中国的政治法制建设,但在他的眼中,问题的真正解决还得靠运动、靠革命甚至靠自己的威信。相比之下,邓小平更像一个“制度主义者”,他认为“人”可以被制度形塑,因此,中国的当务之急是要先建立起纸面上的法制,然后逐步完善变为制度。在那篇著名的《党和国家领导制度的改革》中,邓小平如是说:

> 我们过去发生的各种错误,固然与某些领导人的思想、作风有关,但是组织制度、工作制度方面的问题更重要。这些方面的制度好可以使坏人无法任意横行,制度不好可以使好人无法充分做好事,甚至会走向反面。……我们今天再不健全社会主义制度,人们就会说,为什么资本主义制度所能解决的一些问题,社会主义制度反而不能解决呢?这种比较方法虽然不全面,但是我们不能因此而不加以重视。

邓小平等领导人基于对毛泽东时代的反思,得出了需要建立法制的结论。这种反思与对外开放和经济发展的动力合流,促成了巨大的制度重建浪潮。

首先是法制建设浪潮。20世纪70年代末的中国法制状况是:不仅是有法不行,而且在很多领域无法可依。尤其是在经济领域,计划经济体制依赖的是政府权力的调控,在这种情况下政府的权力越大越好。但在改革开放之后,尤其是在需要引进外资的大背景下,法制建设便显得尤为重要。一般来说,投资者希望将钱投在有良好预期的地方,这就意味着需要约束政府的“恣意权力”(arbitrary power),而法律与法制便是“良好预期”与“约束权力”的标志。因

---

① 在时间顺序上,中国的“开放”要先于“改革”。有学者认为,中国的经济改革的顺序与苏东国家的不同之处在于:中国是先引进外资,再进行所有制改革;而苏东国家则与其相反。这也使得中国可以保证在政治稳定的环境中逐步发展经济。更多讨论可参见M.E.Gallagher, “‘Reform and Openness’: Why China's Economic Reforms Have Delayed Democracy,” *World Politics*, Vol.54, No.3, 2002, pp.338—372。

此,在改革开放以后,“在吸引外国投资以及满足世界贸易组织要求的驱动下,同时也是为了创造一个健全的市场经济运行环境(例如合同的实施、产权的保护、争端的解决以及经济犯罪的处理),大规模的立法活动出现了”①。如早在1986年,全国人大就通过了《中华人民共和国外资企业法》,把对外开放政策固定下来。而诸如此类的法律在出台的同时也约束了政府的权力,为政府“能做什么、不能做什么”提供指引。在20世纪80年代末江泽民接任总书记之后也接续了邓小平对于法制的强调,提出不能“以党代政”,也不能“以党代法”,并适时将“依法治国”提升到“治国方略”的位置。在十八届四中全会上,更是提出了“全面推进依法治国”的总目标,并首次提出“法治中国”的理念。

与此同时,法制的恢复与法治实现之间仍存在一定的距离,而填补这一距离的便是执行法律与依法裁判的国家机构。法律需要执行和适用方才为法治。因此,伴随着法制建设浪潮的便是国家机构与科层制的恢复。毛泽东时代尤其是“文化大革命”时期,传统的国家机构受到轻视因而遭到破坏。而在改革开放之后法制建设的背景下,国家机构的重建不仅是保证法律得到执行的重要环节,而且也是国家能力实现的关键所在——尤其是基层国家机构。粉碎“四人帮”之后,国家机构的重建便提上议事日程。早在1979年,《中华人民共和国地方各级人民代表大会和地方各级人民政府组织法》、《人民法院组织法》以及《人民检察院组织法》的通过首先明晰了司法机构以及地方国家机构并恢复了其正常运作;而1982年《宪法》的颁布则预示着在国家层面上,立法、行政与司法三权的运作得到全面的恢复。而根据经济与社会发展的需要,政府机构已经进行了多次行政体制改革,以适应新的经济、社会与法律环境。

2. 治理体系的转型

除了在宏观层面上的制度重建,随着经济社会的发展,政府治理体系与方式也发生了变化。作为直接与社会接触并规制后者的国家机构,政府的改革实际上就是国家与社会关系变迁的缩影。从某种程度上来说,政府的治理能力便是国家能力的体现,这并非夸大其词。

政府治理能力的实现取决于政府治理体系的转型。在计划经济时代,严格来说,不存在“治理”这一概念。因为当时几乎所有的社会事务——甚至包括许

---

① Kenneth G.Lieberthal, *Governing China: From Revolution Through Reform*(New York: W.W.Norton, 2004), pp.176—177.转引自汪庆华:《改革时期中国的国家状况》,载陈明明主编:《中国模式建构与政治发展》,上海:上海人民出版社2012年版。

多私人领域的事务——都被涵括进了政府(政党)过程。在全能型政府的语境之下,并不存在实质上的国家—社会或者政府—社会两分,因此,“治理”这一概念便失去了意义。而在改革开放之后,市场经济对于经济效率的追求促使政府职能不断聚焦——从以往无所不能的统治—干预型角色转变为服务—规制型角色。

而在治理体系的转型过程中,有两个方面的调整对当代中国的国家能力建构有着重要影响。其一是中央—地方关系的调整。尽管有许多文献以及历史资料表明,对于毛泽东时代计划体制下的中央集权在很大程度上被夸大了。① 但是需要承认的是,在日常管理尤其是经济管理方面,地方政府对于中央政府的从属性在毛泽东时代是非常明显的。而在改革开放以后地方政府在地方经济发展中的自主性角色日益凸显。在中央主持的“锦标赛”中,地方政府之间相互竞争在一定程度上实现了经济的效率。②这被许多学者认为是中国经济增长的动力所在。③其二是基层治理模式的调整。这一调整与前述国家机构重建的过程是相平行的。在人民公社制、单位制解体以及政府职能收缩的大背景下,政府治理尤其是基层治理需要有新的替代机制。所以,在中国共产党的主导下,一方面基层的自治组织得到恢复与强化;另一方面,政府与非政府行为体的合作治理逐步增加。正如汪庆华所言“随着那种无所不包的角色被废弃,后毛泽东时期的国家鼓励或宽容在中国治理体系中更多的参与,不论是公民还是非政府组织”④。此外,在一些专业事务领域,政府也更加依赖在改革浪潮中应运而生的监管—规制组织(如银监会、证监会等)进行更为间接的治理。

综上所述,我们似乎可以得出这样的一个结论:在参与第二次全球化的背景下,中国国家的“再社会化”似乎弱化了国家能力。因为相对于毛泽东时代的全能主义政府,要依法行事且经过权力的“下放”(中央向地方)与“外放”(国家向社会)的中国政府似乎不能与前者同日而语。然而得出这样的结论似乎过于草率。首先,中国国家在“再社会化”过程中的制度重建和治理体系转型尽管降

---

① Jean Oi, “The Role of Local State in China's Transitional Economy,” *China Quarterly*, Vol.144, 1995, pp.1132—1149.

② 周黎安:《中国地方官员的晋升锦标赛模式研究》,载《经济研究》2007 年第 7 期。

③ Gabriella Montinola, Yingyi Qian and Barry R. Weingast, “Federalism, Chinese Style: The Political Basis for Economic Success in China,” *World Politics*, Vol.48, No.1, 1995, pp.50—81.

④ 汪庆华:《改革时期中国的国家状况》。

低了国家能力的强度，但这并不意味着权力的真空——比照帝制时期的中国——而是国家能力通过一些中间环节间接地抵达社会，这对于某些领域来说反而提升了国家能力的效度。其次，更为重要的是，改革开放并不是一场基于理想主义热情的“革命”，改革者们充分地意识到了改革的政治风险——包括了国家能力的弱化，因此“许多传统的机制被保留了下来，也正是它们的存在降低了新机制引入的风险”①。比如，我们不应过分夸大公民社会组织的自主性和政治意义，因为有事前双重登记制度的存在，一些社会组织不得不通过与政府合作来获得自身存续的权利。

代表性维度

接下来，我们将从民族/代表性维度对全球化与中国现代国家建设展开进一步探讨。在百年前中国被迫卷入的第一次全球化中，“建立民族国家”是中国国家“社会化”的重要维度。换言之，中国要成为一个合格的“国际社会公民”，就需将自身从代表皇室集团的国家转换为代表全民族利益的国家。这一“代表性”维度的核心在于国家必须反映并维护民族的利益。在改革开放之后中国“再社会化”的过程中“国家必须反映并维护民族的利益”这一原则本身的正当性并没有发生变化；但是与在第一次全球化之中的情形相比，当今这一原则的内涵已经发生了改变。

1. *超越阶级话语*

旧式的王朝国家之所以无法反映民族的利益，是因为其统治精英基本上是为皇族的利益服务的，是一种扩大化了的“家族政治”。尽管存在着诸如科举这样的向上流动机制，但是还有许多阶层和群体被排斥在“公民”之外。由于“民族”概念所强调的是一种界限内人与人之间平等且亲密的“同志爱”(comradeship)，因此，一个国家是否有效反映了民族的利益体现在它的包容性(inclusiveness)上——是否能够尽可能广泛地将各类社会阶层与群体囊括进政治体系之中，并平等地赋予其公民资格(citizenship)。而只有某一政权在能够吸纳尽可能多的社会阶层的前提下，“该政权是本民族的代表”这一理念才能够拥有合法性。许多研究都提到，在革命时期共产党之所以在民族/代表性维度上胜过国民党，核心便在于前者的政权既能囊括精英阶层也能够很好地将底层平

① Barry Naughton, *Growing out of the Plan: Chinese Economic Reform, 1978—1993* (Cambridge: Cambridge University Press, 1997).

民——尤其是农民——纳入。

在1949年新中国成立以后,"阶级话语"逐渐取得了合法性,并基于此建立了一套政治上的"排斥机制"。毛泽东在20世纪60年代将重心从经济移向政治,[①]运用强大的政治权力掀起政治运动,而这些政治运动基本上都是基于阶级上的"敌我分野"的。它们的目的在于攻击并打倒真实或假想的"敌人们"。在这样的基础之上,中共通过建构一种"敌我"话语体系,实现对异己力量的"动态排斥"。

而在"文革"之后启动改革开放的政治领袖所要反思和改变的正是毛泽东时代的那种基于"阶级话语"的斗争政治形态。而替代"阶级话语"的最佳策略就是重新引入"民族"话语的正当性,并通过强调"民族"话语扩大政权包容性,这不仅可以提升政权的合法性,而且也可以动员更多的人加入到改革开放和经济建设之中。

而这一包容性的扩大体现在政权的开放与代表性的增加之上。而这一开放的过程是由内而外的。首先,在改革开放之初,以邓小平为代表的改革派精英开展了"平反冤假错案"运动,恢复了许多在"文革"及历次政治运动中被"打倒"的中共干部的名誉和待遇,并让他们参与到具体的工作中来。此外,"人民"这一概念也得到了修正。除了传统的工人、农民与知识分子之外,还加入了"其他社会主义劳动者"、"拥护社会主义的爱国者"以及"拥护祖国统一的爱国者在内的全体人民"。其中不难看出,"人民"的"底线"就是"拥护祖国统一"和"爱国",换言之只要属于中华民族并不试图颠覆这个民族的人都属于"人民"。其次,在20世纪90年代末与21世纪初,中国共产党开始考虑使其党员来源多样化以使得这一执政精英集团获得更大的包容性。"三个代表"的提出则标志着这一考量正式变为官方政策,它使得中国共产党得以突破传统"阶级"的藩篱,从"中华民族"这个更大的群体中选择自己的成员。越来越多传统"敌对阶级"——如私营企业主等——通过"民族话语"(如爱国)进入了中共党内,而那种以往可能会被定义为"敌人"的人也越来越多地获得了体制的宽容。与此同时,在国家政权层面上,也有越来越多在以往被视为"出身不好"的人进入了人大与政协系统。此外,高层领导人的职业背景愈发多元化。在改革开放之后,

① Michel Oksenberg and Richard Bush, "China's Political Evolution," in Roy Macridis and Bernard Brown(eds.), *Comparative Politics*: *Notes and Readings*(Illinois: The Dorsey Press, 1995), p.205.

原本那些被认为是“只讲业务、不讲政治”的技术精英获得了进入体制的机会。而现在，越来越多的拥有人文社科以及法学背景的精英也获得了进入体制的机会。

2.“民族复兴”再定义

从代表性维度出发，国家不仅要能够反映民族利益，而且要能够维护民族利益。在第一次全球化中，中国被西方坚船利炮裹挟被迫卷入国际社会。当时的政治精英无一不意识到要维护中华民族的利益，“富国强兵”是第一要务。然而，在20世纪初开始的绵延炮火之中，“强兵”一直都被置于“富国”之上。在这种军事化思维之下，一个能够维护民族利益的国家便是能够抵御西方武力的国家。而在1949年以后，由于冷战的关系，这种军事化思维并没有消失。相反，“民族复兴”的话语被置于“反帝、反霸”的话语之下。“维护民族利益”便随之等同于与西方资本主义阵营以及之后的“苏修集团”对抗。而在改革开放之后，“民族复兴”的意义得到了修正。在邓小平等领导人的眼中，“富国”与“强兵”的顺序需要得到理顺。最终，军事化思维被摈弃，“富国”被放到了“强兵”之前，经济发展获得了优先性。20世纪80年代的百万大裁军某种程度上便是“强兵”在为“富国”让路的表现之一。

换言之，经济思维已经取代军事化思维主导了改革开放。在这种思维之下，国际社会对于中华民族复兴的意义也逐渐发生了转变。过去，在军事化思维的主导下，国际社会是中国“民族屈辱”的根源，因此“民族复兴”在某种程度上需要与国际社会尤其是西方国家主导的国际社会相对抗。而在如今的经济思维中，国际社会可以是民族复兴的动力，通过引入国外的资源——主要是资金和技术——可以促进本国的经济发展，进而实现“富国”的目标。

而这两种不同的思维也产生出了两种不同的对外交往方针。在军事化思维之中，中国意在支持第三世界的革命，意图颠覆西方主导的国际社会秩序。而在经济思维中，中国则希望从稳定的国际环境中获得经济发展的机会，因此邓小平便提出“韬光养晦”，积极参与到既有的国际组织(包括以西方国家主导的政治、经济组织)当中。中国至此重新以“社会(化)国家”(social state)的面貌开始承担国际责任并接受国际通用话语；通过贸易与经济手段发展与其他国家之间的关系，并获得了国际社会的承认。

比如我们可以从中国对待东盟态度的转变来看出这种对外交往模式的转变。1967年东盟成立后，中国便将其视为“反共组织”，两者敌对意味极其严重。但在改革开放尤其是冷战结束之后，中国逐步转变态度，开始与东盟对话，逐渐承认后者在东亚事务中的主导地位，并由深化经贸交流开始融入由其主导的地区合作机制。这样，对于中国来说不仅可以保证周边国际环境的稳定性，而且可以将更多的精力投入到国内的事务中来。正如前述，这是一种务实的、基于“成本—收益”的理性计算。

四、结 论

全球化并不是一个新现象，而20世纪70年代末的中国改革开放也并不是中国首次参与全球化这一进程。早在百余年前，中国就在西方的炮火之下被迫卷入殖民者主导的第一次全球化浪潮，中国也相应“社会化”为一个主权国家。而在新中国成立之后经历了三十余年的相对隔绝之后，中国主动选择参与第二次全球化进程，启动了国家的“再社会化”。

这一次的“再社会化”过程对于中国的国家建设而言意义依然显著。在国家能力的维度上，中国因应全球化以及经济改革的浪潮，进行了基于法制建设的制度重建，并实现了治理体系的转型。而在代表性维度上，首先，由内而外地，中国努力将社会各阶层纳入到政权体系中，扩大了包容性；其次，中国转变了以往对待国际社会的态度，以经济思维取代军事化思维，重新融入国际社会，并将“民族复兴”话语与这一融入的过程相联系。

乍看之下，上述的“再社会化”似乎弱化了改革开放之后的中国国家能力。但实际上制度重建和治理体系转型是通过降低国家能力的强度换取了国家能力效度的提升。而正是在有效的国家能力得到保持的背景下，改革开放之后的中国才能够抵制住“发端于中国‘百年屈辱’的激进传统”[①]，在可控且稳定的前提下通过对外开放和参与全球化实现民族复兴。因此可以说中国国家建设或“国家社会化”的两个维度——国家能力与代表性——是相辅相成，相互促进的。

---

① Zbigniew Brzezinski, *The Grand Failure: The Birth and Death of Communism in the Twentieth Century*(NY: Charles Scribner's Sons, 1989), p.154.

中国参与全球治理的历程及现状分析*

曹亚斌**

【内容提要】 21世纪以来,中国与全球治理间的关系发生了诸多变化。就实践和政策层面而言,中国参与全球治理的活动已从世纪初的认同性、侧重性向建设性、全面性的实践政策转变;就理论研究而言,中国学界对全球治理的研究已从早期的引介性、抽象性研究转变为现今的建构性、经验性研究。如今,中国与全球治理之间的关系正变得日益紧密。中国强大的综合国力为全球治理的发展提供了物质保障;中国独特的治理理念和实践经验也在不断完善和丰富着全球治理的内涵与模式,推动着全球治理向更加合理、多样化的方向发展。当然,现今中国与全球治理间还存在着一些不合理的关系:中国依然是全球治理中的"被动参与者";中国参与全球治理的能力不强;政府与国内社会力量参与全球治理的比例不够协调;全球治理与中国国内治理尚未实现良性互动。

【关键词】 中国　全球治理　历程　现状

中国参与全球治理的过程有着阶段性特征,在不同阶段,中国对于如何参与全球治理认识不同,认识的差异性不仅导致中国参与全球治理的实践和政策相异,而且还导致对于全球治理的理论研究内容各有不同。如今,经过十多年的磨砺,中国与全球治理之间的关系又进入一个新的阶段并显现出一些新特征。对于新状况我们需要这样理解,一是新特征的显现并不表示其与之前阶段已完全分离,毋宁说是在先前基础上的转向;二是新特征的显现并不表示中国

---

* 本文为西北师范大学青年教师科研能力提升计划项目"全球治理与国家利益的协调研究"(SKQNYB13005)的阶段性成果。

** 曹亚斌,西北师范大学哲学与政治学研究院讲师。

参与全球治理的活动较之以前更为成功，毋宁说是面临的机遇和挑战的转向。因此，分析中国参与全球治理的历史进程，比较历史与现状间的异同，进而探讨当今中国参与全球治理的特征便具有重要意义。

一、 中国参与全球治理的历史进程

自21世纪以来，随着全球性问题日益凸显，加之国际社会对全球合作重要性的认识不断深入，全球治理活动取得较大进展。特别是2008年国际金融危机发生以后，对保持全球经济持续增长、实现全球金融秩序稳定的迫切要求进一步激起了广泛开展全球治理的浪潮。可以说，当今全球治理的激进主义色彩正逐渐褪去，而日益变为有效解决全球问题、实现全球合作的务实性治理模式。当今全球治理活动开始呈现出治理主体不断扩大、治理内容不断深化、治理理念不断多元等方面的特点。全球治理所经历的发展历程告诉我们，作为一种有效应对全球性危机的治理模式，全球治理并非是一成不变的。全球化发展的多元性和复杂性，使得全球治理的有效性势必要与其对全球化的适应能力紧密联系起来。可以说，伴随着新型全球化状况和全球性危机的出现，全球治理在理念、主体、目标、模式以及手段等各个方面都在发生着相应转型。

与全球治理所具有的变迁性相同，21世纪以来中国与全球治理间的关系也发生着诸多变化。这种变化一方面体现在实践和政策层面，另一方面则体现在理论研究层面。就实践和政策层面而言，中国参与全球治理的活动已从世纪初的认同性、侧重性向建设性、全面性的实践政策转变；就理论研究而言，中国学界对全球治理的研究已从早期的引介性、抽象性研究转变为现今的建构性、经验性研究。

实践政策层面的进程

全球治理浪潮兴起不久，中国便开始参与到全球治理进程之中。在21世纪之初的一段时期，中国参与全球治理的实践和政策主要体现为认同性和侧重性这样两个特点。

首先，中国认同全球治理的合理性，开始参与各种全球治理活动，并制定相应的政策规划。中国所坚持的改革开放政策极大地增强了中国与世界之间的联系，而凭借劳动力价格低、市场广阔等优势中国成为经济全球化发展中的主要受益者。中国改革开放所取得的巨大成功使得在世纪之交中国领导人提出这样的洞见:“经济全球化是世界经济发展的客观趋势,谁也回避不了,都得参与进去。”①当中国在全球化的世界中获取巨大利益的同时,1997 年的亚洲金融危机等全球性问题的凸显则使中国对全球化有了更全面的认识:全球化加强了世界的相互依存,为生产要素的国际流动创造了条件,提供了发展机遇,但全球化也导致了世界经济发展的脆弱性。两种认知的综合,使得中国开始认识到参与全球治理,防止和克服全球化发展导致的负面效应,已成为中国发展的必要条件。认同和参与全球治理的政策在中共十六大报告中被全面表述为:“我们主张顺应历史潮流,维护全人类的共同利益。我们愿与国际社会共同努力,积极促进世界多极化,推动多种力量和谐并存,保持国际社会的稳定;积极促进经济全球化朝着有利于实现共同繁荣的方向发展,趋利避害,使各国特别是发展中国家都从中受益。”②在此基础上,中国开始参与大量全球治理机制,完善和修改了诸种国内政策法规,并开展了许多全球治理活动。加入世界贸易组织、参与创立上海合作组织、执行联合国维和任务等便是其中的成功实践。

其次,中国参与全球治理的实践和政策在领域和范围上都有相应侧重。尽管认识到了参与全球治理的必然性,但在当时,中国参与主要集中在特定的范围和领域:一方面中国参与全球治理活动的范围侧重于国内和本区域,另一方面,中国参与全球治理活动的领域侧重于非传统安全领域。就范围的侧重性而言,其时中国参与全球治理的政策主要针对借助国际力量实现本国全球性问题的治理,与周边国家和国际组织合作进行区域内全球性问题的治理这样两个方面。例如在减贫问题上,中国政府制定了各项政策以加强与国际社会的合作,意在解决国内所面临的贫困问题;在区域内中国积极开展与周边国家的协作,形成了中国—东盟合作体制、上海合作组织等治理机制,以应对诸种全球性问题。就领域的侧重性而言,其时中国参与全球治理的政策主要意在保障经济秩序稳定,应对跨国贩毒、环境污染、恐怖主义、传染病、贫困等全球性问题。例如在中国—东盟合作体制中,治理重心主要集中在中国—东盟自由贸易区建设、大湄公河次区域传染病防治和生物多样性保护走廊建设、金三角地区联合缉毒等方面。

① 江泽民:《在亚太经合组织第六次领导人非正式会议上的讲话》,载《人民日报》1998 年 11 月 19 日。

② 江泽民:《全面建设小康社会开创中国特色社会主义事业新局面:在中国共产党第十六次全国代表大会上的报告》,载《求是》2002 年第 22 期。

经过数年的发展，中国参与全球治理的理念、重心、具体内容等方面都出现了转变，同时由于全球治理本身所发生的转型，中国参与全球治理的实践和政策也发生相应变化。如今，建设性和全面性特征逐渐开始在中国参与全球治理的实践和政策中凸显。

首先，中国开始重视自身在全球治理中的建设性作用。随着中国参与全球治理程度的日益深入，中国开始逐渐体悟到全球治理活动与自身发展模式间存在的张力，加之对于自身在全球治理中的行动能力、身份定位等问题的明确，中国参与全球治理政策的建设性特征开始体现出来。“我们将继续积极参与多边事务，承担相应国际义务，发挥建设性作用，推动国际秩序朝着更加公正合理的方向发展。”①在安理会改革上，中国主张建立一个更加民主、公平、透明、有效和问责的安理会。在国际货币基金改革上，中国提出基金组织增加发展中国家代表权，促进国际货币体系多元化、合理化。在世界银行改革上，中国推动发言权和代表性改革。近年来，对二十国集团改革中有效性的重视，对金砖国家合作机制的新兴力量属性的强调，以及最近在全球核安全问题上提出的发展和安全并重、权利和义务并重、自主和协作并重、治标和治本并重的原则都是中国参与全球治理政策建设性特征的显现。

其次，中国参与全球治理的实践和政策逐渐全面。与此前中国的全球治理活动主要侧重于特定的范围和领域不同，现今中国的全球治理活动更多地体现了全面性特征。从范围上来看，现今中国的全球治理开始出现全球、区域、跨国、国内并重的状况。例如就国际灾难救援和对外援助而言，中国的救援与援助对象已经摆脱了周边国家和传统友好国家的范围，开始遍及全球各地。在海地、日本、巴基斯坦等国发生自然灾害时中国制定了各项救援政策，包括运送帐篷、开展人员搜救、医疗救援、卫生防疫等各个方面；对于南太平洋小岛国家、加勒比海地区国家、葡语国家的对外援助政策不断增多，内容涉及农业、工业、经济基础设施、公共设施、教育、医疗卫生、清洁能源等诸多方面。②从领域上来看，现今中国的全球治理开始出现传统安全与非传统安全并重的状况。例如在核安全问题上中国的态度便非常积极，2010 年首届核安全峰会召开以来，中国已连续三届参加峰会并积极推动核安全领域的国际合作。而在治理政策上中

① 胡锦涛:《高举中国特色社会主义伟大旗帜，为夺取全面建设小康社会新胜利而奋斗:在中国共产党第十七次全国代表大会上的报告》，载《求是》2007 年第 21 期。

② 中华人民共和国国务院新闻办公室:《中国的对外援助》，2011 年 4 月，北京。

国也提出了较为系统的核安全政策,内容包括:增强自身核安全能力,致力于加强核安全政府监管能力建设,加大核安全技术研发和人力资源投入力度,坚持培育和发展核安全文化;参与构建国际核安全体系,同各国一道推动建立公平、合作、共赢的国际核安全体系,促进各国共享和平利用核能事业的成果;支持核安全国际合作,并愿意为此分享技术和经验,贡献资源和平台,促进地区和国际核安全合作;通过平等对话和友好协商妥善处理矛盾和争端,同各国一道致力于消除核恐怖主义和核扩散存在的根源。①

理论研究层面的进程

世纪之交,中国学术界对于全球治理的研究工作主要集中在引介国外全球治理研究成果,对全球治理的内涵进行概念性探讨这样两个方面。

就引介国外全球治理研究成果而言,中国学术界所开展的引介工作较为及时,与国外全球治理研究进程保持同步。国外对全球治理的探讨兴起于20世纪90年代末期②,未经几年中国国内便开始大量引介这些研究成果,到21世纪初期已具有一定的规模。③例如全球治理委员会推出其报告《天涯成比邻——全球治理委员会报告》,全面阐述了"全球治理"的理念,成为最有代表性的全球治理文献。该报告的中文版于同年即由中国对外翻译出版公司发行,从而体现了研究的同步性。④与此同时,各种对外国学者关于全球治理思想或著作的评论也广泛出现,为中国学界认识和研究全球治理提供了基础知识和基本理论。⑤

就探讨全球治理的内涵而言,中国学术界主要围绕全球治理的本质、可行性等概念性问题开展研究。需要指出的是,由于全球治理所具有的复杂性,学

① 习近平:《在荷兰海牙核安全峰会上的讲话》,载《人民日报》2014年3月25日。

② Commission on Global Governance, *Our Global Neighborhood: The Report of the Commission on Global Governance* (Oxford: Oxford University Press, 1995).

③ 代表性的成果有格里·斯托克:《作为理论的治理:五个论点》,载《国际社会科学》1999年第6期;詹姆斯·罗西瑙主编:《没有政府的治理》,张胜军、刘小林译,南昌:江西人民出版社2001年版;迈克尔·爱德华兹:《公民社会与全球治理》,载《马克思主义与现实》2002年第6期;托尼·麦克格鲁:《走向真正的全球治理》,载《马克思主义与现实》2002年第1期。

④ 英瓦尔·卡尔松,什里达特·兰法尔主编:《天涯成比邻:全球治理委员会的报告》,赵仲强、李正凌译,北京:中国对外翻译出版公司1995年版。

⑤ 代表性的成果有俞可平:《全球治理引论》,载《马克思主义与现实》2002年第1期;杨雪冬:《全球化:西方理论前沿》,北京:社会科学文献出版社2002年版;陶涛:《第三条道路与全球治理理论》,载《当代世界》2002年第6期。

者们往往使用不同的视角来分析全球治理，从而对全球治理的认识出现了多样化、竞争性的观点。例如有学者从全球化发展的角度看待全球治理，认为“全球治理是各国政府、国际组织、各国公民为最大限度地增加共同利益而进行的民主协商与合作，其核心内容应当是健全和发展一整套维护全人类安全、和平、发展、福利、平等和人权的新的国际政治经济秩序”①。另一些学者从权力政治的角度看待全球治理，提出尽管全球治理反映了全球政治中某些新趋势和新变化，但是全球治理理论所构想的全球治理社会只能是乌托邦式的幻想，因为它忽视了强权政治对他人进行统治的残酷现实，忽视了国际社会的“无政府状态”，排斥了国家作为主要调节者的作用。②还有一些学者则从意识形态的角度看待全球治理，提出全球治理是新自由主义和西方中心主义最新表现的观点。③

自2004年以来，中国学界对全球治理问题研究的程度不断深入，全球治理研究已从引介、认识发展到完善、改进的阶段，如今已形成建构性和经验性并重的状况。一方面，诸种中国式全球治理理论的推出使理论研究的建构性特征显现；另一方面，对全球治理实证性研究的广泛展开，则使得理论研究的经验性特征显现。

就完善和改进而言，经过数年的探讨，学者们已对全球治理的必要性及其所存在的诸种缺陷有了较为清晰而统一的认识，对全球治理的研究也从静态的、抽象性的、西方式的引介和理解转向动态的、经验性的、中国式的完善和改进阶段。例如有学者通过研究中国开展的全球治理活动，指出中国需要一种区别于西方主流全球治理理论的特殊理论视角，即国内层面的全球治理。它是指把全球治理内化为本土的跨国合作，把全球治理锁定于全球问题的治理，把全球治理植根于培育本国市民社会和基层民主建设的新式全球治理模式。④通过对中国传统文化的重新挖掘和对中国政府治理理念的阐释，许多学者从事了大量改善和提高全球治理思想的工作，提出了“和谐式”、“天下式”等全球治理新理念。⑤近年来，随着中国在全球治理中地位的显著提高，学者们对全球治理的

---

① 俞可平：《全球治理引论》。

② 唐贤兴：《全球治理与第三世界的变革》，载《欧洲》2000年第3期。

③ 陈绍锋、李永辉：《全球治理及其限度》，载《当代世界与社会主义》，2001年第1期。

④ 蔡拓：《全球治理的中国视角与实践》，载《中国社会科学》2004年第1期。

⑤ 俞可平：《和谐世界与全球治理》，载《中共天津市委党校学报》2007年第2期；赵汀阳：《天下体系：世界制度哲学导论》，南京：江苏教育出版社2005年版；干春松：《世界和谐之愿景：〈中庸〉与儒家的“天下”观念》，载《学术月刊》2008年第9期。

完善和改进性研究也出现了新的热潮。例如在全球治理的主体问题上,有学者指出全球治理正从以非国家行为体为主导的“没有政府的治理”向重视国家基础性作用的“有政府的治理”转变,治理主体的转型使得中国在全球治理中应发挥更为积极的作用。[①]而在全球治理的目标问题上,有学者提出应以关注国内全球性问题、以协调国内政策为重点的全球深度治理取代解决外部性问题为核心的超国家全球治理。[②]

就对全球治理的实证性研究而言,学术界对全球治理研究群体已形成整体性效应,大量学者参与到关于全球治理的主体、治理领域、治理模式等问题的实证性研究之中。一些学者从全球治理的主体出发研究全球治理活动,深入分析了主权国家、国际组织、全球公民社会、跨国公司在全球治理中所扮演的角色和地位、所具有的优势和存在的缺陷、参与全球治理的具体路径等问题。一些学者从全球治理的领域出发研究全球治理活动,对全球安全治理、全球经济治理、全球社会治理以及全球环境治理等领域开展了大量实证研究,分析了各个领域的治理机制和治理特征。还有一些学者则对全球治理的模式进行了实证研究,分析了超国家治理模式、区域治理模式、跨国治理模式、国内治理模式在全球治理中的地位及相互之间的关系等问题。[③]此外,对全球治理活动的个案性研究也积极展开,例如关于二十国集团在全球治理中的角色演变、中国的减贫治理进程等研究就体现了这种研究理路。

二、 中国参与全球治理的现状分析

如今,中国与全球治理之间的关系正变得日益紧密。一方面,全球治理已成为影响中国发展的至关重要因素。全球治理的必然性与合理性使得中国势必要通过加大参与全球治理事务、与全球治理规则接轨等活动来实现自身的发展。另一方面,中国也正成为推动全球治理变革的重要力量。中国强大的综合

① 庞中英:《全球治理与世界秩序》,北京:北京大学出版社2012年版。

② 张胜军:《为一个更加公正的世界而努力:全球深度治理的目标与前景》,载《中国治理评论》2013年第1期。

③ 具体可参白云真:《全球治理问题研究的回顾与前瞻》,载《教学与研究》2007年第4期;蓝剑平:《国内关于“全球治理”理论的研究进展:一个文献综述》,载《中共福建省委党校学报》2008年第12期;徐进、刘畅:《中国学者关于全球治理的研究》,载《国际政治研究》2013年第1期。

国力为全球治理的发展提供了物质保障;中国独特的治理理念和实践经验也在不断完善和丰富着全球治理的内涵与模式,推动着全球治理向更加合理、多样化的方向发展。具体来说,现今中国参与全球治理的活动主要有如下几方面特征。

其一,中国参与全球治理的动力日益增强,范围明显扩大。当代中国是一个国内生产总值位居世界第二的超大规模经济体,对世界市场、贸易、金融都产生着巨大冲击力。中国经济的状况、走势和相应政策正直接或间接地影响着世界经济的发展。与经济影响力显著提升相伴,中国的海外利益也不断增多,如中国每年出境公民人数已达到近 8 000 万人;国内境外旅游人数每年已突破 5 000 万人次,海外务工人员一年也近 100 万人,中国石油对外依存度已超过 60%。中国与世界关系的显著变化正迫切要求中国通过积极参与全球治理来有效维护自身的利益。①近年来,中国应积极广泛地参与全球治理正日益成为国内共识,例如在中共十八大报告中就明确指出:"人类只有一个地球,各国共处一个世界。""应坚定维护国家利益和我国公民、法人在海外合法权益,加强同世界各国交流合作,推动全球治理机制变革,积极促进世界和平与发展,在国际事务中的代表性和话语权进一步增强,为改革发展争取了有利国际环境。""中国将加强同主要经济体宏观经济政策协调,通过协商妥善解决经贸摩擦。中国坚持权利和义务相平衡,积极参与全球经济治理,推动贸易和投资自由化便利化,反对各种形式的保护主义"。②

其二,中国在全球经济治理中正发挥着重要作用。中国在全球经济治理中的作用十分显著,尤其是在应对 2008 年国际金融危机中发挥了举世公认的作用。在主动承担责任上,中国政府采取了得力措施积极救市,促进了就业和经济发展,为全球经济发展作出了重大贡献,例如中国政府出台 4 万亿元(约合 6 300 亿美元)的经济刺激计划,对全球其他地区有效应对金融危机影响显著。同时,中国还积极推动国际体系转型,加强国际经济与金融领域的制度化变革。金融危机后,中国在二十国集团历次会议上都发出自己的声音,强调加强协调、密切合作、共渡难关、实现共同发展;强调二十国的制度化建设和建立国际金融新秩序。此外,中国还大力推动新兴大国间的合作,推动金砖国家合作机制的

① 蔡拓:《中国如何参与全球治理》,载《国际观察》,2014 年第 1 期。

② 胡锦涛:《坚定不移沿着中国特色社会主义道路前进 为全面建成小康社会而奋斗——在中国共产党第十八次全国代表大会上的报告》,载《人民日报》2012 年 11 月 18 日。

形成和不断发展，特别是在 2013 年第五次金砖峰会上，在为筹建金砖国家开发银行和金砖国家外汇储备库的活动中作出了重要努力。

其三，中国参与了大量国内、跨国层面的全球治理活动。与西方国家将全球治理锁定于全球层面不同，中国更习惯于把全球治理从全球层面内化到国家和跨国层面，从而形成了具有中国特色的全球治理活动。自改革开放以来，外国政府、政府间国际组织和非政府间国际组织，已在中国各省针对扶贫、防治艾滋病、禁毒、环境保护等领域开展了多层次的跨国合作项目。通过这些合作，中国与跨国行为体就国内发展的各种问题进行了前所未有的深层合作。例如在扶贫领域，每年国际非政府组织在中国国内治理活动中投入的资金达 2 亿美元左右，主要投向中国一些迫切需要扶持的或者具有创新性的社会发展活动，这些资金产生了较大的实际效果，对中国社会的发展，特别是对急需资金的社会发展领域来说具有重要意义。而在环境保护领域跨国行为体开展的活动也非常广泛，如提供资金、设备、技术等方面的资助或援助，举办讲座、演讲，开展环境保护技术的研究和普及活动，以及为环境污染受害者开展法律咨询等。①

在明确了中国与全球治理间的关系正变得不断紧密的同时，我们还需要对这种关系的不合理之处抱有清醒认识。事实上，全球治理与西方理念之间的广泛联系势必导致中国与全球治理间会存在某种张力，而中国全球治理战略定位的不完善也妨碍了中国与全球治理间合理关系的建构。此外，近年来中国综合国力的提升使得其与现有国际政治经济秩序间的矛盾开始激化，这种矛盾也导致中国与全球治理间的不合理关系进一步显现。具体来说，现今中国与全球治理间的不合理关系主要包括这样几个方面。

一是中国依然是全球治理中的“被动参与者”。尽管摆脱了“刺激—反应”式的活动逻辑，但中国在当今全球治理活动中依然不够积极。例如，从全球治理的领域来看，中国仅仅在全球经济治理中作用突出，但在政治、社会、文化、环境等其他众多领域，中国更多还是一个配角，无论在认知与理念，还是对策与行动方面都表现得被动、滞后，难以同新兴大国的身份相匹配。此外，中国将参与全球治理活动与实现国家利益紧密相连，这使其参与以全球利益为主导的全球治理活动时往往倾向于扮演被动型角色。②

① 金彪：《外国非政府组织在中国活动的影响》，载《云南社会科学》，2008 年第 4 期。

② Hongying Wang, James N. Rosenau, “China and Global Governance,” *Asian Perspective*, Vol.33, No.3, 2009, pp.5—39.

二是中国参与全球治理的能力不强。软实力是一种吸引力、感召力,它的真谛是让别人也想获得你希望实现的结果。“在国际政治中,软实力在很大程度上来自某个组织或国家所表达的价值观,这种价值观体现在它的文化中,体现在它根据内部实践和政策所树立的榜样中,也体现在它处理对外关系的方式中。”①随着软实力重要性的凸显,判断一国参与全球治理能力的标准应是硬实力和软实力的综合。若以此为标准,那么可以认为当今中国参与全球治理的能力并不强,因为与硬实力的显著提升不同,中国的软实力已成为当下中国参与全球治理的软肋。“GDP挂帅所导致的人文素质的下降,唯物质主义和拜金主义的膨胀,伦理道德的滑坡,腐败之风的盛行,法治的不健全,使得我们不仅在国内而且在国际上都难以产生与新兴大国地位相称的制度、价值、道德的吸引力、说服力。”②另一方面,中国参与全球治理的主导性理念仍是现实主义、国家主义,加上有保留的多边主义,远未提升到全球主义的高度,这一状况使得中国参与全球治理的动力不足。

三是政府与国内社会力量参与全球治理的比例不够协调。有效的全球治理应是在国家与非国家行为体通力合作的基础上实现的,而判断一国参与全球治理的程度也需要对政府与社会两种主体的参与程度同时予以考虑。“从全球角度来说,治理事务过去主要被视为处理政府之间的关系,而现在必须作如下理解:它还涉及非政府组织、公民的迁移、跨国公司以及全球性资本市场。”③尽管近年来中国的国内社会力量取得了迅速发展,但较之于其他大国社会力量的发展程度还远为不足。例如有研究指出,当今中国国内非政府组织的发展正面临着注册登记困难、志愿性低、独立性弱、资金来源单一化、组织官僚色彩浓、税收优惠制度不完善等问题。④而在这些组织中具有国际视野与能力,能够参与全球治理的社会力量更是稀缺。

四是全球治理与中国国内治理尚未实现良性互动。随着全球化的进一步深入,全球性问题的急剧凸显,以解决外部性问题为核心的超国家全球治理已不足以有效应对大量全球性问题,以关注国内层面的全球性问题、以协调国内

① 约瑟夫·奈、王缉思:《中国软实力的兴起及其对美国的影响》,载《世界经济与政治》2009年第6期。

② 蔡拓:《中国如何参与全球治理》。

③ 英瓦尔·卡尔松,什里达特·兰法尔主编:《天涯成比邻:全球治理委员会的报告》,第2页。

④ 戴昌桥:《中国非政府组织现状探析》,载《求索》2012年第4期。

政策为重点的全球深度治理的重要性开始突出。“当今世界治理体系面临的挑战几乎全部来自‘深度’治理的缺失。例如,在国际经济领域,经济全球化的深入发展已经把全球经济融为一体,而传统的国际协调机构如 IMF 和世界银行在应对全球性金融危机方面的作用已明显不足。”[①]深度全球治理的兴起使得中国与全球治理之间的不合理关系更为明显。一方面当今中国参与的全球治理活动尚未以解决国内层面全球性问题、内化全球治理规制和理念为重点。另一方面,当今中国参与的全球治理活动也尚未很好地促进国家治理体系与治理能力现代化,实现全球治理与国内治理的良性互动。

三、结　　论

中国参与全球治理的活动不仅促进了自身的快速崛起,该活动还对全球治理本身的发展产生了重大影响。这种影响是多方面的,不仅从安全、经济、社会、环境等多个层面对全球治理的发展产生影响,而且还影响了全球治理的理念和运作模式。这些作用也是多形式的,不仅以关注国内治理的方式解决了大量全球性问题,而且正在通过积极开展各领域的区域层面、全球层面的治理活动,并承担国际责任来丰富和完善着全球治理,当然二者间存在的张力也进一步显现。与此同时,面对全球治理的新环境与新问题,基于中国参与全球治理过程中出现的诸种问题,还需对中国与全球治理之间的关系进行重构,从而实现二者间的良性互动。为实现这一目标,对未来中国参与全球治理的活动有一个新的、系统性的定位便成为目下需要考虑的首要问题。

---

① 张胜军:《为一个更加公正的世界而努力:全球深度治理的目标与前景》。

会 议 综 述

“国家治理指数研究与评估”学术研讨会会议综述

任海燕*

2015年6月13日，由华东政法大学政治学研究院举办的“国家治理指数研究与评估”研讨会，在华东政法大学长宁校区顺利召开。来自复旦大学、南京政治学院上海分院、中国浦东干部学院、上海市委党校、上海政法学院、《社会科学报》、上海社科院以及我校的十多位专家学者参加了此次研讨会。

会议开幕式由华东政法大学政治学研究院院长高奇琦主持，华东政法大学党委副书记应培礼致欢迎辞。本次研讨会主要由政治学研究院更名揭牌、国家治理指数的研究进展汇报，以及专家评估等三部分组成。应培礼在讲话中指出，在学校的大力支持下，华东政法大学政治学研究院于2014年启动并发布了“国家参与全球治理指数”及2014年度报告，这一指数在2014年的发布得到了联合国发展规划署、联合国环境署、联合国协会、中央编译局等相关单位的高度评价，并被《中国青年报》、《法治日报》、《文汇报》以及各大网络媒体报道。2015年，政治学研究院还将继续发布指数的国际版本和2015年报告。另外，在“华与罗世界文明和比较政治研究项目”的支持下，政治学研究院还启动了国家治理指数的研发，该指数预期在2015年底发布，年度报告将覆盖64个“一带一路”国家和25个世界其他国家。在这样的背景下，为搭建更为广阔的学术研究和交流平台，学校经讨论决定，将华东政法大学“政治学研究所”更名为“政治学研究院”，并在华东政法大学校党委副书记应培礼的主持下举行了揭牌仪式。

华东政法大学政治学研究院院长高奇琦教授和游腾飞博士向与会者汇报了国家治理指数的研究进展。之后，各位专家学者就国家治理指数的研究情况进行

* 任海燕，华东政法大学政治学研究院研究生。

了评估，对指数的指标选取、数据挖掘以及实践操作等方面提出了宝贵意见。

一、国家治理指数的研究进展汇报

首先，高奇琦教授以“比较政治视野下的国家治理指数研究”为题对国家治理指数的研究进展进行了整体性的汇报。他对指数的构建背景、指数的开发意义以及指标的选取标准进行了解释和说明。高奇琦教授认为，目前，世界上有影响力的几大指数都是由西方国家开发和发布的，指数已日益成为西方文化霸权的重要组成部分。因此，中国在崛起的过程中，有必要开发一些不仅具有国际影响力，而且能体现中国声音的指数，这也是国家治理指数的开发初衷。国家治理指数体系由基础性指标、价值性指标以及可持续性指标 3 个一级指标构成，下面分设 60 个左右的四级指标，共涵盖一百多个国家。高奇琦教授称，本指数的预期成果是在 2015 年底之前完成 2000 年到 2013 年的数据采集，发布正式的指数报告，并在每年的 11 月份定期发布最新的指数年度报告。

之后，游腾飞博士在高奇琦教授发言的基础上对指数的具体情况进行了说明。他的发言主要分为两部分。第一部分是数据部分，包括数据的规模、数据的来源以及数据的收集和处理方法。“国家治理指数”的数据规模涵盖了世界上一百多个国家。数据来源主要为国际性统计机构(如世界银行、联合国统计司等)、各国的官方统计网站、政府工作报告以及学术文献等。数据的处理方法为首先对原始数据进行标准化处理(min-max 标准化)，再根据不同权重将标准化得分进行加权汇总。第二部分是指标部分，在这一部分中，游腾飞对各级指标的设置逻辑进行了详细的阐述和解释：为求指数体系的完整性与科学性，国家治理指数在指标设定中，既关注了国家治理的现有成果，也对国家的长远发展作出了评估。基础性指标覆盖了设施、秩序和服务三个领域。其中，设施是第一位的，是保障人与人、人与物之间临近和便利性的基础条件，秩序是保障人与设施良好运转的纽带，服务则是提升国民生活质量的公共产品。价值性指标分为公开、公平、公正三个二级指标，分别体现着国家治理的透明性、平等性和正义性。可持续性指标从效率、环保和创新的维度，对国家治理过程中的再发展能力进行考量。

二、“国家治理指数”的理论探讨

华东政法大学法律学院教授、上海市政治学会副会长王立民教授首先对华东政法大学政治学研究院的工作给予了肯定。他认为,这一指标体系应该不断进行修改完善,以成为华东政法大学和上海市、乃至中国的一面特色旗帜。复旦大学国际关系与公共事务学院郭定平教授对“国家治理指数”提出了两点建议:第一,要明确治理的含义以及范围;第二,要注意指标体系的科学化与可测量化的问题。南京政治学院上海分院孙力教授也从学科角度对指标体系的设计提出了具体的修改意见。中国浦东干部学院科研部主任刘靖北教授则认为国家治理指数应该引入“国家治理现代化”这个概念。华东政法大学政治学与公共管理学院院长张明军教授也提出了两点建议作为参考:首先,指标体系的构建需要有科学的理论指导;其次,应根据重要性的不同为指标设置不同的权重。

《社会科学报》主编段钢认为在国家治理指标体系中,作为大方向的一级指标选取的比较合适,但二级指标和三级指标的种类稍显欠缺。同时,他还表达了对网上数据完备性的担忧。华东政法大学马克思主义学院院长何益忠教授在谈到指标的选取逻辑时说到,一些二级指标的概念要更加精准,且各二级指标之间的边界应该进一步加以明晰。上海社科院中国马克思主义研究所姜佑福副研究员认为,指数研究和国家文化是密切相关的,国家治理指数针对的应该是西方文化霸权。因此,指标的设置和数据的处理应该与西方的标准和模式区分开来。我们要作出一个既能与西方接轨,又能体现我们自己价值取向的“国家治理指数”。

最后,高奇琦教授主持了本次研讨会的闭幕式,王立民教授作总结发言。结合之前各位专家学者的发言,王立民深刻剖析了目前国家治理指数所存在的问题以及解决思路,同时也对指数的下一步完善工作表达了良好的祝愿。他认为指数工作,大有可为,希望国家治理指数能够为发展中国家的指标体系建设作出贡献。在认真听取各位专家学者的意见和建议的基础上,高奇琦教授认为,下一步应该从普遍性和特殊性的平衡、理论与操作性的平衡以及复杂性和简明性的平衡三个方面来进一步发展与完善“国家治理指数”的指标体系。

迈向坚实的世界政治

——“全球治理与世界秩序”学术研讨会会议综述

蔡　鑫*

由上海市社会科学联合会、上海市东方青年学社、复旦大学当代中国研究中心、华东政法大学政治学研究院合办的“全球治理与世界秩序”学术研讨会于2015年3月21日在华东政法大学长宁校区成功举办。

华东政法大学党委副书记应培礼教授首先致开幕词。他对于华东政法大学政治学研究院(以下简称“政研院”)团队的贡献作出了充分肯定。在全球治理研究方面,政研院建立了全国首创的国家参与全球治理指数的指标体系,并且于2014年首次公开发了报告,这个指数体系立体式地展现了不同国家参与全球治理的状况,为相关研究提供了坚实的基础,在国内的学界产生了一定的影响。

在全球化不断发展的今天,世界秩序关系着一国的安全与稳定,也关系到每一位公民个体的福利与自由,世界秩序与全球治理紧密联系,全球治理的重要问题如经济、政治、环境、安全、卫生都深刻地影响着世界秩序的发展和未来。对正在成长的中国而言,这一问题尤其具有现实性和前瞻性的意义。因此,从现实需要和理论探索的角度来看,全球治理与世界秩序的关系值得深入探究。这也是这个会议的目的所在。

上海市社联副主席刘世军表示,研究这样一个主题具有非常重要的意义。这一研究对观察世界、把握世界潮流非常重要。怎样从一个更高的哲学高度去把握世界秩序与全球治理的秩序是一个重大问题。我们这个时代是紧密联系在一起的,因此我们今天研究的这个主题非常具有前瞻性。今天我们对中国学

* 蔡鑫,华东政法大学政治学研究院研究生。

术的发展、对中国做负责任的大国的研究能够提供中国问题的解决办法，对我们自己领域学术的进步有非常大的帮助。

一、 全球治理的重要议题

赵青海教授认为，从中国外交来说，随着我国国家实力的增强，中国更有意愿参加全球治理。今天会议的选题还有世界秩序，国内政治层面对此非常重视。从中国传统来说，中国有一种达则兼济天下的意识，随着我国综合国力的增强，中国参与全球治理的意愿越来越强烈。而从2008年金融危机以来，西方国家参与全球问题治理的意愿和能力有所下降，有人认为当今世界的主要矛盾是全球问题、全球性挑战日益增多和全球治理能力不足之间的矛盾。西方国家参与全球问题治理的意愿和能力的下降也给了新兴大国参与全球治理新的空间和机会。

复旦大学美国研究中心副主任宋国友教授则在全球经济治理这一议题上发表了看法。他认为，稳定的世界秩序迟早会带来好的经济治理，这其实是霸权稳定论投射在经济治理领域的一种反映。霸权稳定可能会有意愿进行治理，但是这种治理可能更多地会体现霸权的特征，而经济治理的困难促使更多的国家去考虑，并且会使得一些有能力、相对出色的国家去思考这样一个问题，就是如何推动一个更好的新的世界秩序的形成。这是一个逻辑，治理和秩序之间一个最大的利益在于治理提供了一种世界秩序的路径。

刘宏松副研究员则将视角瞄向了全球安全治理，尤其是核议题。他提到，核安全这一领域有一系列的博弈机制，包括各类保护公约和联合国修正案，以及核安全峰会。但是真正要实现一个良好的治理，还需要有法律约束力，对核安全保护措施作出一些明确规定。并且，有核国家还有一个承诺就是它们会在未来实行核裁军。这种承诺能够提供一种交易的谈判机制，有这一个交易才能达成这一条约，才能实现这一领域的治理。

晋继勇副教授发言的议题为全球卫生治理。他指出，世界卫生组织目前在全球卫生治理中面临三个主要问题：第一是世界卫生组织的领导能力弱化问题；第二是世界卫生组织的独立性问题；第三是世界卫生组织内的利益平衡问题。而从中国的角度，他提出了如何参与全球卫生治理的可行方案：第一是如何促进本国的卫生治理；第二是中国如何通过国际机制来促进中国的外交，促进全球卫生治理；第三是使用世界贸易组织的一些特例（像进口或者特别许可这样的国际机制)来呼吁本国和全世界的公共卫生利益。

李辉副教授则畅谈了反腐败与全球治理的关系。他认为,中国现在的反腐败模式非常独特,和其他国家反腐败的经验差距很大。所以他认为首先是中国自己能否有效地解决腐败。但是,中国现在有很多反腐败的国内改革,却还没有消化:第一个是两个责任落实,第二个就是中国如何参与到国际合作里面。他提出要思考中国为全球腐败的治理提供一些什么东西。例如,是提供治理的经验、治理的模式,还是我们提供一些机会和平台,或者中国在国际关系领域中也要更加积极主动,也要能够成立一些新的组织。最后就是整个全球反腐败治理今后大的方向是什么样子的,现在是一个什么样的趋势?这是解决全球腐败治理一个亟待解决的问题,也是中国包括官方,都需要去认真思考这些问题。

汪仕凯副研究员则提到了全球劳工治理。他认为,我国的政治学,包括法学、经济学等长期以来受到话语的制约,对劳工问题一直缺乏一个比较客观的认识,他主要讲了两个问题:一个是全球劳工问题兴起的背景,另外一个就是现在它到底处于一个什么样的状态。过去我们一直有一个判断就是,工业革命带来了工人阶级,应该说只对了一半。实际上,工人阶级在各个国家的兴起,特别是成为一个全球问题是在 1870 年以后的事情。也就是第二次工业革命才真正在各个国家锻造了比较强大的现代产业工人。这是最重要的一个背景。

二、 世界秩序的历史与价值

政研院院长高奇琦教授所作发言题目为《全球共治:中西方世界秩序观的差异及其调和》。他偏重于在观念性、价值层面对这一问题的讨论。他认为,西方有五种主流的世界秩序理论都有着很强的冲突倾向。西方的冲突秩序观导致在世界范围内构建了一种崇尚武力的暴力文化,为西方对非西方的征服提供了理论基础,还致使国际政治的道德层次较低。

相比下来,中国的和谐秩序观在国际政治中则表现为:第一,世界秩序的基本状态是和谐状态;第二,世界秩序的行为体类型体现出多元特征;第三,主体间关系是朋友关系;第四,主体间的互动形式是互助与礼遇。相比而言,中国的和谐秩序观存在如下优势:第一,和谐秩序观的道德诉求与道德假设相一致,这构成了一个完整的知识论;第二,差序格局的道德诉求更容易实现;第三,和谐秩序观在适用时存在一种自我调试,即将自己变得更为适用和现实。

和谐秩序观的提出建立在中国政治哲学与文化的基础上。这一秩序观与西方的主流秩序观明显不同,但是却与西方新的理论发展趋势相契合。同时,和谐秩序观的优势主要体现在其与整合性世界秩序的逻辑一致以及它的强适用性上。和谐秩序观是一种政治哲学或外交哲学的讨论,而全球共治则是一种应用性理念,其更为强调现实性和操作性。这一观念并不完全排斥冲突性逻辑,而只是要求其逐步减少。这一观念的运用既取决于中国的成长,也取决于中国对这一知识的总结和传播。中国正处在人类历史的一个关键节点上,我们应该推动这一观念的总结和传播。

陈玉聃老师则提出了世界秩序观的冲突与融合问题。他认为,不论在西方还是东方,自发生成和被迫接受的特殊主义世界观之下,都潜藏着普遍主义的暗流,绵延至今。一个群体要确认自己,首先要做的第一件事情就是确认其他人。在这样一种思维框架下,形成全人类共同认知来进行全球治理,有两种途径:第一种途径就是认同,这是我们应该形成的一个共同意识。另外一种路径就是如何打破逻辑,如何打破一种不需要建立敌人就可以确认我们的这样一种观点。最后,我们讲全球治理、世界秩序归根结底,中国的价值诉求是一种万世开太平,但是在这之前是要先行,为生命立命,为天地力行。

政研院的王金良老师提到了全球化进程中的主权国家与世界秩序。他认为,全球治理反映了全球化时代的价值观和理念,全球政治体系结构和力量对比关系。全球治理中主权国家与世界秩序两者之间的矛盾关系主要表现为如何加强主权国家之间的合作,共同应对全球共同问题,提高新兴国家的代表性和发言权以及推动全球治理的转型等四个方面。如果能够处理好霸权国家与新兴国家之间的关系,寻找利益汇合点,逐步建立相互合作的机制,那么就能够推动全球治理的转型,进而建立一种公平、稳定和有效的世界秩序。

三、 全球治理的核心议题

在第三部分的主题发言中,张家栋教授探讨了反恐怖与全球治理之间的联系。他认为恐怖主义是一个全球性问题,不可能单靠某一个国家来解决,这样既不公平,也很危险。治理全球性问题需要世界各国、各国际组织、各群体的密切合作,但是在实现这种合作关系之前,国际社会必须解决以下问题、实施以下措施:第一,制定统一的恐怖主义定义;第二,加强弱势国家的国家能力建设,所有恐怖主义的温床都是弱势国家或是失败国家;第三,推动国际关系民主化,弱势群体没办法来表达自身的利益;第四,促进经济全球化与社会福利全球化的统一,大量的青年人口出现,有的国家没办法提供基本的生存;第五,加强联合国等国际机构的行为能力,目前相关机构很尴尬,没有能力依靠主权国家,现在美国不愿意参与,其他国家能否提供这样的资源也是一个问题。

孙德刚研究员的发言主要着眼于地区冲突与全球治理,特别是针对中国在地区冲突中的解决方案有较为深入的研究。地区冲突具有突发性、不确定性、联动性、破坏性和紧迫性等特点。在这一问题上有很多难题:包括如何协调国内的各个部门,以及如何与中国进行协调等等。中国在这些问题上仍然有值得思考的地方:第一,中国应对突发事件的国际危机管理能力仍有待进一步增强,内交比外交难;第二,中国国内缺乏参与地区冲突治理的意愿共识;第三,中国参与地区冲突治理迄今缺乏强大的人才库和知识库作为支撑。总之,中国参与地区冲突是一个认知与习得的过程,在不同时期,它的认知不同。中国参与地区冲突的选择性模式值得进一步研究。

政研院的章远副研究员谈到了宗教与全球治理之间的联系。她认为,国际危机来源于宗教的排他性,这种排他性表明如果我要传播我的信仰,一方面要提高我的修为,另一方面要积极传教。另外一个关于宗教的解释在于其本身带有普世的世界观。因为宗教本身对邪恶、他人的恶有一个判断。关于宗教的研究一般来说把宗教作为一种主要的结构,作为国际参与者的补充。宗教的参与者是跨地区的、在主权国家之上的行为体。目前来看,是扩大宗教影响力还是限制其影响力,是现实需要考虑的问题。

政研院的游腾飞助理研究员谈到了全球环境与气候治理。他的观点是,首先,自 1992 年联合国环境与发展大会达成全球环境治理共识以来,全球环境与气候治理机制已逐渐出现多权力中心治理的特征。其次,多权力中心治理结构体现为全球环境与气候治理力量格局多极化。最后,多权力中心治理结构体现为全球环境与气候治理手段多重化。

四、 全球治理的前沿议题

中央编译局的闫健研究员主要研究了“失败国家”与全球治理的关系。这一研究主要出于这样一个考虑,就是传统的国际关系理论总是把主权国家本身看做是一个实体,国际关系就是实体和实体间的关系。对于主权国家内部的问题,特别是在全球化发展的今天,主权国家的内部问题所导致的一些国际问题已经越来越明显。在这种情况下,打通国内政治和国际政治的边界本身也是一个挑战。“失败国家”对于全球治理带来的主要挑战，包括恐怖主义、武器扩散、流行性疾病、跨国犯罪以及难民潮。“失败国家”容易成为滋生恐怖主义的温床。并且，“失败国家”加重了全球武器扩散问题，其内部的武装冲突成为导致大规模难民潮的首要原因。

政研院副院长阙天舒教授谈到了公共危机与全球治理的问题。他认为，关于公共危机与全球治理是一个基于公共性的回归问题。公共性本来是政治理论中的一个基本概念，对公共性的重新审视，有助于解决公共危机的全球化和公共危机的治理的问题。如果公共产品与国家绑定在一起，那么就成了公共利益和排他的存在。而全球化时代，国家逐渐联系在一起，解决集体的问题。如果我们将全球治理理解为这样一种政治权威，全球治理就必须保持一种公共性。而这种基于公共实践的全球危机治理重新定义了三个方面的内容：第一，重新定义了全球公共危机中的公共性，不再是位于两者的边界；第二，重新定义了危机治理中的公共角色，不再局限于某一个范围，而是更多的负责任的国家和非政府行为体的广泛纳入；第三，重新定义公共过程，就是公共选择和公共实践与多样化的公共角色结合起来，让公共部门能真正发出自己的声音。

最后，他得出这样三个结论：第一，私有角色在公共项目中的合法性主要通过两种方式，一种是将公共产品作为公共项目存在的理由纳入合法性的范围，另一种是通过一些协定，把更多的角色纳入到项目中。第二，通过公共性，追求公共目标的权威被公共权力所承认，弥补中国在全球危机治理中中央层面的缺失。第三，新的公共性在一定程度上回答了全球公共危机治理的民主化问题。

宋黎磊老师谈到了全球极地治理问题。中国在极地开发上应该应对三点：第一，北极资源开发与生态保护之间的矛盾；第二，北极国家权益主张与人类共同继承财产之间的矛盾；第三，各类北极的行为体的积极活动与现有的治理机制的滞后性之间的矛盾。他认为，现在主要有几个路径可行：第一就是中国把科学考察作为北极参与的重要立足点；第二就是加大中国在北极环保、航运等各项资源中的参与力度；第三就是中国在北极的政策主张要尽量避免我们参与北极事务的意欲。中国在北极治理问题上，既要强调本国利益，同时又要强调人类治理的平衡；要主动提供中国特色的公共产品，来推动北极机制的国际治理。

华东政法大学科学研究院的花勇老师谈到了人道主义援助和全球治理之间的关系。第一，联合国在保护责任（Responsibility to Protect，R2P）规范中依然发挥主要作用，但是联合国越来越多地去和多边组织（特别是去和区域组织)合作,因为区域组织有其独特的区域优势、文化优势,也在其中发挥独特的作用。第二,我们认为联合国可能会在大会中把这个纳入到其发展机制中去。我们行动意愿和行动能力不强,所以要提高这样一个行动意愿和行动能力。第三个观点就是,随着新兴大国的加入,以 R2P 为代表的人道主义规范,其发展将会越来越复杂。这是中国需要认真观察的一个方面。

政研院的严行健助理研究员回顾了全球治理的前沿文献。他主要从四个部分来梳理:第一,全球治理研究的诞生和发展可以算是理论和现实两方面条件结合的产物。第二,全球治理的一些定义及流派。全球治理理论的形成乃是各国学者围绕这一理论概念产生的诸多不同认识所构成的,是一个有争论的领域。第三,在全球治理的议题领域的理论上,几乎所有的国际问题都是全球治理的潜在议题领域。将该领域的重要议题归纳为五个方面,即全球安全、生态环境、国际经济(包括全球金融市场、贫富两极分化、全球经济安全、公平竞争、债务危机)、跨国交通以及国际汇率等。除此之外,相关研究常涉及的议题还会涉及气候问题、全球法治及移民等领域。第四,全球治理研究在中国。国内学者对全球治理的关注开始于 20 世纪 90 年代,相关代表性著作及国外著作的译介则于 2000 年以后集中出现。俞可平教授于 2002 年发表《全球治理引论》一文,并于 2003 年出版《全球化:全球治理》一书。21 世纪初以来,一些原先研究全球化的学者开始逐渐转向全球治理研究。国内全球治理研究知名学者蔡拓教授早年研究全球化等问题。

五、 全球治理的机制与功能

于宏源教授放眼于全球能源治理的现状与未来。他认为,能源是重要的战略资源,影响各国经济、国家发展,乃至大国兴衰。当前不断震荡走低的能源价格使得全球能源格局出现结构性变化,影响能源的地缘政治、供需结构和产业技术都在发生大调整。这些变化不仅对当前全球能源走势产生直接作用,而且也对今后全球能源体系产生巨大影响,对全球地缘经济和地缘政治势必都会产生多重影响。中国需要高调融入并争取引导全球能源治理,加强能源安全领域的公共外交。总之,中国应该加强把握当前全球能源深刻变化的契机,以技术为先导,以改革为动力,积极地抓住机遇,为国家的经济发展和实现经济结构的转变奠定坚实的基础。

简军波副研究员则提到了霸权治理机制的合法性危机。他的核心观点是,美国霸权治理体系合法性不足，应该有一种后霸权治理的体系来代替它。后霸权治理体系，除了要满足这些权力的合法性条件之外，还应该从治理本身的合法性来考虑；因为治理本身的透明度、参与性、效率等都是后霸权时代合法性问题极为重要的考量因素。

王明国教授则关注联合国在互联网治理机制的有效性困境。他认为全球治理的核心就是全球治理的机制。而全球治理机制的核心是联合国。联合国关注的核心是和平、发展与人权，这三大领域涵盖领域很广。他认为要分析危机解决、行为改变等是很困难的。因此，在立法层面上，联合国有必要取得主导地位，应该把欧盟发起的网络犯罪公约进行必要的修改。在组织层面上，把联合国的附属机构——国际电信联盟纳入其组织基础中。联合国互联网领域是2015年改革的重要基础，世界信息峰会评估能不能取得成功，关键在于美国。美国已经表示放弃互联网机构对于其合同的管辖权，但是它反对联合国接手。而联合国能不能成为一个主导型机构，关键是新兴国家能不能在联合国的框架之内妥善处理各自的分歧，提出有效的应对方案。这是2015年联合国改革的一个看点。

王铁军副教授谈到了全球社会治理机制的创新与限度。他认为，全球治理的发生机制和特征迄今未能得到合理的解读，因此中国在参与全球治理的时候会感到无从下手。因为如果纯粹从全球治理的概念出发的话，可以看到当今世界的治理体制实际上有非常独特、典型的因素。比如强调来自非权威的、非国家行为体的、民间的、社会的、自下而上的各种习俗、惯例，而由此形成的一种秩序。比如最典型的是世界贸易组织，今天世界贸易组织的所有法条不是一个法学家开出来的，而是从几百年资本主义的发展过程中形成的惯例演化而来的。有来自民间的、习俗的这样一种东西。这才是全球治理的真谛，而不是我们强调的来自强权的一些东西。所以全球社会治理应当是用社会性来建构的，而不是来自权力、国家间体系的法律等一种硬性的约束。这不是治理的本意。

朱杰进副教授则展望了新型大国治理机制如二十国集团的未来。他认为，一种大国机制的生命力，关键在于这一机制的转型能否成功，能不能够从一个危机的机制变为一个长效的机制。今天的二十国集团就是在共识方面出现了问题，有的议题可能是气候变化，有的可能是基础设施投资，如果说在这些议题中存在的争论较大，那就更不用说其他的基本议题了。由于这几年所有的多边谈判基本上是陷入到一个比较困难的时候，那么二十国集团保持这样一个领导人的非正式论坛应该是有利的，比较有利于各方共识的达成。这里，最重要的就是后危机时代转型的过程中二十国集团与其他国际组织的关系。而非正式的二十国集团加上二战后的这些国际组织,这种复合治理模式最大的挑战就是如何面对中国以及其他新兴国家。而二十国集团这一机制是中国第一次能够真正平等地与西方进行谈判。如果没有这个平台的话,中国不可能真正在西方设立议程和最后决策时达到平等对话。

六、会议总结

刘建军教授在最后谈了一下自己的两个想法:第一,他认为现在的世界秩序是一个立体、交错、重叠的秩序。准确理解世界秩序,能够在这一概念上达成一个共识,是把握这一时代的一个很重要的方面。第二,怎么去构建新型的世界秩序有三个判断,一是重塑世界秩序格局,可能洲际关系对塑造未来的世界秩序比国际关系更重要,特别是洲与国家重叠来说;二是经济的全球化的相互依赖性,导致资本影响世界的表现形式越来越高;三是全球治理的有效性程度使得世界秩序可以稳定、扩展的程度会越来越高。而秩序涉及多元主体的相关性、可传递性这就确定了三个部分:一是历史与价值,二是议题与领域,三是机制与功能。

高奇琦教授最后对上海市东方青年学社和复旦大学当代中国研究中心两个主办方的支持表示感谢。

简　　讯

《全球治理指数 2015 年报告》发布

郝诗楠*

随着全球化进程的深入发展,与之相关的全球性问题与风险也不断出现,并呈现出加剧的趋势。在这种情况下,全球治理的意义便凸显了出来。同时,在全球治理的实践中,国家的自主性在很大程度上并没有削弱,反而得到了重塑和加强。因此,从理论和实践上推动各个国家进一步参与全球治理,势在必行。

由华东政法大学政治学研究院研发的"全球治理指数"(全称"国家参与全球治理指数",英文为 State's Participation Index of Global Governance,简称 SPIGG 指数)旨在对国家在全球治理中的参与状况进行科学地评估。从目前来看,国内外对此还没有专门的研究指数,与之相关的一些指数则针对性较弱。例如,某些全球化指数主要反映经济和人员流动状况,而另一些治理指数大多是基于国别的国家治理评估。因此,旨在衡量国家参与全球治理的 SPIGG 指数在国内和国际上均属首创,具有很强的创新性。

从整体上看,设立 SPIGG 指数至少可以具有以下意义:第一,可以更加全面和准确地把握国家参与全球治理的程度,从而为相关研究奠定科学化的基础;第二,可以进一步推动国家参与全球治理的积极性,即通过动态排名等方式产生激励效应,从而促进各国在全球治理中形成良性的竞争机制;第三,可以增强中国在全球治理中的软实力,通过巧妙融合中国理念的指数研究,改变世界对于该问题的认识,从而增强中国在全球治理中的发言权和主导性。

SPIGG 指数的研发始于 2014 年 4 月。华东政法大学政治学研究院的研究团队首先围绕指标体系的创制进行了广泛调研和深入研讨。在 SPIGG 指标体系形成后,团队还针对该指数的改进和完善,向数百位政治学和国际关系领域的国内外专家学者征求了意见。在此过程中,俞可平及杨雪冬等治理理论及

---

* 郝诗楠,华东政法大学政治学研究院助理研究员。

社会科学指数化研究领域的著名学者为本指数的研发及完善提出了许多有益的意见和建议。此外，政治学研究院还组织了“中国参与全球治理：体系变革与国家能力”(2014 年 5 月 15 日)、“比较政治与全球治理”(2014 年 6 月 14 日)以及“国家治理指数研究与评估研讨会”(2015 年 6 月 13 日)三场学术研讨会来对这一指数的科学性和可行性进行论证。在此基础上，团队确定了由 4 个一级指标、8 个二级指标和 32 个三级指标构成的指标体系(见表 1)。

表 1　SPIGG 指标体系

一级指标	二级指标	三级指标	数据类型
A 全球机制创设	A1　全球观念形成	A1-1　当年提出重要全球观念或倡议	定距型
		A1-2　提出重要全球观念或倡议(存量数据)	定距型
	A2　全球制度形成	A2-1　当年发起国际组织	定距型
		A2-2　发起重要国际组织(存量数据)	定距型
		A2-3　当年发起国际条约	定距型
		A2-4　发起国际条约(存量数据)	定距型
		A2-5　当年发起国际论坛或会议	定距型
		A2-6　发起国际论坛或会议(存量数据)	定距型
B 全球机制维护*	B1　全球制度参与	B1-1　当年加入国际组织	定距型
		B1-2　加入国际组织(存量数据)	定距型
		B1-3　当年缔结国际条约	定距型
		B1-4　缔结国际条约(存量数据)	定距型
		B1-5　当年承办国际论坛或会议	定距型
		B1-6　承办国际论坛或会议(存量数据)	定距型
	B2　重要议题绩效	B2-1　卫生(婴儿死亡率与疫苗接种率)	定比型
		B2-2　环境(单位 GDP 能耗)	定比型
		B2-3　经济(贸易占 GDP 比重)	定比型
		B2-4　气候(人均二氧化碳排放量)	定距型
C 全球决策参与	C1　意愿表达	C1-1　在联合国大会、安理会、经济及社会理事会等机构提出动议	定距型
		C1-2　在世界银行提出的动议	定距型

（续表）

一级指标	二级指标	三级指标	数据类型
C 全球决策参与	C2 决策制定	C2-1 G7/8 集团和 G20 集团的成员国	定类型
		C2-2 安理会常任理事国和非常任理事国	定类型
		C2-3 联合国各组织领导人的来源国	定距型
		C2-4 国际刑事法院的法官来源国	定距型
		C2-5 WTO 争端仲裁专家来源国	定距型
		C2-6 在世界银行认购的股份比例	定比型
		C2-7 国际货币基金组织份额	定比型
D 全球责任承担	D1 物力支持	D1-1 联合国会费实缴数额	定比型
		D1-2 联合国会费缴纳率	定比型
		D1-3 联合国开发计划署项目资助份额	定比型
	D2 人力支持	D2-1 维和部队人员派出	定比型
		D2-2 联合国教科文组织与国家政府合作项目数量	定比型

* B2-2 和 B2-4 数据存在两年滞后现象，本指数统计 2012 年数据。

2015 年，研究团队基于此前的经验，并通过综合考虑指数建设在数据采集、技术运用和人员写作等方面的因素，确定了 2015 年的整体方案。团队将评估对象的范围确定为具有典型性和代表性的 25 个国家，并集中采集这些国家 2014 年的相关数据进行分析。数据采集工作在 2015 年 10 月底完成。

2015 年 SPIGG 指数报告以“参与和包容——迈向人类命运共同体”为主题，结合 25 个国家数据和排名的当年情况及历史变化趋势，论述了不同国家对全球治理的参与程度及各自特征。总排名情况见表 2。

表 2　2015 年 SPIGG 报告 25 国总得分及排名情况

排名	国　家	总　分	与 2014 年排名变化
1	美　国	1 654.80	0
2	英　国	1 391.14	2
3	法　国	1 328.53	−1
4	中　国	1 156.46	1
5	俄罗斯	1 137.20	−2

（续表）

排名	国　家	总　分	与2014年排名变化
6	德　国	960.82	1
7	印　度	922.96	−1
8	加拿大	831.34	8
9	日　本	825.90	0
10	意大利	713.47	−2
11	巴　西	703.98	8
12	韩　国	619.95	0
13	阿根廷	583.47	10
14	印度尼西亚	569.07	6
15	丹　麦	557.17	−2
16	澳大利亚	549.69	6
17	土耳其	523.11	1
18	埃　及	509.69	−4
19	波　兰	502.52	−8
20	墨西哥	499.67	−10
21	南　非	499.61	0
22	哈萨克斯坦	414.38	2
23	沙特阿拉伯	388.75	2
24	以色列	386.42	−7
25	马来西亚	358.98	−10

从整体排名情况看，美国、英国、法国、中国和俄罗斯依旧占据了前五位的位置，并且这几个国家的总分都突破了1 000分，与它们的联合国五大常任理事国身份相符合——也就是说，这五个国家依旧在国际事务中扮演着相对重要的领导者角色，并发挥着不可替代的作用。而决定它们分数能够明显高于其他国家的原因，是它们在四个一级指标中都得到了较高的分数。不过，与2014年相比，这五个国家在2015年的排名出现了一定的变动。前两名分别是美国和英国，英国排名上升两位，而2014年的第三名俄罗斯则滑落到了第五名，法国排名下降一位。英国上升两位，中国则在此基础上分别上升了一位。这反映了中国在全球治理中的角色经历了从被卷入者、疏离者再到积极参与者的过程。从这个意义上来说，SPIGG指数客观全面地反映了全球治理状况的现实进展。与西方的某些指数相反，它并没有过分夸大西方国家的作为，也没有忽视发展中国家的积极角色。

第6名到第15名与去年相比基本保持稳定。但是有几个国家值得注意。首先是加拿大表现抢眼,从2014年的第16名急剧上升到2015年的第8名,其原因是它在一级指标"全球机制创设"和"全球机制维护"的分项得分中有着大幅度的提升,从而极大地影响了它2015年的整体排名。阿根廷在"全球机制创设"和"全球决策参与"两项一级指标上有亮眼的表现,使其获得10个名次的提升。而2014年在此位置上的意大利则下跌了两位。

与前十名的相对稳定和轻微以及中等程度的变动相比,第10名以后的15个国家排名整体变动幅度较大,每个国家的排名在2014年的基础上都有不同程度的上升和下滑。名次有中等程度下跌的国家有波兰和以色列,有剧烈下跌的有墨西哥和马来西亚,其中2014年位列第10名的墨西哥是2015年SPIGG指数下跌名次最多的国家,从第10名急剧下滑到第20名。

SPIGG指数的构建与发布在理论和实践上都具有突出意义。在理论上,SPIGG治理指数的构建将既有的国际政治与全球治理理论具体化,并对其进行了检验,其不仅能够进一步厘清全球治理的概念,而且也可以帮助研究者准确把握各个国家包括中国在全球治理格局中的位置。而在实践上,SPIGG指数可以通过公开排名的方式,对那些排名靠后的国家施加"软"压力,督促其转变全球治理的参与行为,进而推动人类命运共同体的建立。此外,对于中国来说,SPIGG确认了中国近年来对于全球治理的贡献与责任,指出了中国在参与全球治理中仍旧存在的一些问题,并明确了未来的改进方向。

本报告具体分项排名、方法论设计及数据来源等信息可参考报告全文。该报告可以通过华东政法大学政治学研究院网站获取,也可联系本院获取报告纸质版。该报告将每年发布一次。2016年报告预计将于2016年11月发布。

《比较政治与全球治理》第三辑
主题论文约稿启事

一、本辑主题:制度性话语权与指数评估

二、选题范围

(一) 话语权的类型与模式

(二) 制度性话语权的定义与功能

(三) 指数评估方法与理论

(四) 指数评估背后的政治经济学

(五) 制度性话语权与权力转型

三、来稿要求

(一) 选题紧紧围绕以上五个方面展开。

(二) 说理说透,论证有力,形式规范。本集刊鼓励长文,篇幅在 2 万—2.5 万字。

(三) 主要观点要有创新性,不必囿于成说,欢迎新观点、新提法、新视角。

(四) 2016 年 11 月 15 日截稿。每篇论文稿酬 3 000 元。

四、刊物说明

《比较政治与全球治理》是华东政法大学政治学研究院主办的学术性集刊,每年出版两辑,由上海人民出版社出版发行。本辑出版时间为 2017 年 4 月。

《比较政治与全球治理》设有如下特色栏目:(1)经典编译(每辑就核心主题选 6 篇左右的国外经典文献进行编译);(2)主题文章(即约稿函的内容);(3)文献综述(每辑就核心主题的中英文文献各准备一篇文献综述);(4)名家对话(每辑围绕核心主题邀请 3—4 名知名学者,组织一场小型对话,并整理对话记录);(5)相关指数(华东政法大学政治学研究院每年会发布"国家治理指数"、"全球治理指数"以及"企业社会责任指数"。该栏目会把与指数相关的重要内容放在其中)。

五、联系人

严行健：13671657930；yanxingj@hotmail.com
陈建林：15692136203；chenjianlin331082@163.com

华东政法大学政治学研究院

图书在版编目(CIP)数据

全球治理转型与新兴国家/高奇琦主编.—上海：
上海人民出版社，2016
（比较政治与全球治理）
ISBN 978-7-208-13809-4

Ⅰ.①全… Ⅱ.①高… Ⅲ.①国际政治-文集 Ⅳ.
①D5-53

中国版本图书馆 CIP 数据核字(2016)第 108545 号

责任编辑 潘丹榕
封面装帧 夏 芳

全球治理转型与新兴国家
高奇琦 主编
世 纪 出 版 集 团
上海人民出版社出版
（200001 上海福建中路 193 号 www.ewen.co）
世纪出版集团发行中心发行 江苏启东市人民印刷有限公司印刷
开本 720×1000 1/16 印张 16 插页 4 字数 267,000
2016 年 7 月第 1 版 2016 年 7 月第 1 次印刷
ISBN 978-7-208-13809-4/D·2867
定价 48.00 元